U0647044

浙江省哲学社会科学规划课题成果

课题名称：区块链思维视域下新发展理念实践体系及路径研究（20NDJC201YB）

BLOCKCHAIN

RESEARCH ON THE PRACTICE SYSTEM AND PATH OF NEW DEVELOPMENT CONCEPT
FROM THE PERSPECTIVE OF BLOCKCHAIN THINKING

区块链

思维视域下新发展理念
实践体系及路径研究

朱建一　著

ZHEJIANG UNIVERSITY PRESS
浙江大学出版社
·杭州·

图书在版编目(CIP)数据

区块链思维视域下新发展理念实践体系及路径研究 /
朱建一著. —杭州：浙江大学出版社，2023.5
ISBN 978-7-308-23678-2

Ⅰ．①区⋯ Ⅱ．①朱⋯ Ⅲ．①区块链技术－研究
Ⅳ．①F713.361.3

中国国家版本馆 CIP 数据核字(2023)第 067738 号

区块链思维视域下新发展理念实践体系及路径研究
朱建一　著

策划编辑	吴伟伟
责任编辑	宁　檬
责任校对	陈逸行
封面设计	雷建军
出版发行	浙江大学出版社
	（杭州市天目山路 148 号　邮政编码 310007）
	（网址：http://www.zjupress.com）
排　　版	浙江大千时代文化传媒有限公司
印　　刷	广东虎彩云印刷有限公司绍兴分公司
开　　本	710mm×1000mm　1/16
印　　张	18.5
字　　数	250 千
版 印 次	2023 年 5 月第 1 版　2023 年 5 月第 1 次印刷
书　　号	ISBN 978-7-308-23678-2
定　　价	88.00

版权所有　侵权必究　印装差错　负责调换

浙江大学出版社市场运营中心联系方式　（0571）88925591；http://zjdxcbs.tmall.com

目　录

导　论 ……………………………………………………… （1）

 第一节　研究背景及研究缘起 ………………………… （2）

 第二节　国内外研究史梳理 …………………………… （4）

 第三节　本书结构 ……………………………………… （13）

 第四节　研究方法与创新之处 ………………………… （16）

第一章　区块链思维与新发展理念视域下中国新发展范式 … （19）

 第一节　区块链 ………………………………………… （19）

 第二节　区块链思维概述 ……………………………… （31）

 第三节　新发展理念视域下中国新发展范式 ………… （37）

第二章　区块链平行思维与新发展理念实践的时空联系 …… （49）

 第一节　区块链平行思维 ……………………………… （49）

 第二节　新发展理念实践时空联系 …………………… （59）

 第三节　区块链平行思维对新发展理念实践时空联系的

    构建 …………………………………………… （77）

第三章　区块链组织思维与新发展理念实践运行结构 ……… （92）

 第一节　区块链组织思维 ……………………………… （92）

第二节　新发展理念实践运行结构 ……………………………（103）

第三节　区块链组织思维对新发展理念实践运行结构的

优化 ………………………………………………（122）

第四章　区块链虚拟思维与新发展理念实践信息交互 ………（151）

第一节　区块链虚拟思维 ……………………………………（151）

第二节　新发展理念实践信息交互 …………………………（163）

第三节　区块链虚拟思维对新发展理念实践信息交互的

实现 ………………………………………………（175）

第五章　区块链系统思维与新发展理念实践场域建构 ………（188）

第一节　区块链系统思维 ……………………………………（188）

第二节　新发展理念实践场域 ………………………………（193）

第三节　区块链系统思维对新发展理念实践场域的

建构 ………………………………………………（203）

第六章　区块链混沌思维与新发展理念实践秩序规范 ………（209）

第一节　区块链混沌思维 ……………………………………（209）

第二节　新发展理念实践秩序规范 …………………………（216）

第三节　区块链混沌思维对新发展理念实践秩序规范的

建构 ………………………………………………（221）

第七章　区块链思维视域下新发展理念实践体系及路径

构建 ………………………………………………（234）

第一节　新发展理念实践体系之基础设施系统 …………（234）

第二节　新发展理念实践体系之路径架构系统 …………（249）

第三节　新发展理念实践体系之信息数据系统 …………（255）

第四节　新发展理念实践体系之秩序规范系统 …………（262）

第五节　新发展理念实践体系之场景建构系统 …………（271）

参考文献 ………………………………………………………（285）

后　记 …………………………………………………………（294）

导　论

　　发展是解决我国一切问题的基础和关键,发展必须是科学发展,必须坚定不移贯彻创新、协调、绿色、开放、共享的新发展理念。新发展理念是对马克思主义社会发展理念的进一步丰富和发展,具有重大的原创性理论贡献和创造性实践价值。马克思主义为人类社会进步和发展指明了方向。我们要运用马克思主义认识论审视人类社会发展形态,把握矛盾运动形式,揭示人类社会发展本质及一般性规律,运用马克思主义方法论指引人类社会发展方向,解决人类社会发展问题,指导人类社会发展实践,推动人类社会进步、文明发展。

　　当今世界已然处在第三次科技革命的浪潮中,新一轮科技革命和产业变革以持续深入的发展及作用,重塑着世界格局运行的模式及人类社会发展的形态。大数据、云计算、区块链、人工智能等创新性、革命性技术的涌现,全要素生产方式、现代技术体系的不断扩容及运用,极大地推动着社会生产力的发展,变革着社会生产方式以及生产关系,并直接或者间接地作用于人类社会的发展思维理念及实践价值取向,既宏观作用于国家层面政策、制度的构建,又在中观层面推动着社会交往及关系的调整和变革,还在微观层面形塑着具体的人的行为模式、思维理念以及目标追求。

技术的进步发展正在推动着人类社会发展理念、方式、形态等发生深刻变化,动态推动了特定时代发展范式的生成和演变。发展范式是一域、一国乃至全球社会进步发展所共同秉持的信念、遵循的总则,是社会实践的总纲领,以及在其视域下所产生的一系列发展理念、发展方式、发展重点,并形成特定的发展目标、价值观和实践维度的发展体系。宏观的社会变迁不仅是发展范式支配下的发展模式的历史性展现,同时,又是由发展实践不断建构新一轮发展范式的自然历史过程。

第一节　研究背景及研究缘起

发展作为人类所有理论与实践所呈现的总体形态,反映着人类社会形态演变的历史过程、现实状态以及未来趋势,具有连续性、阶段性特征。可以说,人类社会发展所呈现的文明形态就是人类实践、理性、价值三者之间矛盾运动的历史现实形态,人类社会发展形态是由人类实践的"合目的性"与"合规律性"的矛盾关系所构建生成的,既反映出人类发展的普遍性、一般性规律,体现出共同的价值取向和目标追求,也反映出人类发展阶段的特殊性规律,体现出那个时代的理念思维和价值目标追求。

新发展理念作为新时代坚持和发展中国特色社会主义的"十四个坚持"基本方略之一,深刻揭示了新时代中国特色社会主义发展过程中的基本关系、基本方面和矛盾运动形态,阐明了发展规律和实践原则,明确了由社会主义大国向社会主义强国迈进的发展要求。新发展理念以科学系统的发展思路、发展方式、发展重点、发展价值及目标,鲜明地反映和体现出了以人民为中心的价值追求和人民共建共创共享的哲学思想。新发展理念是加快构建新发展格局、着力推动高质量发展的重要发展理念,具有强实践性、示范性、引领性。

习近平总书记曾在关于《中共中央关于制定国民经济和社会发展第十三个五年规划的建议》的说明、党的十八届五中全会第二次全体会议、党的十九大报告、党的十九届五中全会、党的十九届六中全会中系统阐释了新发展理念的丰富内涵及要义,强调了要贯彻新发展理念。2018 年,第十三届全国人民代表大会第一次会议通过《中华人民共和国宪法修正案》,在"自力更生,艰苦奋斗"前增写"贯彻新发展理念"。《中共中央关于党的百年奋斗重大成就和历史经验的决议》中强调:"贯彻新发展理念是关系我国发展全局的一场深刻变革,不能简单以生产总值增长率论英雄,必须实现创新成为第一动力、协调成为内生特点、绿色成为普遍形态、开放成为必由之路、共享成为根本目的的高质量发展,推动经济发展高质量变革、效率变革、动力变革。"①党的二十大报告强调"必须完整、准确、全面贯彻新发展理念"②。

区块链作为新兴的技术形态,在世界众多行业领域内具有较为广泛的应用,且溢出效应显著,如同互联网一样,逐步呈现出社会发展的"基础设施"形态,不断嵌入社会各个领域,持续而深入地改变着人类的思维、认知、实践模式和社会组织的生产、管理模式,推动着社会矛盾现实运动形态的变化。区块链既为具象化的技术形态,同时也包含技术思想和哲学思想。随着在人类社会更多领域的实践和应用,区块链将会更为广泛而深刻地改变人类社会的运行模式乃至人类文明形态。可以说,区块链与互联网一样,是现实世界向数字世界大规模、更深层次跃迁的重要基础,具有重要的实践意义,同时也有着巨大的理论、实践探讨和改造空间。如何大力推动区块链发展应用,更好地服务于经济社会发展,特

---

①　《中共中央关于党的百年奋斗重大成就和历史经验的决议》辅导读本［M］.北京:人民出版社,2021.

②　习近平.高举中国特色社会主义伟大旗帜　为全面建设社会主义现代化国家而团结奋斗:在中国共产党第二十次全国代表大会上的报告[N].人民日报,2022-10-26(1).

别是实体经济、金融资本以及政府服务管理、市场规范运行等,成为社会主要的关注点。

鉴于区块链的技术应用及其思维思想对社会发展的作用及影响不断深化,并结合新发展理念在我国社会宏观、中观的具体实践,本书主要运用马克思主义唯物史观审视新发展理念的系统实践,从理论逻辑、实践逻辑、价值逻辑层面,深化认识和把握新发展理念的总体特征、相互关系及目标要求,运用科学技术哲学思维审视区块链的技术形态及实践效果,重点从实践运用过程中所体现出来的对社会运思和实践运行形态的影响及作用,归纳提炼出区块链的本质、主要思维体系和逻辑,尝试将区块链五种思维模式有机融入新发展理念总体实践及路径建设过程,进一步推动和服务于新时代中国特色社会主义事业。

第二节　国内外研究史梳理

一、区块链研究史梳理及动态

目前,全球关于区块链的研究从概念、原理、架构、应用等逐步向思维模式等层面拓展,由最初的工具范畴进一步向思维理念范畴深入。国内外关于新发展理念的研究,主要围绕理论与实践两个层面展开,重点在理论内涵、基本逻辑、实践要求等维度进行了研究。

(一)国外区块链相关研究现状

2008 年,中本聪(Satoshi Nakamoto)通过对比特币的阐释,揭开了区块链技术研究和应用的大幕。随着该技术的应用逐步推广,世

界相关领域学者对该技术本体及应用等展开了系列研究。① 埃亚尔
和西雷尔②、布特林③、斯旺④、戴维森⑤、戈贝尔等⑥对区块链的起源、
发展现状、基本原理、技术架构、核心特点、相关应用及其存在的问题
展开了研究和探讨。有的学者从不同视角对区块链共识方案及协议
展开探讨,并构建了相应的抽象理论模型。⑦ 有的学者认为区块链技
术对于建立一个动态的共享价值体系具有较大支撑作用。⑧ 部分学
者认为区块链智能合约的潜在监管应用对人工智能具有重要的影
响。⑨还有学者认为 H2020 共生框架体系是通过整合区块链技术等
形成的。⑩ 此外,有的学者认为区块链技术的数字挖矿作用将对数字

———————————

①　Satoshi N. Bitcoin：A peer-to-peer electronic cash system［J］. Consulted，2008
(1)：28.

②　Eyal I，Sirer E G. Majority is not enough：Bitcoin mining is vulnerable［EB/OL］.
(2013-11-01)［2022-03-10］. https：//dl. acm. org/doi/10. 1145/3212998.

③　Buterin V. A next-generation smart contract and decentralized application platform
［EB/OL］. (2015-05-20)［2022-03-10］. https：//people. cs. georgetown. edu/～clay/
classes/fall2017/835/papers/Etherium. pdf.

④　Swan M. Blockchain：Blueprint for a New Economy［M］. USA：O'Reill Media
Inc，2015.

⑤　Davidson E. Letter［J］. New Scientist，2015，228(3043)：52.

⑥　Gobel J，Keeler H P，Krzesinski A E，et al. Bitcoin blockchain dynamics：The
selfish-mine strategy in the presence of propagation delay［J］. Performance Evaluation，
2016(104)：23-41.

⑦　Li H-D，Li M，Shi E. A translocator protein 18 kDa agonist protects against
cerebral ischemia/reperfusion injury［J］. Journal of Neuroinflammation，2017，14(1)：151；
Oh J-S，Shong I. A case study on business model innovations using Blockchain：Focusing
on financial institutions［J］. Asia Pacific Journal of Innovation and Entrepreneurship，2017，
11(3)：335-344.

⑧　Pazaitis A，Filippi P D，Kostakis V. Blockchain and value systems in the sharing
economy：The illustrative case of Backfeed［J］. Technological Forecasting & Social Change，
2017(125)：105-115.

⑨　Jamison M A，Tariq P. Five things regulators should know about blockchain (and
three myths to forget)［J］. The Electricity Journal，2018，31(9)：20-23.

⑩　Tedeschi P，Piro G，Murillo J A S，et al. Blockchain as a service：Securing
bartering functionalities in the H2020 symIoTe framework［EB/OL］. (2018-08-18)［2022-
03-10］. https：//onlinelibrary. wiley. com/doi/10. 1002/itl2. 72.

经济的发展及数据关系的整合有重要作用。[①] 国外总体研究路线是从纯粹的概念、原理、架构以及具体的实践领域、技术应用及场景等展开,同时也有少部分学者从不同学科视角和维度对区块链展开了相应的技术性反思和完善性研究。但在深入揭示区块链本质及思维方面的研究较少,且缺乏较为一致的共识性认识和观点,存在一定的分歧。

各国政府和国际组织、机构、公司,特别是欧美国家纷纷出台相关政策,明确区块链的战略定位,发展相关核心技术以及关键场景运用,加快区块链产业布局,推进相关法律法规建设,探索合适的监管方式和监管体系;鼓励建立区块链相关产业协会,出台行业标准,争夺相关技术标准制定权;加大科研投入,大力推进区块链相关人才培养,构建合理的人才梯队。国际组织、机构、公司及各国关于区块链的具体政策及举措如表0-1所示。

表0-1　国际组织、机构、公司及各国关于区块链的具体政策及举措

国际组织、机构、公司及国家	具体政策及举措
摩根、富国等国际大型银行	2015年,开始全面布局区块链应用
纳斯达克	2015年12月,通过区块链平台完成了首个证券交易
区块链财团R3CEV	2016年1月,发布首个分布式账本实验,使用以太坊和微软 Azure 的区块链即服务(BaaS),并连接了英国巴克莱银行、瑞士信贷银行、澳大利亚联邦银行、法国外贸银行、美国富国银行等11家成员
飞利浦医疗和 Tierion	2015年,飞利浦医疗通过区块链技术完成了关于病历资料的认证,以及病历方面的隐私保护

----

① García-Magariño I, Lacuesta R , Rajarajan M , et al. Security in networks of unmanned aerial vehicles for surveillance with an agent-based approach inspired by the principles of blockchain[J]. Ad Hoc Networks,2019(86):72-82.

国际组织、机构、公司及国家	具体政策及举措
希腊、澳大利亚、洪都拉斯	2016 年,将区块链技术应用于房屋产权证明等
国际标准化组织	2016 年,研究及启动区块链标准化相关工作
区块链领域的技术委员会	发布 ISO/TC307《区块链及电子化的分布式账本技术》
美国	2015 年,奥巴马政府总统科技顾问委员会重点关注区块链发展及影响;2017 年 2 月,美国国会专门成立由两党成员组成的区块链核心小组,明确区块链技术战略地位;2018 年 3 月,美国国会发布了《联合经济报告》,各州政府层面稳步推进区块链战略
英国	2016 年,发布了《分布式账本:超越区块链》白皮书
法国	2016 年,央行积极推进区块链技术研究,开展了银行间区块链试验
荷兰	2016 年,建立区块链开发者园区,积极推动区块链技术的发展和应用;2018 年,进一步宣布了首个国家区块链议程
澳大利亚	2017 年 3 月,澳大利亚标准协会发布国际区块链标准开发路线
欧盟委员会	2018 年,22 个欧盟国家签署了建立欧洲区块链联盟的协议。该联盟将成为成员国在区块链技术和监管领域交流经验和传播专业知识的平台,并为启动欧盟范围内区块链技术应用做准备

(二)国内区块链相关研究现状

我国较早介入的区块链研究及具体技术应用领域是金融领域。2013—2014 年,相关学者主要对比特币设计中的创新思想和方法进行了前引研究。2016 年,随着区块链技术应用范畴的扩大,学者开始对区块链技术向其他行业领域的延伸应用问题展开了研究。2017 年起,国内大量文献研究开始向更为具体的行业领域发展。总体上围绕农产品供应链、资金流、教育培训、著作权、数字平台等领域的区块链应用展开研究。同期，也有学者开始关注区块链技术应用安全及风险问题，以及从哲学层面探讨区块链的本质及价值。2018年，随着区块链技术的多行业领域应用开展，问题研究的具体化、场景化更为显著，覆盖行业领域更为广泛。区块链技术安全、规范应用、法治管理、标准制定等问题研究的比重加大。2019年至今，关于区块链的研究主要围绕技术应用、平台构建、安全防范、政策法规制定等进行，领域更为细化。

2017年开始，就有部分学者关注和研究区块链思维。例如：加雄伟、严斌峰的《区块链思维、物联网区块链及其参考框架与应用分析》，申青松的《区块链思维对构建航旅新生态及智慧化航旅服务网的商用发展研究》。2018年，《人民网》总裁叶蓁蓁在《区块链——领导干部读本》一书中，通过《从互联网思维到区块链思维》一文阐释了其观点。2019年以来，专门探讨区块链思维的研究逐步丰富。例如：《区块链思维：互联网思维的升级版，运用区块链思维创造新的商业奇迹》《区块链思维：从互联网到数字新经济的演进》《区块链技术丛书：区块链思维》等。总体上，区块链研究以技术原理和应用实践为主，关于区块链本质、价值、思维等的系统性研究相对较少，且相对较为规范的研究框架以及范式还没有建立起来，多领域、多角度研究呈显性化，交叉性、综合性研究较少。

2016年12月，国务院印发的《"十三五"国家信息化规划》指出，区块链等相关信息技术具有巨大潜力，并明确要推动区块链相关产业发展。工业和信息化部先后发布了《中国区块链技术和应用发展白皮书(2016)》和《2018年中国区块链产业白皮书》。2018年5月28日，在中国科学院第十九次院士大会、中国工程院第十四次院士大会上，习近平总书记强调指出："以人工智能、量子信息、移动通信、物联网、区块链为代表的新一代信息技术加速突破应用。"①2018年8月，《区块链——领导干部读本》一书由人民日报出版社出版发行。2020年6月，人力资源社会保障部办公厅、国家市场监管总局办公厅、国家统计局办公室发布了《区块链工程技术人员等职业信息的通知》。2021年9月，交通运输部办公厅印发了《基于区块链的进口集装箱电子放货平台建设指南》。国内省市层面针对区块链应用出台的相关政策和举措如表0-2所示。

表0-2　国内省市层面针对区块链应用出台的相关政策和举措

省市	具体政策	举措
北京	《北京市金融工作局2016年度绩效任务》《北京市"十三五"时期金融业发展规划》《关于构建首都绿色金融体系的实施办法》	建立中关村区块链联盟，将区块链纳入金融业发展体系，发展基于区块链的绿色金融信息基础设施
上海	《互联网金融从业机构区块链技术应用自律规则》	建立国内首个区块链技术应用自律规则
重庆	《关于加快区块链产业培育及创新应用的意见》《关于贯彻落实推进供应链创新与应用指导意见任务分工的通知》	明确区块链产业发展的责任和运行机制
广东	广州:《广州市黄埔区 广州开发区促进区块链产业发展办法》 深圳:《深圳市金融业发展"十三五"规划》《关于组织实施深圳市战略性新兴产业新一代信息技术信息安全专项2018年扶持计划的通知》《深圳市扶持金融业发展若干措施》《关于组织实施深圳市战略性新兴产业新一代信息技术信息安全专项2018年第二批扶持计划的通知》	明确区块链前沿技术发展要求，重点扶持区块链技术安全建设
江苏	苏州:《苏州高铁新城区块链产业发展扶持政策(试行)》	明确高铁建设区块链产业扶持要求和条款

---

① 习近平.在中国科学院第十九次院士大会、中国工程院第十四次院士大会上的讲话[N].人民日报，2018-05-29(2).

续　表

省市	具体政策	举措
山东	青岛:《关于加快区块链产业发展的意见(试行)》	明确产业发展标准和细则
浙江	《关于推进钱塘江金融港湾建设的若干意见》《关于进一步加快软件和信息服务业发展的实施意见》《关于加快全省工业数字经济创新发展的意见》 杭州:《关于打造西溪谷区块链产业园的政策意见(试行)》 宁波:《宁波市智能经济中长期规划(2016—2025)》	明确区块链产业发展细则及扶持条款
贵州	《贵州省数字经济发展规划(2017—2020年)》 贵阳:《贵阳区块链发展和应用》《贵阳国家高新区促进区块链技术创新及应用示范十条政策措施(试行)》	明确将区块链技术纳入数字经济发展规划,以高新区形式重点扶持区块链发展应用
江西	《江西省"十三五"建设绿色金融体系规划》	明确将区块链技术纳入金融体系规划

此外,2020 年,福建省 20 个区块链重点项目集中开工。"2020成都全球创新创业交易会——首届国际区块链产业博览会"召开,会上,成都市发布了《成都市区块链应用场景供给行动计划(2020—2022 年)》。

国内外学者在对区块链发展阶段的划分上基本上达成共识:区块链 1.0、区块链 2.0、区块链 3.0,目前对区块链 4.0 的认可度还不高。

二、新发展理念研究史梳理及动态

(一)国外新发展理念相关研究现状

国外学者关于社会发展模式的研究起步较早,但关于新发展理念的研究始于 2016 年,以报道性的解读为主,针对性、具体性研究很少,且较为零散,主要围绕社会经济增长、创新发展、生态建设等方面,探讨了新发展理念的文化和价值追求及实践。

国外学者关于新发展理念的研究,相较国内学者而言,视角相对
单一,成果相对较少,并且综合性、系统性不够,阐释深度不够。

(二)国内新发展理念相关研究现状

"新发展理念"一经提出,就迅速成为国内热点,并掀起了研究热
潮。相关学者分别从哲学、社会学、政治学、经济学、历史学等不同领
域和视角对新发展理念展开研究,产生了系列具有重要启示意义和
实践价值的观点、思路,思想丰富、成果丰硕,既有整体性研究,也有
重点方面研究,同时还有实证个案研究等,涉及经济社会众多领域、
行业。

关于新发展理念的代表性著作众多,包括《"五大发展理念"解
读》《五大发展新理念—创新协调绿色开放共享》《中国新发展理念》
《话说新发展理念》《中国新理念:五大发展》《中国新发展理念》《坚持
以人民为中心的新发展理念》《新发展理念》《新发展理念方法论研
究》《新发展理念的政策思考与实践》,以及"新发展理念研究丛书"
"新发展理念案例选丛书"等。研究体系性较强,内容较为全面深入,
宏观性、系统性较为显著,对新发展理念的系统内涵、历史脉络、价值
追求、实践要求等解读阐释和宣传普及发挥了重要作用。

关于新发展理念的期刊论文非常丰富,与综合性著作研究的区
别主要在于,研究视角相对聚焦,研究内容往往从宏观向微观展开,
有较强的针对性,主要探讨了新发展理念的历史定位与意义;新发展
理念的生成逻辑,包括理论逻辑、历史逻辑、现实逻辑;新发展理念的
内涵特征,包括导向性、战略性、纲领性、引领性、实践性等;新发展理
念的内在逻辑,包括创新动力说、协调系统说、绿色生态说、开放联动
说、共享价值说以及作为方法论的科学方法说等。相关研究既深度
挖掘出了新发展理念的理论、历史源流,包括中华优秀传统文化中的
发展理念、中国共产党领导下的社会主义建设发展理念;又立足时

代,总结提炼出了新发展理念的实践基础及背景,包括国际背景,如全球治理体系深刻变革、经济贸易乏力、生态环境变化、地缘政治形势复杂等,以及国内背景,如以社会主要矛盾深刻变化为根本依据的经济社会发展的不平衡不充分现状以及可持续发展实践面临的问题等。同时,还就新发展理念的内在逻辑及实践要求进行了深度挖掘和阐释,包括新发展理念的具体内涵、相互关系、实践体系、建设路径、目标要求等。也有部分研究涉及了新发展理念实践效果的评价问题,尝试性地提出了综合测评体系框架及量化指标等,主要集中在国家和省市层面,以个案实证性研究为主,但在体系框架、指标权重设计等方面还存在一定分歧。

(三)研究述评

我们发现,现有关于区块链的研究更多集中在技术应用、机理机制、安全问题等维度,相对完备的系统性体系化研究框架尚未真正提出,鲜有关于区块链思维及逻辑的研究成果。真正从认识论和方法论意义上研究审视区块链,从哲学视角上考察和揭示其本质、对社会形态的深层次作用、影响及价值取向等的研究还不够深刻和丰富。区块链作为一项新兴技术,已然在当今社会中逐步体现出对社会体系、运思、实践等的作用,以数字化为标识的时代,逐步为人类社会构建出了"万物皆有码""万码皆可用"的社会运行形态。

关于新发展理念的研究,众多成果主要集中在理论内涵及价值追求、历史定位及意义、基本逻辑及关系、目标实践及要求等方面,具体的实践体系及路径方案方面的研究还不够丰富,对新发展理念实践层面的延伸性、拓展性研究还较少。新发展理念是中国特色社会主义进入新时代的主要发展理念,同时也是这个时代发展总体特征塑造和完善的总指导,既具有宏观的纲领性和引领性,又具有强大的实践性和开放性,既发挥着解释和认识新时代中国社会运行的应然性形态的作用,又着手于方法论意义上的改造,完善中国社会发展形态,并不断拓展和完善我们的发展理念、发展方式、发展形态。

就现有关于区块链、新发展理念的相关研究而言,尚未发现研析区块链思维与新发展理念实践相互关系的研究。鉴于区块链的技术属性、特征、作用及其所蕴含的技术思维、哲学思想和新发展理念的强大实践性、开放性,本书尝试通过探讨区块链思维与新发展理念的实践相互关系,综合提出区块链思维视域下新发展理念的实践体系及路径,进一步丰富发展理念、完善发展方式、优化发展形态。

第三节　本书结构

本书共分七章:区块链思维与新发展理念视域下中国新发展范式;区块链平行思维与新发展理念实践的时空联系;区块链组织思维与新发展理念实践运行结构;区块链虚拟思维与新发展理念实践信息交互;区块链系统思维与新发展理念实践场域建构;区域链混沌思维与新发展理念实践秩序规范;区块链思维视域下新发展理念实践体系及路径构建。

一、区块链思维与新发展理念视域下中国新发展范式

第一章主要对区块链、区块链思维、新发展理念、中国新发展范式等进行梳理研究。第一节主要就区块链、区块链技术及形态进行探讨,研析区块链的本质、价值,阐释区块链主要思维及相关逻辑等。第二节主要对区块链思维(平行思维、组织思维、虚拟思维、系统思维、混沌思维等)展开研析,阐明区块链思维的主要内容、内涵、逻辑及相互关系。第三节重点围绕新发展理念、中国新发展范式展开研究,尝试把新发展理念作为认识论和方法论指导中国特色社会主义现代化建设新范式的构建和生成。

二、区块链平行思维与新发展理念实践的时空联系

第二章主要对区块链平行思维与新发展理念实践的时空联系展开研析论述。第一节主要就区块链平行思维的内涵、特征等进行梳理研究,从马克思主义正义观出发阐释区块链平行思维的纵向平行、横向平行时空正义的内涵及价值,并就具体领域应用展开说明。第二节主要通过马克思主义唯物史观、辩证法认识和把握新发展理念实践过程中的时空关系,从纵向时间逻辑阐释了新发展理念与马克思关于创新发展的立场和方法、中华优秀传统文化中的革新思想、历代中国共产党人关于创新发展的思想或理念的融合,从横向空间逻辑阐释了新发展理念在不同区域中的实践形态及特征。第三节主要探讨区块链平行思维对新发展理念实践时空联系的优化及构建作用,阐明优化及构建的具体意义。

三、区块链组织思维与新发展理念实践运行结构

第三章主要对区块链组织思维与新发展理念实践运行结构进行探讨。第一节对组织及组织思维内涵进行了阐释,重点针对区块链组织思维的具体内涵、特征、理论、实践。第二节主要探讨新发展理念实践运行结构的概念,并就体系运行现状及存在的问题展开剖析,进而提出优化方向及实践要求。第三节围绕区块链组织思维对新发展理念实践运行结构的优化作用展开研究,特别是区块链组织思维对新发展理念在认识论和方法论上的丰富,分别从顶层设计优化、合作平台构建、制度机制建立等方面展开综合性研究阐释,以支撑和优化新发展理念实践运行体系的建设方向、建设重点,细化环节,丰富方式。

四、区块链虚拟思维与新发展理念实践信息交互

第四章主要研究区块链虚拟思维与新发展理念实践信息交互的联系及关系。第一节通过对虚拟现实技术发展历程及趋势进行研析，结合区块链技术体系中虚拟现实技术的实际应用，阐释和提炼出区块链虚拟思维的内涵、特点，并研析区块链虚拟思维与互联网思维的区别，就现阶段区块链虚拟思维及技术应用存在的问题展开分析，提出发展方向及改良措施。第二节围绕新时代中国特色社会主义现代化进程，阐明新发展理念实践信息交互的概念、特点等，并就信息交互对新发展理念实践的意义及影响展开论述，指出发展前景。第三节通过系统分析新发展理念实践信息交互的现实基础和条件，指出存在的问题和不足，探讨区块链虚拟思维及技术对新发展理念实践信息交互的优化和完善作用和意义。

五、区块链系统思维与新发展理念实践场域建构

第五章主要结合系统论展开对区块链系统思维与新发展理念实践场域建构的研究。第一节以系统论审视和研析区块链，分别从区块链系统要素节点、关系链、目标共识、环境等方面展开，提炼出区块链系统思维，包括要素之于系统的个体点块思维、要素之于要素的整体链状思维、要素和系统和谐共生的区块结合思维等。第二节主要围绕"两个大局"对中国社会发展的基本场域展开研析，进而聚焦新发展理念实践的基本实际、现实场域及架构，梳理归纳出存在的问题和不足。第三节基于区块链系统思维，展开对新发展理念实践场域的研究，并提出创新发展实践场域、协调发展实践场域、绿色发展实践场域、开放发展实践场域、共享发展实践场域的建构思路及路径。

六、区块链混沌思维与新发展理念实践秩序规范

第六章主要围绕区块链混沌思维与新发展理念实践秩序规范展开研究。第一节围绕混沌思维的概念、内涵及发展历程展开研析,并立足于区块链技术应用及其对社会运行的深层次作用,提炼出区块链混沌思维的特点。第二节系统围绕新发展理念在"五个维度"中的实践形态及存在的问题展开研析,同时探讨区块链混沌思维在新发展理念"五个维度"实践中的规范作用及形态。第三节重点探讨区块链混沌思维在新发展理念实践秩序规范方面的现状及不足,明确提出区块链混沌思维的构建作用、原则、总体设想和前景。

七、区块链思维视域下新发展理念实践体系及路径构建

第七章基于前面六章的论述和研析,综合提出区块链思维视域下新发展理念实践体系与路径的构建思想,分别从五个方面研究新发展理念实践体系:基础设施系统的核心内涵及应用、路径架构系统的核心内涵及应用、信息数据系统的核心内涵及应用、秩序规范系统的核心内涵及应用、场景建构系统的核心内涵及应用。

第四节　研究方法与创新之处

一、研究方法

本书以区块链思维、新发展理念实践为核心,系统展开对区块链、区块链思维的研究,提出区块链平行思维、组织思维、虚拟思维、系统思维、混沌思维;以马克思主义唯物史观为基础,运用结构功能

理论,研析新发展理念实践中的时空关系、运行结构、场域架构、信息交互、秩序规范等,通过对应性、综合性分析和研究提出具有科学性、系统化的新发展理念实践体系和路径。本书主要采用了文献解读分析法、系统比较分析法、个案实证研究法等研究方法。

(一)文献解读分析法

充分运用国内外关于区块链、新发展理念的相关研究文献资料,及时把握研究动态,特别是习近平总书记在不同时期、不同场合发表的关于区块链、新发展理念的讲话,党中央、国务院以及地方政府发布的政策、报告等。通过文献研读、逻辑分析、借鉴运用、深化提炼等,形成相关研究观点、思想。

(二)系统比较分析法

紧扣区块链思维及逻辑,立足于新发展理念这一主题,利用现有文献资料,展开理论、观点、思想和具体实践样态及效果的系统分析、比较分析,特别是在论点和理据溯源及指向、实践基础和现实条件等方面进行系统分析,以实现研究的整体性、综合性,并就理论与实践之间存在的张力展开比较分析,进而深化认识社会发展规律,特别是具体实际中理论指导实践、实践再造理论的螺旋式上升形态。

(三)个案实证研究法

个案实证研究法是社会学研究方法中重要的方法之一。通过案例的实证研究,可以清晰地认识案例中的对象和案例发展的过程;对对象特性、发展过程和影响因素的分析,有助于我们对问题实质的把握,这也是科学、正确解决问题的重要基础。本书考察的是区域变迁和技术两个主体,研究区域变迁就离不开具体的案例,研究技术也离不开具体的案例,两者相互关系的体现也必须借助具体的案例来进行阐释。这是本书选择个案实证研究法的根本原因。

此外,本书还运用了概念分析法、定性与定量研究法、辩证分析法以及宏观、中观、微观相结合的研究方法和信息研究法等,这些研究方法有助于有效地组织和充实本书内容,且能更为全面地分析和研究本书的主体。一切事物的研究都需要系统性地进行,只有借助大量不同性质、不同角度的研究方法才能准确和客观地反映事实及其本质。

二、创新之处

第一,运用马克思主义认识论和方法论双重视角审视区块链及其实践应用样态,研究区块链的技术思维和哲学思想,分析区块链的本质及思维逻辑,提炼出区块链平行思维、组织思维、虚拟思维、系统思维、混沌思维等,以期为今后区块链研究和发展提供理论基础。

第二,运用系统论、辩证法,对新发展理念在宏观、中观领域的实践样态进行系统研究和比较分析,并就新发展理念实践的整体与局部关系及张力、区域间发展的不平衡不充分的现状、因果关系及关联因素进行分析,以期为新发展理念总体实践的设计和规划提供相关数据支撑。

第三,以区块链思维逻辑为基础,运用结构功能理论,将区块链思维引入新发展理念的具体实践过程中,通过对应性研究、逻辑分析,阐释区块链思维有机融入新发展理念实践的机理及作用,科学提出具有较广泛指导意义和较强实践操作性的新发展理念实践体系、路径方案以及建设思路,拓展发展理念内涵,丰富发展方式及方法。

第一章　区块链思维与新发展理念视域下
　　　　中国新发展范式

第一节　区块链

　　区块链,已然成为全世界所熟悉且热捧的技术,特别是在金融领域。区块链从严格意义上说并非一种创新技术,在它之前就有相似的技术,例如,密码学、数学、算法与经济模型等。区块链更确切地说是一种技术组合,或者说组合创新。作为一种技术的组合创新,对其的认识和把握,需要在静态中聚焦其结构、形态、内容、本质等,在动态中研析其运行逻辑、过程、效果等,从其对社会的整体作用及影响上考量其价值,把握其发展规律和趋势。

一、区块链的由来及发展

(一)1982 年:拜占庭将军问题

　　区块链的研究,源于 1982 年兰波特、肖斯塔克、皮特发表的文章中提及的"拜占庭将军问题"①。

拜占庭帝国的疆域十分广阔，为了均衡地守卫广大领土，军队相隔甚远，各军队将军之间只能靠信差来传递信息。这种传递方式的风险巨大，所有军队行动一致才会取得成功，如果将军中出现叛徒可能会导致行动失败。因此，在该篇文章中提出了"口头消息演算法"，即 OM 演算法。这种演算法算出，当叛徒总数不超过三分之一时才有机会实现最终行动的成功，形成了著名的拜占庭容错系统（Byzantine Fault Tolerant，BFT）。具体来讲，假设特有的节点总数为 N，叛徒数量为 F，当 $N \geqslant 3F+1$ 时行动才会顺利运行，即超过三分之二的将军是忠诚的才会使问题有解，否则将会出现"拜占庭故障"。

普通故障导致的是资讯的丢失或者运转的停止，不会衍生出其他问题，对系统总体是毫无损害的，其余正常的部分仍然可以继续运转。而拜占庭故障不会自动停止，而且会持续发布错误信息，在战争中，如果叛徒一直发送错误信息会导致整个军队决策错误甚至战争失利。

由此可见，"拜占庭将军问题"其实是对信息传递的隐喻，叛变的拜占庭将军是现实社会中各类信息节点的隐喻，"拜占庭将军问题"所描画的情景，即这样一个进攻或者撤退命令极难验证真伪的中世纪战场，无疑是当今越发缺乏中心化的、难以辨别信息与产生信任的社会的悲观隐喻。此后，对于信息传递的讨论始终存在于理论界与实务界。

（二）2008 年：传说中的中本聪

直至 2008 年 11 月 1 日，源于中本聪对比特币的研究，"区块链"

---

① Lamport L, Shostak R, Pease M. The Byzantine generals problem [J]. ACM Transcations on Programming Languages and Systems, 1982,4(3):382-401.

一词正式诞生了，拉开了关于区块链概念性提出、应用、研究、发展的大幕，有效回应了"拜占庭将军问题"。中本聪在密码学列表中，发布了一则帖子："我正在开发一种新的数字货币系统，一种完全采用点对点(peer to peer)的方式，且再也不需要第三方机构的介入。""传统货币最根本的问题就是信任，中央银行必须使人相信它不会让货币贬值，但历史上这种可信度从来都不存在。"随后他附上了一篇论文"Bitcoin：A Peer-to-Peer Electronic Cash System"(《比特币：一个P2P电子现金系统》)。

论文中最受关注的是"比特币"，比特币已成为当今全世界金融领域、经济领域炙手可热的"数字货币"，具有以"信任"为基础的新的、非实体的"货币"性质，且非哪个国家、政府、地区主导发行的商品交换的中介产品。以网络信息技术、密码学技术、时间戳技术等形成的电子现金系统架构，对世界经济体系，特别是金融体系产生巨大影响，其所采用的去除了第三方机构介入的点对点交易也给全世界带来了一个全新的交易方式，从而导致人类实践活动中贸易的形式和形态发生了巨大改变。传统意义上的"货币"，以纸币形式呈现的形态，逐步受到信息网络中的电子现金形态的冲击。

中本聪在论文中提出，比特币是基于P2P网络、加密算法、时间戳、区块链等技术的电子现金系统架构理念，其技术核心是用于记录和存储交易记录的分布式系统，此系统即为区块链。

(三)2009年：区块链1.0

加密货币的出现以及数字货币与支付系统去中心化标志着区块链的发展进入了1.0时代。中本聪提出比特币两个月后，即2009年1月3日，第一个序号为0的比特币创世区块链正式诞生。比特币作为一种基于底层区块链之上运行的协议，描述了资产是如何在区块链上转移的，在2012年后发展成熟。

数字货币是在满足监管机制下，由国内主要机构发行的一种货币,其采用去中心化的管理模型,自动进行支付、转账和汇款交易,交易全程不需要银行、结算机构甚至政府单位等第三方公证单位,就可以把交易信息广泛、透明地传播出去。同时完成验证并留下可靠的交易记录,每一个网络节点均拥有一份账本副本,交易经过某一网络节点最先验证后,当即产生无法被篡改的交易区块,该网络节点将交易区块串联至区块链中,并同步将信息传至网络,通知其他网络节点更新账本,让每一网络节点均拥有最新的交易账本,达到交易记录信息透明化的目的,让各网络节点在没有中央或主管机构的情况下,彼此信任。

(四)2014年:区块链2.0

2014年开始,区块链2.0带来了许多不一样的用途,区块链也更为宏观地对整个市场进行去中心化。因此,在这一时期,不同群体对于区块链有着很多不一样的见解,应用领域也从区块链1.0中的货币领域,扩展到其他商业领域,如股票、集资、债券、退休金、物流等领域,甚至包括土地、机动车、营业执照、结婚证、死亡证明等公共记录领域。

观察上述领域不难发现,其均涉及合约,成功转战上述应用领域主要依赖的技术为智能合约(smart contract)。区块链涵盖了整个市场的需求,可以利用智能合约来管理资产,无论是有形的资产还是无形的资产,均可以通过区块链的可追踪性、不可篡改性来实现有效管控。

智能合约最早于1994年由尼克·萨博提出。根据尼克·萨博的研究,智能合约既具有一定的自治功能,同时具有去中心化特征,且运行过程及结果不受第三方机构约束控制。智能合约本身为分布式架构,主要通过网络上的各节点来进行运作。智能合约主要功能为以事件描述的信息中所包括的任何既定规则为基础,当目前的事件符合既定规则后,将自动发出默认信息,以及包括符合规则所触发的事件。

简言之,智能合约建立起的权利与义务能强制性执行,不需要具有公信力的第三方机构仲裁,可让互联网中的两个陌生人进行资产交易。但智能合约的缺点是,其程序代码必须向网络上的所有合作者公开,这就代表着非参与者可以得知合约的内容,并且可能通过了解合约内容找出漏洞、刻意囤积货物或者从中谋取利润。此外,智能合约在网络内大范围传播的速度较慢,现有领域难以满足金融交易的需求。

(五)当前:区块链 3.0

当前正处于区块链 3.0 阶段,即区块链通过更复杂的智能合约,在更多应用场景中,如医疗、科学、健康、教育、出版、文化与艺术等领域发挥重要作用。在各种社会生产生活的活动中,不再依靠第三方机构获得信任,而通过高质量共识过程促进更佳的合作,提高整个系统的运作效率。

如果说区块链 1.0 颠覆了传统货币的概念,区块链 2.0 通过智能合约彻底颠覆了支付的概念,那么区块链 3.0 将探讨区块链在非金融货币领域中的价值。更广泛地来说,区块链通过公钥私钥加密、P2P 文件共享、分布式计算、网络模型、匿名、区块链账本、加密数字货币和协议等去中心化的属性,让原本给付第三方机构的成本降低,提升了交易效率,其不可篡改的公开账本、公开透明化信息,使记录信息更安全。

二、区块链的应用与困境

(一)区块链的应用

区块链目前的应用范围已扩大至各个领域。《区块链白皮书(2020年)》列出了金融服务、供应链管理、知识产权及医疗四大领域。

一是金融服务应用。金融业现有的业务在许多方面仍然依赖人工处理方式，除了效率低与成本高等缺点以外，也存在着许多作业风险。对银行业者来说，节省交易时间、节约成本及降低风险是应用区块链技术的三大主要原因，银行之间基于区块链技术的点对点支付方式，不但可以不限时间支付、实时到账，也满足了跨境电商支付清算服务的即时性和便捷性需求，更有助于降低跨境电商资金上的风险。在区块链技术中，每一笔交易记录都是透明且不能被修改的，有助于降低不论是金融机构间的对账成本，还是解决争议的成本。而各类资产，如股权、债券、票据、保单等均可被整合进区块链中成为链上数字资产，使得资产所有者无须通过任何中介机构就能直接进行交易，在交易完成后可进行点对点的即时清算与结算，进而降低价值转移所需的成本，缩短清算与结算的时间，在此过程当中，交易各方的隐私均会受得良好的保护。区块链技术具有保障交易安全、促进信任建立及交易自动化的功能，故不论是在提高金融业务的效率，还是降低成本及风险上，都有其应用价值。

二是供应链管理应用。在整个供应链管理中，无论是工业产品、零部件、药品、服装还是食品，都存在着伪造风险。区块链技术有着公开透明的特性，对于对象面来说，可以确认上下游或者客户身份的真实性，能够帮助解决交易各方之间的信任问题。对于内容面来说，整个流程都会被完整清楚地记载，且具有可追溯性。对于效率面来说，可以改善冗长的人工作业流程。对于资讯面来说，可以确保交易各方资讯来源的完整性及一致性，让供应链上下游之间的情况更加清晰，也可即时掌握参与各方供应链系统运行过程中存在的问题，并找到解决方法，提高供应链管理的效率。

三是知识产权应用。近年来，知识产权的保护越来越被重视，如数字音乐、数字图书、数字频道、数字游戏等。传统的知识产权效果不佳是因为保护知识所需的成本太高，造成常常出现侵权现象，尤其在网络上，因为举证困难，所以侵权现象更加严重。区块链技术是提供创作证明的完美方法,不仅可以降低知识产权办理的成本,还可以证明创作作品的存在性、真实性和唯一性,且作品的后续交易都会被完整记录在区块链上。最重要的是,区块链具有可追溯且不可篡改的特性,这可以为司法取证提供具有公信力的证据。

四是医疗应用。区块链在医疗领域的应用,以电子病历及药品防伪为例。在电子病历方面,区块链最主要的应用就是个人医疗记录的管理与保存,可通用区块链技术及私钥的复杂权限管理来保存电子病历,病患在就医时,可自行决定是否将个人病历信息分享给医生。另外,对于医疗服务提供者来说,基于区块链技术的不可篡改性及匿名性,其能够安全地分享和分析医疗数据,进而提供更完善的医疗服务。在药品防伪方面,应用区块链技术能够保证供应链源头的真实性与透明性以及药品等实物商品的安全性。在医药领域方面,安全的产销监控和可靠的来源是非常重要的,尤其是攸关性命的药品,因此需要运用区块链技术,确保病患拿到的药是安全且合法的。

(二)区块链应用的困境

区块链在近两年的演进下,很快发展到 3.0 时代,甚至已经有区块链 4.0 的呼声。国内外关于区块链研究的图书不胜枚举,甚至已经泛滥,许多图书列举了区块链的众多应用。然而,区块链却仍然处于萌芽起步阶段,存在着许多问题。

一是技术本身问题。在目前区块链 3.0 的应用推广下,许多跨领域的应用如雨后春笋般出现,但往往是纸上谈兵,彻底落实者少。最大的原因是目前区块链本身的交易速度并不快,每十分钟才能完成一次结算。如今区块链要应用在各行业,如何提高单位交易量是当前面临的最大问题之一。

二是技术进入门槛问题。区块链本身是一种复杂深奥的技术,其中包括密码学、加密技术、时间戳、共识机制、数据库等。非专业领域人士要想了解这项技术需要一段时间。倘若学习开发区块链相关应用则耗时更多。

三是场景应用问题。对于普通民众而言,区块链仍然是一个陌生的名词。虽然对于科技人而言,此新兴技术为目前最热门的技术之一,但其确切的应用范围,以及实际应用还并未实现普及化。区块链目前涉及的应用领域甚广,但如果没有固定的使用群体,只能作为一种冷门技术,可能对于未来的发展趋势并无太大影响。区块链并没有一个前置系统,因此,当务之急是找出区块链本身的基础用户。

四是安全性问题。区块链号称具有安全性保障,但并非完全安全。虽然已有研究指出,如果要篡改数据必须掌握全网际网络上51％节点,但有心人士如果把目标转移到个人用户,如入侵计算机、电子货币包,并非不能实现。因此,区块链发展也需要重新思考安全性的议题。

五是扩展性问题。区块链目前在我国处于快速发展中,渐渐地许多应用甚至出现跨领域趋势,但一些传统行业就会面临淘汰危机。例如,区块链带来的共享经济模式正改变着汽车等传统产业。许多接踵而来的经济问题、改革问题需要有一套规则来解决。因此,可以制定相关法律来保障产业间的平衡。

六是性能方面问题。区块链有些特性仍必须要做出改进并且妥善使用,如不可篡改性,写入区块的信息几乎不可能再做修改。这虽然提升了安全性,但如果放入区块链的数据本身是错误的,系统也不能更改,只能重新撰写上传新的数据。

七是监管方面问题。目前区块链大多应用于金融科技领域,但衍生出了许多问题。智能合约并非十全十美的技术。一旦有不法分子利用智能合约的逻辑漏洞,就可能修改、破坏合约的内容。因此,当务之急是研发出完善的防范机制。

三、区块链的本质及价值

(一)区块链的核心原理

从严格意义上来说,区块链并非一种创新技术,它只是对许多跨领域的技术进行整合,并发展出其核心要义,即信任机制。这种信任机制的宗旨为,即使是非熟识且不信任的对象也能放心与其合作。区块链很大程度上改变了传统的金融生态,通过点对点技术去除第三方机构,使交易更方便、更完善,成本更低。

因此,区块链的核心原理为分布式账本技术、密码学机制、智能合约、共识机制。分布式账本技术,简言之为分布式的记账记录系统,可在账本上设定共享对象公开数据,但却无法修正、删除已经写入区块的信息。密码学机制为一种复杂的哈希函数所产生的值,为的就是有效防止有心人士恶意破译篡改信息。智能合约为在交易的当下实时地执行数据库中的交易相关条约。共识机制指的是区块链让每个拥有交易记录的节点,以多数决方式取得数据正确性的共识。

分布式账本技术常被认为是区块链的本质,即通过网络串联起世界上的计算机节点来实现信息分享。传统的账本技术为确保输入的信息是正确的,常会采取公钥以及私钥的方式预防信息被冒名输入,会设置大型的系统并引入一系列网络通信技术与外界交流,增加了额外的成本和复杂性以及被入侵的风险,信息也因长期没有同步更新导致过期或者不准确。

在分布式账本技术下,每位使用者都可以拥有一份账本供随时检查,而且这份账本与其余使用者手中的账本会同步更新。账本的更新不受任何一个使用者单独控制,必须通过买卖双方共同维护,而且每次更新都在严格的规则和协议中进行,都可以在账本中有所体现,更加透明化的信息降低了被篡改的风险。因为一旦未经授权或恶意篡改,其他区块的使用者将会马上察觉。只有同时篡改 51％的节点才有可能篡改数据,而需要成功破解全部节点才会导致资料遗失。

对于密码学机制而言,在我国可以最早可以追溯至周朝的《六韬·龙韬》,其记载了周武王与姜子牙在战争中与将领们的联络方式以及保密措施。西方历史学家西罗多德在《历史》一书中记载,最早的秘密书信出现于公元 5 世纪的波斯与希腊之战。直至第二次世界大战,密码学机制越发得到重视并被广泛应用于政治、军事等领域。在区块链中,哈希函数是区块链的"守门员"。哈希函数可以将任意长度的二进制值转换为较短的固定长度的二进制值,这个小的二进制值称为哈希函数。简言之,哈希函数是一段数据唯一且极其紧凑的数值表示形式。

区块链中任何交易的发生都必须经原本的使用者通过公钥和私钥进行核准,核准的过程将通过哈希函数记录到区块中并进行加密,完整地安全传送到下一个节点。例如,假设阿尔法是原本的一段哈希函数,后续加入的任一字符均有可能导致显示的排列数据完全不同,因为在计算上不可能找到输出为同一个值的两个不同输入。这些随意篡改的区块会因为不符合密码学机制而归类到错误。这一机制提升了交易的伪造难度和篡改难度,让所有交易都产生了"不可否认性"。

所谓智能合约即自动化的智能合约系统,在这一系统中,交易者可以将合约中的交易记录以编码的方式写入区块链中,并通过计算机自动化的方式进行验证,以防资料被篡改。

区块链的发展促进了智能合约的发展,将智能合约推到新的层次。但是智能合约并非十全十美,其运作是基于应用程序逻辑以及相关条件,即当合约内的事件被触发后,程序自动启动。因此,在应用于实体资产转移时,必须与其他系统进行对接,可能带来与现实生活中法律冲突的风险。

共识机制可以分为工作量证明机制、股权证明机制、授权股权证明机制、验证池机制四种类型。工作量证明机制主要用于比特币挖矿时的参与及计算，通过计算出符合条件的随机数获得记账权。这一机制受到计算机指令周期的影响，指令周期越长，挖矿获得的比特币越多，根据工作量分配的优势就是去中心化，但伴随产生的高计算能力和电能成本成为这一机制的不足。

股权证明机制是工作量证明机制的升级，根据每个节点货币的数量和时间的比例降低挖矿的难度，在保障安全性的同时缩短了时间。

授权股权证明机制的优点是大幅减少参与验证的节点和需要确认的请求，让交易的效率得到明显提升。与工作量证明机制和股权证明机制相比，此机制可以在区块中记录更多的交易信息，从而使加密技术提升到与中心化运算系统相媲美的程度。

验证池机制是区块链使用过程中常见的机制，脱离货币的运转模式大大提升了验证速度和验证的安全性，适合多方参与的多中心模式。这四种共识机制应用在不同的商业场景，兼顾了效率与安全。总体来讲，在集中式环境中，交易的正确性皆由管控单位负责，而在分布式账本的去中心化环境下，区块链以多数据的方式取得数据正确性的共识，降低了管控单位事故诈骗的风险。

因此，根据区块链的核心技术，不难看出区块链具有六大特性。

一是去中心化。去中心化是区块链的基本特色，意味着不依靠第三方机构或硬件设施，没有中央管理单元，资料可以分散式地被记录、储存以及更新。任一节点之间的权利和义务都是均等的，且任一节点损坏或者失去均不影响整个系统的运作。

二是去信任化。参与区块链的每个节点之间进行资料交换是不需要互相信任的，整个系统的运作规则都是公开透明的，每一个节点都持有账本，且任何人都无法擅自变更规则或篡改资料。若因个人修改资料无法达成共识，则会遭到网络否决。因为区块链中每个节点都能够获得区块链中的所有资料,消除了信息不对称造成的风险,这也提高了用户对网络中信息的信任度。

三是开源性。区块链的基础是开源,除了交易各方的私有信息被加密外,整个系统的运作规则必须是完全公开透明的。区块链的数据对所有人都是开放的,所以任何交易都是可被查询、可被追踪的。

四是匿名性。区块链技术解决了节点与节点之间的信任问题,资料传递或进行交易时不需要公开身份,只需知道对方的区块链位置,具有匿名的特性。

五是自主性。区块链的每个节点皆能安全地传递或更新资料,目的是让原本对单一个体或机构的信任转变为对整体系统的信任,这当中也不受任何人干预。

六是不可篡改性。任何记录都将被永远保存,不能被更改,除非有人能同时掌控高达 51% 的节点运算力。

(二)对"拜占庭将军问题"的回应

关于区块链是否能有效回应"拜占庭将军问题",相关企业家出现了不同的意见。例如:詹姆斯·唐纳德对于区块链是否能解决"拜占庭将军问题"产生了质疑,关键质疑点在于区块链的工作量是否能实现"拜占庭将军问题"的解决。

随后中本聪做出了阐释。假设第一时间发起进攻的将军都是正确的,那么所有将军都会听从指示。如果有两个将军几乎同时发起进攻,就会有两队人几乎同时受到攻击。因此,从工作量证明链的视角来看,只要第一个受到攻击的人使用电脑解出一个工作量证明问题,并将这一包含攻击时间点的哈希函数发布到网络平台上,接收到的人就会在当前的工作量证明中加入已求解的工作量证明。每当有人受到不同的攻击时,被攻击者就会变为更新后的工作量证明。若每次解密时间为十分钟,两个小时后将有一个包含 12 个工作量证明链的攻击时刻,只要算出这是大多数将军共同合作才能产生的结果,那大家会依照结果,在同一时间发起进攻。

这就是中本聪如何使用工作量证明链的长度来决定信息的正确性来解决"拜占庭将军问题"。也就是说,若有人企图篡改区块链上的信息,必须创造出超过51％区块链的电脑运算能力。然而,区块链由全世界各地的电脑共同维持,若有人要篡改区块链上的信息,必须赢过世界上共同维护区块链运作电脑的51％运算能力。

第二节　区块链思维概述

区块链既为具象化的技术形态,同时也包含技术思想和哲学思想,随着其在人类社会更多领域的实践和应用,将会更为广泛而深刻地改变人类社会运行模式乃至人类文明形态。根据区块链理念实践及技术应用所衍生的技术思想和哲学思想,区块链思维可以分为平行思维、组织思维、虚拟思维、系统思维、混沌思维等。几种思维相互交叉,但各有侧重点和特征,这取决于具体实践过程中,主体、客体及技术形态的相互关系及作用。

一、区块链平行思维

区块链具有去中心化、不可篡改、全程留痕、可以追溯、集体维护、公开透明等特点。不可篡改、全程留痕、可以追溯等在实践应用中,着重体现出了纵向的历史性,具有历史记录功能,是纵向平行思维的体现。区块链分布式账本技术,具有去中心化、集体维护、公开透明等特点,着重体现出了横向的主体间平等性,具有提升信息交互对称性、公开性的功能,是横向平行思维的体现。

区块链纵向平行思维的应用,主要在纵向历史过程中各历史主体的具体实践过程及数据和经验的记录、运用、传承等方面发挥着重要作用。区块链的区块链式结构是基于时间戳的,生成的数据在加盖时间戳之后便可以溯源并且难以篡改,保障了信息的真实性和权威性。区块链具有的数字信任机制有利于打造可信赖、安全的数字链接系统。

区块链横向思维的应用,主要在横向同一时间维度下多主体的具体实践过程及数据和经验的交流互鉴、信息的对称、行动的协同等方面发挥着重要作用。在实践应用中具有提升信息对称性、增加实践主体信任度、强化信息交流互通、提高相互协同性等特点,有利于同一时间维度下,实践主体间思想理念、实践经验的互鉴交流,工作的协同合作以及决策的科学制定等。横向的人类社会发展治理过程、数据、经验等,亟须全球各区域、国家等进行分阶段的记录、梳理、整合,通过区域间、国家间的信息交流、分享,推动经验做法的互鉴,特别是人类社会发展治理共识的形成和资源的整合优化,有力地推动当代乃至今后人类社会发展治理理念和实践的整体发展。

区块链平行思维涵盖了纵横双向历史时空过程,可以说,纵向对应时间坐标、横向对应空间坐标,两者形成对完整的历史过程、数据、信息、经验等的记录,协同各实践主体共同完成历史过程中信息、数据的建设、交流、互鉴,更为广泛地凝聚共识,促进各实践主体科学决策、指导具体行动,在一定程度上,有利于人类社会发展进程的时空正义的实现。

二、区块链组织思维

组织思维是一种通过协调组织内外部力量,使组织结构最优化,以降低组织运行风险,追求最大效益的理论思想。区块链组织思维是在组织思维的基础上,以区块链理念、实践为媒介,逐步渗透和延伸到人类社会发展的诸多领域,对各实践主体的思维、理念、行为等产生具体组织作用的一种思维。或者说,区块链组织思维是通过区块链理念、技术广泛深入地运用到一系列行业、领域中,对各行业、领域的实践主体进行技术应用、机制运行的组织化,逐步转向思维、理念、行为等的组织化,进而有序实现组织功能的一种思维。区块链组织思维具有协调各实践主体间相互关系、协同各方力量、形成集体共识、优化整体结构和实践路径、降低运行成本和风险、提高运行效率、提升实践效果等重要功能。

区块链组织思维集中体现在区块链密码学机制、系统算法、分布式账本技术、隐私保护、公链透明等应用对广大用户个体及群体实现组织化的过程。区块链密码学机制中,哈希函数极大加快了数据信息的存储和查询速度,并以加密处理确保数据传播安全;数字签名以数字化形式代替传统手工签字与印章,运用鉴别机制,发挥鉴别身份、保护信息完整性和保证机密性等功能;P2P网络技术的应用,主要通过网络技术,实现节点之间的信息传播、查询与鉴别,实现各区域共享内容和资源;工作量证明机制的应用有利于架构安全可靠的系统。系统算法的应用是节点间共识形成的重要手段,即新数据必须获得全部或者大多数节点的验证方可写入由全体节点共同维护的账本,因而极难被篡改或伪造,依靠共识机制和密码学机制自动产生一个信任系统,提升了数据的可靠性、真实性、客观性。分布式账本技术是区块链技术的核心,它是一种在组织内部以及组织之间存储和更新数据的创新方法,系列过程性数据等作为账本副本要通过各方商议、验证,数据内容由所有参与者共同决定后写入节点,并实现无中心化直接交互,账本内容的增加或管理结构的更改需由多个参与者协商进行,提升了数据的权威性、共识性。隐私保护作为私链基础,采取特定的数字加密算法及验证形式,确保了实践主体的安全性。公链透明的数据读取方式,使得系列数据以零成本方式向全体节点公开,从而可以降低节点的信任成本和系统不确定性。

区块链组织思维中,去中心化的组织运行结构、系列算法对数据和信息的处理加密、点对点对等网络应用实现的节点对等地位、分布式共识机制运行实现的相互协调与协作、公私链数据全保护和公开透明等,都是通过具体的技术应用、机制运行、算法使用等,分别从各实践主体参与地位的对等性、行为实践的规范性和机制化、信息共享的对称性和真实性、共识形成的集体性和广泛性等方面对广大用户个体及群体实现逐步组织化的过程。

三、区块链虚拟思维

虚拟思维的产生源于虚拟现实技术的兴起及应用。虚拟现实技术是 20 世纪末发展起来的一项新兴科技,这种技术集计算机技术、电子信息技术、虚拟仿真技术于一体,通过计算机网络社会生成虚拟环境,参与的用户及群体在虚拟环境中产生相互关系,并形成一定的互动交流。虚拟环境中所产生的思维、理念、行为、实践等会逐步作用于现实社会,对人的运思和实践模式产生影响。虚拟现实技术作为区块链的重要组成部分,其特点及对人的运思和实践模式的影响与作用,在实践过程中,衍生出区块链虚拟思维,作用于所有的用户个体及群体。

区块链虚拟思维具有多样性、先进性、交互性、构想性等特点,既具备了虚拟现实技术分析和解决问题的通用思维和方法,同时还包含了分布式账本技术、智能合约技术、跨链技术、非对称加密技术等所产生的一系列分析和解决问题的思维和方法。可以说,区块链在一定程度上是虚拟现实技术的升级,是互联网时代、信息化社会中虚拟现实技术的扩容升级版本。

区块链虚拟思维与互联网思维的区别关键在于,区块链虚拟思维本质在于共识,对数据真实性、需验证性,信息对称性、交互性,主体平等性等有着明确的要求,并且显著在于去中心化的机制及模式。互联网思维重点在于万物皆可互联,有着鲜明的数据思维、网状思维等,其内涵及内容更为广泛和丰富。可以说,在某种程度上,区块链虚拟思维是互联网思维的一种,对真实、平等、协作、分享、隐私保护等更为注重。

四、区块链系统思维

系统思维是以系统论为基础的思维形态。系统论研究系统的结构、特点、行为、动态、原则、规律以及系统间的相互关系及作用。从一般系统论的角度出发,通常把系统定义为由若干要素以一定的结构形式联结构成的具有某种功能的有机整体。其核心思想是系统的整体观念。系统中的各要素的存在都有其作用,且并不是孤立的,其中任何一个要素都不能脱离系统独立存在,各要素之间相互关联,如大自然这个生态系统。大自然中的任何要素(即物种)都有其作用,任何一个要素的消失都会对这个系统造成影响,而其中的任何一个要素都无法单独存在。

区块链系统思维是基于区块链的系统结构、形态以及运行模式,衍生出的一种具有整体性、结构性、立体性、动态性、综合性等特点的逻辑抽象思维。一般来说,在区块链基础架构模型中,区块链系统可分为数据层、网络层、共识层、激励层、合约层和应用层六个子系统,六个子系统又分别由若干个节点要素组成。其中,数据区块、链式结构、时间戳、哈希函数、默克尔树、非对称加密等节点要素组成数据层;分布式组网机制、数据传播机制和数据验证机制等要素组成网络层;封装网络节点的各类共识算法等要素组成共识层;具有激励性质的发行机制和分配机制等要素组成激励层;封装的各类脚本、算法和职能合约等要素组成合约层;封装的各种应用场景和案例等要素组成应用层。这六个子系统及其若干个节点要素、结构组成、机制算法、原理规则等共同组成了一个整体,并且相互间形成结构性体系,产生动态的相互关系和作用,既有区块状关系、网状联系,还有链式、条线的连接,形成了纵横双向立体关联的复杂巨系统。整体性实践功能的有效发挥,要求任何一个子系统都必须服从于整个系统运行的模式、规则,形成具有整体性、综合性的形态。

区块链系统思维与一般系统思维一样,其核心思想中突出了系统的整体观念,但在区块链实践运行过程中,因为区块链具有去中心化等特点,各节点要素是分散开的,运行方式更为扁平,且验证机制、共识机制作为基本运行机制,更好地保证了复杂巨系统运行的公平性,更为充分地以技术形式赋予了各主体间的实质性的平等地位。这种模式或者说其所展现的思维,为现有经济社会发展带来了基于一般系统思维之上的具有更为扁平化、立体性、公平性、对等性特征的思维方式和实践模式。

五、区块链混沌思维

混沌思维是 20 世纪 70 年代兴起的一种思维方式,是一种解决大量复杂问题与整体的、系统性的动态问题的良好工具,也是未来研究社会领域、经济领域、尖端科技领域与基础物理的重要帮手。

区块链混沌思维,顾名思义,是在区块链发展模式之下的混沌思维,是区块链思维的一个分支,是混沌思维在区块链模式下的新发展,是如今区块链技术高速发展的重要助力,也是支持区块链发展模式进行创新发展的重要思想。值得一提的是,混沌思维作为一种科学的、新生的、有重要科研运用价值的思维在科学技术领域、经济金融领域等发挥着重要作用,产生了重大价值。区块链混沌思维则是一种在区块链发展条件下,专门为区块链等互联网技术服务的新生思维,是一种基于互联网技术高速发展,为互联网技术发展服务的创新思维。自 21 世纪以来,互联网技术在我国高速发展,取得了许多举世瞩目的成就。近年来,区块链在我国的发展,带动了许多相关产业,数字经济发展速度大大提高,是互联网高端技术发展的基石之一。在区块链高速发展的背景下,互联网技术与区块链思维结合,产生的便是为区块链发展服务的区块链混沌思维。

区块链思维为人类实践提供了一种解构与重构的认识方法和工具手段。区块链思维解构了组织,去中心化组织大量存在,进而形成分布式的节点社会,再到网格式的块链社会,直到分散型组织的奇点,最终重构出一种失控的反脆弱系统。失控是指在一个系统中失去了中心化的控制,但结果并不是涣散混乱的,反而形成自治组织,是一个反脆弱的秩序。随着区块链在人类社会诸多行业领域中更为广泛深入的实践应用,混沌型社会中的混沌结构及隐性存在的秩序,正逐步因区块链的应用发生变化,各要素组成形式、机制生成组合以及运行秩序依赖于区块链原理与规则,区块链混沌思维成为混沌型社会形成的基础逻辑,并成为打开混沌世界的一把钥匙。可以说,区块链混沌思维是混沌思维通过区块链实践应用成为具体载体,并在区块链整体运行过程中不断整合人类社会各种要素、组成结构,生成运行机制和组合,实现有序和无序相统一的一种思维逻辑。

区块链混沌思维作为区块链思维与混沌思维的有机结合,是研究有序与混沌、局部与整体的基础,是静态系统到动态系统、线性思维到非线性思维的重大突破,也是创新理念、思路、实践及手段的重要思维之一。

第三节 新发展理念视域下中国新发展范式

发展范式的演变是历史逻辑的宏观展现,是连续又阶段化的实践的合目的性与合规律性的矛盾关系所构建的"现实的历史",也是实践、理性、价值三者之间矛盾运动的历史现实。发展范式是一域、一国乃至全球社会进步发展所共同秉持的信念、遵循的总则,是社会运思和实践的总纲领,以及在其视域下所产生的一系列发展理念、发展方式、发展重点,并形成其特定的发展目标、价值观和实践维度的发展体系。宏观的社会变迁不仅是发展范式支配下发展模式的历史性展现,同时,又是由发展实践不断建构新一轮发展范式的自然历史过程。

完整、准确、全面贯彻新发展理念是加快构建新发展格局、着力推动高质量发展、全面建设社会主义现代化国家的重要发展理念,深刻指导着我国经济社会的发展思路、发展方式和发展重点,是我们党认识和把握发展规律的再深化和新飞跃。中国新发展范式,必须以完整、准确、全面贯彻新发展理念为根本,围绕全面建设社会主义现代化国家的发展目标、价值追求和效果形态,系统生成完整、准确、全面的发展思路,形成体系化发展方式和发展重点,推进中国特色社会主义现代化建设。

一、新中国成立以来的发展范式演变

从 20 世纪后半期以来中国道路的历史建构成果来看,发展范式的不断创新深刻地拓展了中国特色社会主义道路,更是对马克思主义理论和中国特色社会主义理念的发展。立足"现实的历史",以唯物主义和马克思实践观为基本立场和观点,系统考察新中国成立以来发展范式的演变,要以哲学的高度和逻辑方法对不同阶段发展范式的本质、规律及特征进行研究,既从"存在"中探求事物本质,又从"生成"中研究事物发生的根源和发展的历程。

第一个阶段,新民主主义革命完成,从新中国成立到进入社会主义建设时期。中国社会发展范式从革命发展范式"过去我们打的是上层建筑的仗,是建立人民政权、人民军队。建立这些上层建筑干什么呢? 就是要搞生产。搞上层建筑、搞生产关系的目的就是解放生产力"发展到"现在生产关系是改变了,就要提高生产力"①的探索发展范式。根本发展思路是在全面巩固无产阶级政权的同时,快速发

---

① 毛泽东文集:第八卷[M].北京:人民出版社,1999.

展生产力，提高人民生产生活水平。国家层面是全面巩固新建立的社会关系，从革命走向探索性的社会建设；社会层面是全力维护新秩序，以最理想化的形态快速发展生产力和社会经济；个人层面表现为对新秩序及社会主义、共产主义理解的表面化，个体的生产生活集体化属性显著。在社会关系全面变革的现实下，社会主义建设道路展开了初步探索和实践。但由于对基本国情判断不足，对生产力发展和经济发展规律把握得不准确、不充分，缺乏建设经验和一定程度的盲目模仿，违背生产力和社会经济发展规律的系列运动极大地打击了人化自然的成果以及阻碍了人化自然手段的发展。从历史维度看，这个时期在经济建设上的确为中国道路的发展建立起了不完善的工业体系，并且指出了"现代化"建设的方向，也在较大程度上发展了生产力。改革开放前的社会主义实践探索，是党和人民在历史新时期把握现实、创造未来的出发阵地，没有它提供的正反两方面的历史经验，没有它积累的思想成果、物质成果、制度成果，改革开放也难以顺利推进。

第二个阶段，党的十一届三中全会后，社会主义初级阶段成为所有社会实践的根本依据，"一个中心，两个基本点"成为党在社会主义初级阶段的基本路线，明确了中国特色社会主义道路的建设方向。从探索发展范式向"生产力标准和'三个有利于'标准"的改革发展范式转变。这个阶段的发展思路是突出经济建设这个中心，全力发展生产力，突出改革开放，以改革方式变革原有建设范式。国家层面是立足于"现实的历史"，明确"以经济建设为中心，坚持两个基本点，这就是我们的主要经验"①，以社会主义初级阶段为基本依据，全力发展生产力，积极探索公有制的有效实现形式，改革经济体制，实行对外

---

① 沿着有中国特色的社会主义道路前进：在中国共产党第十三次全国代表大会上的报告[N].人民日报，1987-11-04(1).

开放,效率优先,兼顾公平。① 社会层面是突出了"发展是硬道理",以经济建设为中心,激发生产活力,全面普及教育,全力发展科学技术,科学技术是第一生产力。② 个人层面是在公有制为主体下的多种所有制经济共同发展所带来的生产积极性不断提升,生产能力随着教育的普及不断提高,个体生产生活更为多元丰富。社会共识空前形成和发展,是该范式演变的集中体现,同时也是社会实践在历史现实下不断修正的成果,立足于"社会主义是共产主义的第一阶段,是一个很长的历史阶段。社会主义的首要任务是发展生产力,逐步提高人民的物质和文化生活水平"③,以及"增强社会主义国家的力量,使人民的生活逐步得到改善,然后为将来进入共产主义准备基础"④,的发展逻辑展开了中国特色社会主义道路的建设和发展。发展范式的演变促成了中国经济的腾飞,但社会发展实践的共性问题也随着社会的发展而呈现:能源短缺、两极分化、产业结构不合理、区域发展不平衡等。从马克思实践观看,就是实践、理性和价值三者之间存在的一定程度断裂的显性化、具体化,是自然人化过程中,实践主体对实践客体认识的局限性,实践过程中主客体矛盾运动和自然规律之间一定程度的背离,或者说是实践主体在超越自然过程中,实践选择的偏差甚至错误,是自然人化社会发展路径选择中主体客体认识的矛盾问题。

第三个阶段,在新的历史维度下,随着社会经济总量不断提升,生产力进一步得到发展,但社会发展问题不断产生,改革发展范式向以"三个代表"重要思想和"科学发展观"为核心发展理论的协调发展范式转变。这个阶段的发展思路是在深化社会主义初级阶段认识的

① 中共中央关于建立社会主义市场经济体制若干问题的决定[N].人民日报,1993-11-17(1).

② 邓小平文选:第三卷[M].2版.北京:人民出版社,1994.

③ 邓小平文选:第三卷[M].2版.北京:人民出版社,1994.

④ 邓小平文选:第三卷[M].2版.北京:人民出版社,1994.

基础上,坚持"发展为第一要务",坚持以经济建设为中心,调整经济结构,完善经济制度,突出与时俱进、①求真务实精神,以人为本,全面协调发展,目标是实现可持续发展。国家层面是立足发展是第一位,以经济建设为中心,继续改革开放,强调先进生产力、先进文化、最广大人民利益,②以人为本(人民主体地位、生活水平提高),通过统筹兼顾,实现全面协调可持续发展;社会层面是以社会主义市场经济为根本,全面激发生产活力,进一步注重人与自然发展的和谐性和可持续性,不断修正经济运行形态;个人层面是在社会实践中,人的理念逐步从注重经济增长维度向人的价值维度转变,并以此指导着人的生产生活实践。从马克思实践观角度看,是实践主体的内在意识本体与生命本体的矛盾运动不断推动主体的自我解放,同时实践客体对主体实践维度及结果的反馈,逐步提升了实践主体自身的理性以及实践手段方式选择的合理性。在自然人化与创造对象化世界过程中,实践主客体之间不断调整理性和价值维度的过程,或者说是在自然人化过程中人的自然属性进一步回归。但是伴随着经济快速发展、全球化不断深入,我国经济社会发展也存在着一些突出矛盾和问题,例如,农民增收困难,就业、再就业压力较大,经济发展和人口、资源、环境的矛盾十分突出,生产力发展仍然面临诸多体制性障碍。

纵观中国历史的演变,中国发展范式的演变是历史逻辑的宏观展现。从历史的宏观尺度考察新中国发展范式的变革,是以根本利益、长远利益、整体利益③为逻辑起点的实践与以非根本利益、暂时利益、局部利益④为逻辑起点的实践的矛盾运动,是对存在的事物的肯定的理解中同时存在包括对现存事物否定的理解⑤的辩证发展,也是

①　江泽民文选:第三卷[M].北京:人民出版社,2006.
②　紧密结合新的历史条件加强党的建设,始终带领全国人民促进生产力的发展[N].人民日报,2000-02-25(3).
③　孙正聿.中国新起点与科学发展观[J].社会科学战线,2004(3):188-191.
④　马克思,恩格斯.马克思恩格斯选集:第二卷[M].北京:人民出版社,1995.
⑤　马克思,恩格斯.马克思恩格斯选集:第二卷[M].北京:人民出版社,1995.

实践、理性和价值逐步走向辩证统一的过程。

党的十八大以来,社会主义核心价值观确立,国家经济总量跃升为全球第二以及大国形态真正形成,中国社会发展进入一个新的历史时期,国家主体性内外的演变,直接决定着国家发展范式的演变,同时也是中国特色社会主义道路上新的历史坐标点。面对"现实的历史"新的逻辑起点,中国道路的发展需要重新建构面向"中国问题意识"的新发展范式,通过"三个层面"的实践和"三种形态"的打造,全面深化新发展理念的内涵和实践。

二、新范式的发展思路:面向"中国问题意识"的逻辑

党的十八大以来,以习近平同志为核心的党中央毫不动摇坚持和发展中国特色社会主义、坚持中国特色社会主义道路、坚持改革开放,以"中国问题"为基础,面向"中国问题",突出"问题意识",实践新的"解释原则"①,从中国道路的历史崛起和中华民族的历史复兴的进程中,认识和把握中国发展的历史逻辑,从中国道路的理论超越和中华民族理论自信的论证中,演绎和提炼中国发展的理论逻辑,从中国经济腾飞和社会高速发展的实践中,归纳和总结中国发展的实践逻辑,从中国道路的文化发展和中华优秀传统文化的振兴中,继承和弘扬中国的文明逻辑。

"中国问题意识"在哲学层面上有着两层意蕴:"其一是指当代中国哲学在与中国道路的互动共生过程中,其研究展开和理论建构的重点和主线,面向的主要是或者说从根本上是'中国的'问题意识,而不是别的什么国家或民族的问题意识;其二是指与那些具有经验研究性质的社会科学学科相比较,哲学所面向的更主要是'问题意识',

---

① 孙正聿.从实践的观点看当代中国马克思主义哲学研究范式的转换[J].社会科学战线,2015(11):1-10.

而不是一个一个的具体的、经验性的社会现象或社会问题。"①在这里,极为深刻的一点就是强调要认识和把握"中国的问题"的本质和内涵,首先是对"中国问题"和"中国道路"的主体性把握,同时,突出马克思主义哲学的实践性、批判性和前导性,以现实问题为切入点,系统把握中国历史发展进程背后所呈现的发展规律、理论脉络、实践形态、价值体系。

在"中国问题"的认识和把握上,必须坚持历史唯物主义,以中国历史与实践为根本,同时必须坚持运用唯物辩证法探讨和分析"中国问题"。在研究"中国问题"时,自然也必须深刻结合宏观上所呈现出来的世界性问题,这也是马克思主义关于事物普遍联系与发展的重要论断。在当今,中国作为世界第二大经济体所面临的"中国问题"也必然成为世界所高度关注的,中国的政治、经济、文化都在各自的领域中强化着对世界格局的影响。中国的崛起正在重新建构世界体系,形成新的国际格局,既是意识形态上的建构,也是实践形态上的重塑。

"中国问题意识"作为范式发展的主要思路,是马克思主义哲学的延伸与发展,是"历史的现实"下实践、理性、价值的辩证统一,是突出强化了"以中国为主体并体现中国道路的主体性的","是强调要以具体现象或经验问题背后的宏观结构、历史脉络、发展趋势以及对这种结构、脉络和趋势等的观念设定、历史叙事和理论建构等,作为更为主要和根本的切入点与关注对象",并"通过或借助现实问题的中介,去把握隐藏其后的对于中国发展和中国道路崛起具有长时段性质和世界历史意义的观念假定、前提预设、思潮脉络、理论阐释和历史叙事等深层次内容,进而能够从总体性和超越性的层面提出以中国为理论的阐释、判断、选择与建构"②。这与新发展理念的哲学基础

---

① 冯鹏志.建构"面向中国问题意识"的哲学[J].理论视野,2016(6):12-14.
② 冯鹏志.建构"面向中国问题意识"的哲学[J].理论视野,2016(6):12-14.

是一脉相承的，新发展理念本身就是以"中国问题"为基础，立足于中国特色社会主义理论体系，以中国道路实践为根基和历史起点，形成宏观发展的顶层设计。

三、新范式的发展方式："三个层面"的系统化实践

2015 年 11 月 30 日，习近平主席在气候变化巴黎大会开幕式上提出："'万物各得其和以生，各得其养以成。'中华文明历来强调天人合一、尊重自然。面向未来，中国将把生态文明建设作为'十三五'规划重要内容，落实创新、协调、绿色、开放、共享的新发展理念，通过科技创新和体制机制创新，实施优化产业结构、构建低碳能源体系、发展绿色建筑和低碳交通、建立全国碳排放交易市场等一系列政策措施，形成人与自然和谐发展现代化建设新格局。"①这明确告诉我们，新发展理念就是生态文明建设的具体实践，是中国新的发展范式，中国道路的发展也必然依归于"天人合一、尊重自然"。新范式的运行是立足时代特征，面向"中国问题"的思想意识、理论学术和发展实践三个层面的系统化实践。

在思想意识层面上，必须立足中国道路的历史逻辑和文明逻辑，进一步解放思想、创新思想、凝聚共识，以新发展理念为核心，突出生态理性，引领思想意识系统发展。随着社会主义核心价值观的提出，全社会的运思方式逐步形成了较为统一的基础，从国家层面、社会层面、个人层面三个维度形成了立体式的思想意识发展体系，特别是习近平总书记明确提出的"四个自信"中所呈现出来的思想自觉和意识自觉，是对中国特色社会主义理论和中国特色社会主义道路发展的充分肯定和坚信。不断解放思想、创新思想、凝聚共识，既要继承中

---

① 习近平.携手构建合作共赢、公平合理的气候变化治理机制——在气候变化巴黎大会开幕式上的讲话[N].人民日报,2015-12-01(2).

华优秀传统文化,又要进一步立足中国发展的实践,紧紧围绕新发展理念,突出生态文明意识,创新文化和运思方式,以社会主义核心价值观为根本,进一步挖掘和发展中国智慧,特别是在智库的建设中,强化智库的深度与厚度,全面提升智库内涵,以思想意识的先进性和创新性统筹引领全社会的系统发展。

在理论学术层面上,必须立足中国特色社会主义理论体系,进一步呈现出"大众形态"[①],以时代的迫切问题[②]为逻辑起点和归宿,以哲学的高度和深度挖掘实践的本质,以逻辑的方式阐释和提炼规律,并以通俗的话语阐释理论的内涵和价值。马克思主义哲学就是以大众哲学的形态服务于大众、服务于社会,马克思主义哲学活动的方式,也集中体现为深入民间调研,关注大众切身利益,走入大众心灵世界,为大众提供现世智慧,并且包含着一连串互相衔接的阶段的发展过程的阐明。[③] 也正因为此,它成为大众特别是无产阶级的心脏。理论学术的发展需要更为深刻地面向中国问题、面向大众所需,为大众所理解和认识,为大众所掌握和运用。

在发展实践层面上,必须立足于中国道路发展的实践逻辑,进一步创新协调,发展生产力、变革生产方式,以生态技术为基础,打造绿色技术体系,以产业转型升级为根本,实现发展成果的开放共享。创新协调作为引领,既是以创新引领发展,又是以协调促进发展,优化技术结构,构建生态化系统运行机制。准确把握发展实践的时代特征及形态是探索发展实践本质的重要基础,也是检验阶段性发展实践科学和合理的唯一标准。当代发展实践的核心应该是社会主义核心价值观的实践,新发展理念作为社会主义核心价值观的具体化、实践化,是进一步创新发展生产力,促进社会协调,保护绿色生态,深化

---

① 韩庆祥,张艳涛.马克思哲学的三种形态及其历史命运[J].中国社会科学,2010
(4):21-31.

② 马克思,恩格斯.马克思恩格斯全集:第一卷[M].北京:人民出版社,1995.

③ 马克思,恩格斯.马克思恩格斯全集:第一卷[M].北京:人民出版社,1995.

改革开放,实现人民共享,全面凝聚人心的发展实践。

四、新范式的发展重点:"三种形态"的打造

发展是矛盾运动的形态,是整体系统的演变形态,并且在不同时期和区域,都有其重点,这是矛盾运动关系的深刻体现。处在新常态、改革深水区和社会矛盾叠加的特殊时期,中国道路的发展,既要有顶层设计和布局,同时又要在不同层面上形成特定的发展重点,这也是发展目标得以实现的保障。

在国家层面上,要立足大国责任,进一步形成"国家形态",这也是马克思主义哲学中所说的主体性,深刻审视中国道路的发展历史、总结中国发展的经验教训,重点在富强的形态、民主的形态、文明的形态、和谐的形态上进行发展。富强在于为民,民主在于公权,文明在于厚德,和谐在于共享。"国家形态"对外的主体性在于强而不霸、协和万邦,对内的主体性在于发展为民、共同富裕。坚持马克思主义世界观和实践观,通过创新发展生产力、变革生产方式,在不断提升经济活动质量和水平的同时,以"绿水青山就是金山银山"的发展实践,实现生态化。在国家政治、经济、军事、文化、社会等维度上,协同共进,不断提高综合国力,在世界舞台上树立新时期"中国形象",走好大国之路。以国家的主体性全面阐释中华优秀传统文化,用世界的语言讲好"中国故事"。

在社会层面上,要立足初级阶段的本质,进一步形成"社会形态",从新常态中找准规律、把握实质,进一步发展生产力、促进发展协调和共享。改革进入攻坚期和深水区,社会矛盾多发叠加,深层次矛盾不断凸显,矛盾关联度进一步增强,消极影响不断显现,这就需要我们运用马克思实践观进行考察分析。首先,是社会主义发展程度。我国仍然处于社会主义初级阶段。虽然社会主义建设已经取得巨大成效,但是社会主义初级阶段是当代中国的最大国情、最大实

际。我们在任何情况下都要牢牢把握这个最大国情，推进任何方面的改革发展都要牢牢立足这个最大实际。不仅在经济建设中要始终立足初级阶段，而且在政治建设、文化建设、社会建设、生态文明建设中也要始终牢记初级阶段；不仅在经济总量低时要立足初级阶段，而且在经济总量提高后仍然要牢记初级阶段；不仅在谋划长远发展时要立足初级阶段，而且在日常工作中也要牢记初级阶段。[①] 当代中国社会整体形态仍是处在社会主义初级阶段，这也就决定了我国当前社会矛盾的本质特征和深层次的改革目标任务。其次，是发展的协调程度。我国社会主义建设取得的巨大成效是中国道路的巨大成功，但同时发展的协调程度是今后社会建设的关键，不同领域、不同区域、不同主体间发展的差距，经济活动的协调性、生态环境的可持续发展性、社会结构体系的合理性，直接影响着发展的总体效果，特别是经济效益、生态效益和社会效益三者之间的协调发展。最后，是发展的共享程度。实践发展永无止境，实践发展的目标就是人民生活幸福、人与自然和谐。发展的共享根本在于经济活动利益的公正分配、社会系列文明成果的平等共享、社会秩序的有效维护、自然生态的有效保护。

在个人层面上，要立足价值观建设，全力打造主动、积极、创新、合作的"个人形态"。社会整体的发展以个体的发展为前提，个体的发展则需要社会以公平正义为根本，社会的公平正义既为个体提供发展的基础和条件，也是个体真正融入社会、热爱社会的关键。既可以进一步加强人与人的协调发展，更是以人与人的协调发展促进人与自然生态的和谐发展。立足价值观建设，加强爱国主义、集体主义、社会主义教育，注重普遍性和特殊性的有机融合，真正将社会主义核心价值观融入个人理念和发展实践。"天行健，君子以自强不息"，既要突出个人的主体性，在充分发挥其主动性和积极性的同时，

---

① 习近平.习近平谈治国理政：第一卷[M].2版.北京：外文出版社，2018.

更要强化合作共赢价值理念。个体的发展离不开社会,更要服务于社会。从社会整体而言,个体的发展既是个性的成长,也是共性的形成,个性在于其主体的特征,共性在于主体间相互的关联,个性离不开共性,共性之中蕴含着个性。从个体而言,在现代社会发展中,个体只有真正融入组织整体发展之中,才能得到更进一步的发展。

第二章 区块链平行思维与新发展理念
实践的时空联系

第一节 区块链平行思维

一、区块链平行思维的概念及特征

（一）平行思维的提出及概念

平行思维最早是由英国爱德华·德·波诺博士在《平行思维——解读六顶思考帽的深层价值》中提出,代表横向思维的进一步发展。爱德华·德·波诺博士提出的平行思维试图建设性地拓展或替代古希腊的"对抗思维"及其"辩证方法"。平行思维是一种创新思维模式,它打破了我们长期以来"不是即非"的传统思维模式。平行思维是指从多个维度展开对事物的思考,而不是同时思考所有的因素,避免了混乱与冲突。

(二)平行思维的特征

平行思维是一种创新思维模式,是一个实际的思维体系,在相当长的时间内,它通过各种不同的方式被人们所应用。

1. 平行思维和对抗思维

对抗思维就是"非此即彼"的零和博弈,对抗双方是冲突的、不可相容的,每一方都试图批判对方的观点。而平行思维不需要每时每刻都做出判断,核心在于吸收各种可能性,并在各种可能性中前行。对抗思维关注探索与发现,而平行思维关注设计与创造。平行思维为我们提供了一种非常实用的方法,帮助思维从以对错二分法为基础的辩论转换到对问题的探索。运用平行思维进行探索,有利于发展探索的系统性和彻底性。

2. 平行思维和垂直思维

波诺曾这样解释平行思维与垂直思维(即逻辑思维)的区别:垂直思维是分析性的,平行思维是启发性的;垂直思维按部就班,平行思维可以跳跃;垂直思维过程中,每一步必须准确无误,否则无法得出正确的结论,而平行思维旨在寻找创造性的新想法,不必要求思维过程的每一步都正确无误;在垂直思维中,会使用否定来堵死某些途径,而平行思维中没有否定。[①] 他比喻说,垂直思维是在深挖一个洞,平行思维是尝试在别处挖洞。

3. 平行思维和"六项思考帽"

波诺的"六项思考帽"是平行思维的应用,分别是:戴上"白色思考帽",即中立、客观地陈述信息;戴上"红色思考帽",即表达感觉、情绪、直觉及预感;戴上"黑色思考帽",即谨慎评估风险,检验一件事情是否符合我们所掌握的信息、经验、目标、策略以及价值观和道

---

① 波诺.平行思维:解读六项思考帽的深层价值[M].北京:企业管理出版社,2004.

德规范；戴上"黄色思考帽"，即清楚地说明论述的原因，呈现各种利益和价值；戴上"绿色思考帽"，即经过创造性的努力来考察各种可能性；戴上最后一顶"蓝色思考帽"，即拥有纵观全局的眼光。"六顶思考帽"是对问题真正的探索，摒弃了对问题的是非判断，没有冲突、没有争论，转而对问题本身进行深度探索，从而找出结论和解决问题的办法。

4. 平行思维和横向思维

平行思维涵盖了以下四类思考方法：水平思考法、侧向思考法、横向思考法、逆向思考法。平行思维中包含了横向思维。横向思维是一种打破逻辑局限，使思维向更宽广领域拓展的前进式思考模式，它是不限制任何范畴，以偶然性概念来逃离逻辑思维，从而创造出更多新想法、新观点、新事物的一种创造性思维。

5. 纵横坐标上的时空正义

正义，指的并不只是当下的正义，更要看纵横坐标上的时空正义。马克思对时空正义的阐述基于对资本主义全球化时空布控的批判。纵坐标，对应的是时间上的正义。马克思批判了资本用"物化劳动时间"的方式来吮吸工人的劳动时间从而得到资本最大程度的增值，这是用批判时间上的非正义的方式来阐述时间正义。横坐标，对应的是空间上的正义。马克思批判了资本用"中心—边缘"的不平等关系来实现全球价值回流和风险转移，这是用批判空间上的非正义的方式来阐述空间正义。

平行思维的创新之处就是从纵向的时间和横向的空间角度去看待一个问题，从多个维度进行分析，而不是仅仅对某个事物的某个方面做出单一的是非判断。

二、区块链平行思维的体现

(一)区块链纵向平行思维的体现

随着区块链技术的应用范围日益拓展,区块链纵向平行思维也在城市构建、新闻媒体等越来越多的领域发挥作用。在城市治理中,对于构建信息化、数字化的智慧城市,区块链具有的数字信任机制有利于打造可信赖、安全的数字链接系统。城市构建过程中任何用区块链记录的信息都可以得到保护并且防止篡改,在信息的流转传递过程中,只能对节点上的信息进行增加,而不能减少或者篡改信息,这保障了信息的真实性和权威性。[①] 一个城市的发展并不能单看发展的结果,更要看发展的过程。曾经中国的发展以牺牲环境为代价,直到 2005 年 8 月,浙江省委书记习近平在浙江湖州安吉考察时提出了"绿水青山就是金山银山"。所以将区块链技术应用到城市发展中来,能够使区块链纵向平行思维发挥作用,更注重城市发展的过程,做到绿色发展。要以提高环境质量为核心,协同推进人民富裕、国家强盛、中国美丽。区块链纵向平行思维的体现远不止于此,在新闻领域中,哈希函数能够对新闻溯源,保证新闻的准确性,减少虚假新闻、谣言的出现。

不仅如此,区块链纵向平行思维运用在社会治理中有利于不断创新社会治理的方式方法。在社会治理的方式方法上,除了要突破现实的发展进行创新,更要纵观历史治理经验,如坚持中国共产党的领导、坚持一切从实际出发、坚持群众路线等。

---

① 金华.区块链架构下的应急管理:可能图景、潜在风险与因应之道[J].宁夏社会科学,2021(3):118-125.

(二)区块链横向平行思维的体现

区块链的核心是分布式账本技术。分布式账本技术的基础是将核心数据存储在多个服务器上,在每个节点同步记录与共享用户产生的每笔交易。横向平行思维指的是横向主体之间的比较借鉴,而区块链去中心化、集体维护、公开透明等特点则是横向平行思维的体现。

党的十九大做出加强和创新社会治理的新部署,提出打造共建共治共享的社会治理格局。多元治理作为社会治理的制度创新,是以法治为基础的多元主体共同治理。多元共治主要包括四大特征:多元主体,开放、复杂的共治系统,以对话、竞争、妥协、合作和集体行动为共治机制,以共同利益为最终产出。多元治理需要多部门、多主体进行合作并且互相借鉴,而区块链中的去中心化、集体维护、公开透明等特点体现的横向平行思维在多元治理中能够得到很好的应用。分布式账本技术在其中起了很大的作用。首先,分布式账本技术能够整合资源,对医疗、教育、户籍等多个领域进行改革,也会对不同领域进行融合,将区块链横向平行思维运用到整合资源上,有利于提高各部门之间的工作协调效率。其次,区块链公开透明的特点能够很好地解决信息不对称的问题,实现多个主体之间的信任协作。区块链可以充分展现各个地区、各个部门的治理措施,让不同地区、不同部门之间进行横向经验的比较借鉴,从而提高治理能力、提升治理水平。同时,区块链的非对称加密技术又能够保证区块链上信息的安全性。

如今在城市治理中,不同地区之间的经验借鉴是快速提高本地区治理能力的方式。如果将区块链横向平行思维应用到城市治理中,各地区可以通过区块链快速高效地获取横向主体的治理经验,有利于显著提升地区的治理能力和水平。

三、区块链平行思维在实践中的应用

(一)区块链平行思维之"可追溯"在实践中的应用

在当前的社会治理体系中,我们不得不承认在众多信息采集、录入、整理、共享等操作中都需要人工处理。在此期间,不论客观还是主观而导致的信息问题,相关部门都可以沿着分布式网络结构追溯到出问题的节点,找出责任人,压实责任。

民以食为天,食品安全牵动每个人的心弦。山西太行沃土农业产品有限公司通过"公司＋基地＋农户"的产业化发展模式,集中收集地理位置信息、农户信息、生产过程信息、农情信息、仓储信息、运输信息、加工信息等,针对生产、加工、存储、运输、零售各个环节,将追溯信息分布式存储形成区块链条,从而保障食品可以精准追溯,对于可能发生的问题,可以及时查证,进行责任界定及事后追责,并通过二维码技术为消费者提供查询手段。① 这保障了食品可追溯系统中溯源数据的安全可靠性和隐私性,收到了良好的经济效益和社会效益。

(二)区块链平行思维之"信任机制"在实践中的应用

区块链作为一种基于分布式储存及 P2P 技术的去中心化系统,每一个节点都是平等的,且数据的时间戳具有不可篡改性。因此,信息使用者不再需要依赖第三方机构来确定信息的可信程度。以比特币为例,尽管中本聪的真实身份还未公开,但这并不妨碍大众对比特币本身的信任。区块链不但能够在源头对信息的真实性进行控制,

---

① 马慧敏,李惠,任红燕,等.长治市小米质量可追溯体系研究[J].现代农业科技,2021(12):234-238.

在储存信息的同时生成信用,而且还能强化人民对比特币本身的信任。

1.构建透明政府

政府信息公开作为保持政府纯洁、提高群众信任度的重要抓手,势必极大助力透明政府形象的建立。例如,2018 年 8 月,在贵州省政府的支持下,中国工商银行与贵州省贵民集团通过银行金融链与政府扶贫资源行政审批链的整合与互通,成功将第一笔扶贫资金发放到贫困户手中,全过程链上可查。把扶贫资金的去向记录得明明白白、公布得清清楚楚,用区块链为政府公开信息的可信度背书,极大地提高了政府在群众心中的可信度,更好地展现了政府的形象。[①]

2.强化司法公证服务

在数字经济规模快速扩大的当下,传统的司法服务不再能够适应当前大量涉及电子证据的案件。在国家"互联网＋"战略的支持下,在社会治理需求不断提高的趋势下,司法体系开始了数字化转型,加快了法律服务平等化进程。尽管互联网技术的运用解决了法律服务中法院和群众之间的距离问题,但依旧普遍存在电子数据采信率低的难题。司法公证是最为关键的环节,保证电子证据的真实性和可靠性直接决定了法律诉讼的有效性与公正性。例如,2018 年 9 月,杭州互联网法院上线了全国首个司法区块链,可解决知识产权、金融交易、网络服务交易等类型的纠纷,通过原始数据分布式存储、电子证据固定生成、联盟链节点共同验证三种机制建立共识信任,大幅提高了电子证据采信率,实现对电子证据真实性的有效确认。

---

① 朱志伟.区块链参与政务信息共享的结构安排与实效价值研究[J].学习论坛,2021(4):75-83.

(三)区块链平行思维之"不可篡改"在实践中的应用

信息一旦公开到区块链通过了校验后就会被永久储存,无法通过任何一个节点私自对其进行更改,因此区块链中的数据有极大的真实性和可信度。由于区块链拥有较大的大数据库和特殊算法,所以可以做到全网数据的同步更新,每一个节点都是信息正确无删改的"见证者""背书人"。

1. 推行电子身份证

自 2018 年 7 月 16 日,重庆、襄阳、台州等地宣布试点电子身份证以来,已陆陆续续有多个地区开启了电子身份证的试点工作,电子身份证在未来可能代替传统身份证。电子身份证的出现,给群众的生活和政府的管理带来了便利。由于区块链的不可篡改性,任何人都不可以私自更改身份证信息,只可以增加新的信息,实现了个人信息的稳定。在这之后,政府对民众的管理可以直接通过区块链进行信息验证和核对,极大提高了工作效率,同时降低了工作成本。

2. 数字化人民币

人民币数字化作为人民币进一步国际化的重要抓手,为我国货币改革和金融体系的进一步完善提供了极好的契机。而货币数字化的一个重要前提便是每个账号中货币的额度不能通过非法途径更改,同时具有防伪能力。区块链的不可篡改性为数字化人民币在我国部分地区成功试点进行了技术赋能。通过非对称密码学机制对交易进行签名,同时利用哈希函数和数字签名,确保数字货币不被非法篡改。

(四)区块链平行思维之"去中心化"在实践中的应用

"去中心化"是一种现象或结构,只能出现在拥有众多用户或众多节点的系统中。通俗地讲,就是每个人都是中心,每个人都可以连接并影响其他节点,这种扁平化、开源化、平等化的现象或结构被称为"去中心化"。"去中心化"的一大特征就是每个人都是一个个平等的节点,可以对其他节点产生影响。

1.杭州政务服务去中心化

杭州政务服务包括了"不见面审批模式""通办服务网模式""提前主动办模式""智慧化大厅模式"等四大模式,去中心化成效显著。2020 年底,全市实际"网上办"比例从年初的 41.0% 上升至 84.5%,市、区两级行政服务中心窗口平均压减率达 38.9%。例如,对西湖区政务服务事项进行"最小颗粒化"梳理,生成专属"一码通",创新推出"码上办"二维码,包含全区多个部门、多个事项。政务服务的去中心化为打造一站式、一键通的在线行政服务中心提供了有利条件,让企业和群众办事实现了"像网购一样方便"的目标,建成了服务型政府,为提高人民群众的满意度提供了良好思路。

2.文化去中心化

伴随着科技、艺术与文娱产业的兴盛,各个学科、各个行业之间的边缘逐渐模糊,以博物馆为代表的文化领域出现了"去中心化"和"民主化"趋势。博物馆作为政府对群众进行公共文化服务供给的实践方式之一,它的发展情况一定程度上能够反映出我国当前公共文化服务发展水平。[①] 法国曾提出"文化去中心化"战略,意在通过"文化分权"与"文化合作"的手段有效消解文化行业的边界,调整权力结构与利益分配。其宗旨在于全面推广文化,让艺术更好地扎根于公众、服务于公众,构建亲民文化。此外,江苏省每年会开展馆藏文物巡展项目。这个活动基本覆盖了江苏省重要市(县、区),以动态、灵活的形式展示了江苏省文物事业的成就和历史文化的风貌。其盘活了已有资源,打破了地域和等级限制,通过组织联合展览的模式,集

---

① 邹荣,陈秋宁."文化去中心化"和公共文化服务均等化:以湖北博物馆行业为例[J].社会科学动态,2021(6):48-56.

中打造了各具特色的文化品牌，着力解决了"有的文物没地方展、有的地方没文物展"的困境。

（五）区块链平行思维在实际治理中可以解决的问题

结合区块链平行思维、纵横思考、在实践中的应用等方面，可以看出区块链平行思维运用到社会治理能够为我们提供治理新思路，以新思路解决社会问题、化解社会风险。

"市域社会治理现代化"是国家社会治理现代化在市域层级的具体落实，即依托各市较为完备的治理体系、资源与能力，推动政府、市场与社会等主体协作治理，共同解决市域内影响国家安全、社会安定、群众安宁的风险问题与困难挑战，使人民群众有更多的安全感、幸福感和获得感。① 继党的十九届四中全会提出"加快推进市域社会治理现代化"后，党的十九届五中全会进一步提出"加强和创新市域社会治理，推进市域社会治理现代化"，并且都提出了坚持和发展新时代"枫桥经验"。各市在市域社会治理现代化认识的基础上不断实践探索，同时也反映出一些普遍存在的问题。而区块链平行思维对于其中的一些问题能够进行突破。

1.区块链平行思维能够对"预防性工作不够，现代化反思不足"问题进行突破

预防性工作不够，现代化反思不足，也就是说不能够从纵向的历史性经验来归纳总结现今存在的问题以及制定准确的对策，也不能系统地从多个维度进行反思，只是一味地判断某个治理决定的对错。而区块链纵向平行思维就是从历史的记录性角度出发，纵观古今、总结经验，从而能够对当下的治理问题进行预测，进而布置预防性工作。平行思维本身就是从多个维度考虑问题，从各种可能性出发，而

---

① 林延斌，刘仁春."枫桥经验"：推进市域社会治理现代化的路径研究[J].中州大学学报，2021，38（3）：78-82.

反思工作应当是系统性、全面性的,将区块链平行思维运用其中,可以解决反思不足的问题。

2.区块链平行思维能够对"行动上职责不清、相互扯皮"问题进行突破

行动上职责不清、相互扯皮,造成该问题的原因是没有把每个人的职责、做了哪些事明确记录下来并且公开。记录下来是为了更好地对应职责、查询溯源,公开是为了更好地让公职人员做到自律以及便于他人监督。而区块链平行思维中的可追溯、不可篡改等特点能够使各区域、各部门、各人的责任确定下来,从根源上杜绝主体责任不明的现象,从而解决职责不清、相互扯皮的问题。

3.区块链平行思维能够对"基层管理方式方法落后"问题进行突破

基层的管理方式落后于城市,是因为基层没有跟上城市管理方式的更新速度,基层应该密切关注城市管理方式并且进行借鉴,从而完善基层的管理方式和提高治理能力。区块链平行思维中的去中心化、公开透明等特点能够使区块链上主体的治理方式同步更新。基层社会治理主体作为区块链上的一个主体,可以与城市各部门之间进行高效协调,也有利于资源的合理配置。

第二节　新发展理念实践时空联系

一、新发展理念实践时空联系概述

目前,我国经济社会发展所处的国内国际环境和形势任务已发生深刻变化,在实现中华民族伟大复兴的特殊关键时期,我们面临新任务、新要求、新矛盾、新问题,旧的发展方式已不适应变化了的情

况,需要创新发展理念,做出新的应对。[①] 党的十八届五中全会提出了新发展理念,即创新发展、协调发展、绿色发展、开放发展、共享发展作为习近平新时代中国特色社会主义思想的重要组成部分,坚持运用辩证唯物主义和历史唯物主义的基本方法,深刻总结中国特色社会主义经济发展的经验,对新时代中国特色社会主义发展规律、特点做出了科学阐释,把关于发展的科学思想和理论提升到了新的历史高度。发展是解决我国一切问题的基础和关键,随着中国特色社会主义进入了新时代,社会主义主要矛盾在新时代发生了新变化,新发展理念是解决这一主要矛盾的必然要求。

这些历史性变化,赋予新时代中国特色社会主义现代化经济发展全新的内涵,对"发展"本身提出崭新的要求,新发展理念对这种新的历史变化和要求进行了高度概括。[②] 新发展理念的实践要求是对新阶段发展新要求做出的科学回应。就创新发展而言,供给侧结构性改革是实施创新驱动发展战略的主线。把发展基点放在创新上,以科技创新为核心,以人才发展为支撑,推动科技创新与万众创新有机结合,塑造更多依靠创新驱动、更多发挥先发优势的引领型发展。[③] 就协调发展而言,其实践要求的实质在于补短板。增强发展协调性必须在实践中坚持区域协同、城乡一体、物质文明和精神文明并重、经济建设和国防建设融合,在协调发展的实践中拓宽发展空间,加强薄弱领域的发展后劲。就绿色发展而言,绿色发展的实践关键在于实施可持续发展。绿色发展以提高环境质量为核心,以解决生态环境领域突出问题为重点,要求加大生态环境保护力度,提高资源的利用效率,为人民提供更多的优质生态产品。就开放发展而言,其实践

---

① 欧光南.新发展理念的时代背景与实践指引[J].当代经济,2017(36):30-33.

② 刘伟.坚持新发展理念,推动现代化经济体系建设——学习习近平新时代中国特色社会主义思想关于新发展理念的体会[J].管理世界,2017(12):1-7.

③ 欧光南.新发展理念的时代背景与实践指引[J].当代经济,2017(36):30-33.

的主要问题在于提升开放水平和优化开放格局。① 开放发展以"一带一路"建设为统领,提高对外开放水平,协同推进战略互信、投资经贸合作、人文交流,努力形成深度融合的互利合作格局,开创对外开放新局面。就共享发展而言,其实践的核心是保障基本民生,关键在于制度安排。在共享发展的过程中按照人人参与、人人尽力、人人享有的要求,坚守底线、突出重点、完善制度、引导预期,注重机会公平,保障基本民生。

创新、协调、绿色、开放、共享的新发展理念相互贯通、相互促进,是具有内在联系的集合体,在实践过程中要统一贯彻,不能顾此失彼,也不能相互替代。新发展理念的提出离不开对过去纵向历史经验的总结和对区域横向实践经验的总结:从历史逻辑来看,经过新中国成立 70 多年来特别是改革开放 40 多年的快速发展,我们党带领人民迎来了从站起来、富起来到强起来的历史性跨越。② 在实现第一个百年奋斗目标之后,我们需要乘势而上开启全面建设社会主义现代化国家的新征程、向第二个百年奋斗目标进军,这标志着我国进入了一个新发展阶段。在新的发展阶段,发展仍然是我们党执政兴国的第一要务。党的十八大以来,我们党对经济形势进行科学判断,对经济社会发展提出了许多重大理论和理念,其中新发展理念具有重要地位,该理论引导我国经济发展取得了历史性成就、发生了历史性变革。③ 无论是成功的探索还是失败的挫折,历史的经验始终指导着我国当前的发展,历史经验证明,办好自己的事,把发展的立足点放在国内,是一个大国经济发展的必然要求;从现实逻辑来看,目前国内城乡协调发展的短板在于农村,区域协调发展的短板在于西部、中

---

① 刘伟.坚持新发展理念,推动现代化经济体系建设——学习习近平新时代中国特色社会主义思想关于新发展理念的体会[J].管理世界,2017(12):1-7.

② 胡敏.深刻领悟新发展阶段、新发展理念、新发展格局[J].全球商业经典,2021(2):18-21.

③ 赵长茂.完整准确全面贯彻新发展理念[J].中国纪检监察,2021(6):7-9.

部和东北工业老区,具体体现在教育现代化、公共服务供给、收入差距、社会保障制度等方面,城乡、区域之间在这些方面还存在差距,有互补的空间和可分享的经验。目前世界经济正在持续发生复杂深刻变化,新一轮工业革命持续深入展开,面对国际新形势,我国需要在新时代新发展中推动形成全面开放的新格局,促进沿海、沿边、内陆优势互补与培育区域开放发展高地,支持沿海地区全面参与全球经济合作与竞争及培育有全球影响力的先进制造基地和经济区,深化内地与港澳、大陆与台湾地区的合作发展,以"一带一路"倡议为引导,以"共商、共建、共享"为基本国际合作范式,在促进自身经济可持续发展的同时,为世界经济增长做出中国的努力,与世界各国一道在寻求共同发展中构建人类命运共同体。[①]

二、新发展理念实践时间联系

2015年10月,党的十八届五中全会首次提出"实现'十三五'时期发展目标,破解发展难题,厚植发展优势,必须牢固树立并切实贯彻创新、协调、绿色、开放、共享的新发展理念"[②]。2017年10月,党的十九大明确提出把"坚持新发展理念"作为十四条新时代坚持和发展中国特色社会主义的基本方略之一。同年12月,中央经济工作会议提出,新发展理念是习近平新时代中国特色社会主义经济思想的主要内容,要坚持新发展理念,紧扣我国社会主要矛盾变化,按照高质量发展的要求,促进经济社会持续健康发展。

新发展理念实践时间联系主要从三个方面来阐述,分别是马克思主义创新理论、中华优秀传统文化中的革新思想、历代中国共产党

---

① 刘伟.坚持新发展理念,推动现代化经济体系建设——学习习近平新时代中国特色社会主义思想关于新发展理念的体会[J].管理世界,2017(12):1-7.
② 秦书生,王艳燕.习近平新时代中国特色社会主义经济思想的原创性贡献[J].经济社会体制比较,2021(4):27-34.

人对于创新发展思想或理念的探索。

(一)新发展理念之"创新"实践时间联系

1.创新发展理念是对马克思主义创新理论的继承和发展

创新发展理念在本质上与马克思主义创新理论是内在统一且一脉相承的。马克思主义创新理论中对于创新主体、理论创新、科技创新以及制度创新的描述都为新发展理念所运用。马克思主义与创新的关系主要体现在三个方面:一是马克思主义本身具有创新的品格和精神;二是马克思主义中含有关于创新的论述;三是马克思主义提供了科学研究创新问题的立场和方法。

恩格斯曾说过,甚至随着自然科学领域中每一个划时代的发现,唯物主义也必然要改变自己的形式。随着实践的发展而不断自我更新是马克思主义哲学的本性、生命之所在。当今世界正处于百年未有之大变局,社会发展日新月异,只有永葆创新力才能避免教条主义和本本主义的错误,紧跟时代发展的步伐,同时代一起前进,发扬时代精神,推动历史前进。

2.创新发展理念是对中华优秀传统文化所蕴含的革新精神的继承和发展

创新发展理念的生发离不开中华优秀传统文化的积累,以儒家文化所蕴含的革新精神和历代先贤对创新的观点为源头,是对我国传统文化的革故鼎新。

3.创新发展理念是中国共产党人在新的历史条件下提出的发展战略

中国共产党几代领导人在不同时代背景下都对创新发展提出过思路和策略,邓小平提出"科学技术是第一生产力"的论断,江泽民提出的科教兴国战略,胡锦涛提出建设创新型国家的战略目标,这些都为新发展理念的产生和发展提供了理论和实践层面的支持。但以前党的创新思想多集中体现在科技方面，党的十八届五中全会指出："创新是引领发展的第一动力。必须把创新摆在国家发展全局的核心位置，不断推进理论创新、制度创新、科技创新、文化创新等各方面创新，让创新贯穿党和国家一切工作，让创新在全社会蔚然成风。"这是党中央第一次明确指出创新是国家发展全局的核心，明确要把创新贯穿于党和国家工作的方方面面，在科技创新的基础上，更加强调创新发展的全面性，推进理论创新、制度创新、科技创新、文化创新等各方面创新，体现了党中央对发展规律更进一步的认识。

(二)新发展理念之"协调"实践时间联系

1.协调发展理念受辩证法的影响

马克思主义哲学尤其是辩证法中包含的普遍联系的观点、矛盾的相互转化以及质变和量变规律都与我国的现实相对应，可以说协调发展理念是在马克思主义哲学的深刻影响下，直面我国当今发展现状和发展问题提出的必然结论，具有科学性和合理性，继承了马克思主义理论关于社会有机体、唯物主义辩证法以及社会发展规律的理论，是两点论和重点论的统一、平衡与不平衡的统一、发展短板和潜力的统一。[①]

2.协调发展理念是对中华优秀传统文化中"和合""中庸"思想的传承

协调发展理念体现了"和合"思想。"和合"，亦称"二元和合"，"二元"为"两"，"和合"为"一"。和合思想在中华民族的发展中有着举足轻重的作用。一方面，它维系了人与自然界、人与社会、个人与他人以及个人与自己之间的良性互动；另一方面，它维持了不同事物之间的一种平衡。"中庸"思想主张处理事情要把握适度原则，过犹

---

① 付欣.习近平新时代中国特色社会主义经济思想内涵探析[J].学理论,2019(3):1-2.

不及。因此,在事物发展的过程中,要找到其中的结合点,不偏不倚,使差异的双方形成一种平衡协调的关系,从而构成一个和谐统一体。这些对于解决当前中国发展中面临的问题具有一定的指导性作用。目前我国仍存在着发展不平衡不充分的问题——区域、城乡发展不平衡,生产要素分配不均匀。倡导协调发展理念,有助于促进生产要素的流动和区域之间的合作、交流,取长补短,各取所需,共同促进社会协调发展。

3.协调发展理念是对历届中央领导集体关于协调发展理论的拓展和升华

新中国成立初期,针对我国存在的工业基础薄弱、生产力水平低下、地区分布不均的情况,以毛泽东同志为核心的党中央领导集体,学习和借鉴苏联的"社会主义生产布局理论",做出了在沿海和内地实施"均衡布局战略"的决策。

改革开放初期,受生产力水平低下以及平均主义价值取向的影响,我国经济效益低下。对此,邓小平提出了"在经济政策上要允许一部分地区先富起来",发挥沿海地区的比较优势,加快沿海地区的发展等构想。1988年,邓小平对"非均衡发展"思想做了进一步凝练,提出了"两个大局"战略构想,即内地首先支持沿海地区的发展,沿海地区发展起来以后再反过来支持内地的发展。

20世纪90年代后,我国提出了一种以非均衡发展与协调发展相结合的方式来实现共同富裕的发展战略。1996年,以江泽民同志为核心的党中央领导集体正式提出了西部大开发战略,区域经济发展的重点从"第一个大局"向"第二个大局"转变。西部大开发战略把协调发展提高到了前所未有的高度。此外,我国在这一时期还提出了振兴东北老工业基地计划,以及对相对贫困地区实行战略倾斜计划,这些政策均体现了协调发展的思想。

2003年,在党的十六届三中全会上,以胡锦涛同志为总书记的党中央领导集体提出了以人为本,全面、协调、可持续的发展观。"以人为本"的科学发展观,将协调发展提高到了更重要的地位,协调发展格局逐渐形成。

新发展理念中提到的协调发展细化了区域、城乡间协调发展的内容,提出了统筹国内国际两个大局、实行均等化的公共服务理念。这是在新时代的历史背景下提出的、适合我国国情的发展理念,是对之前有关协调发展理念的提炼和升华,是几代中国共产党人集体智慧的结晶。

(三)新发展理念之"绿色"实践时间联系

1.绿色发展理念是马克思主义生态观的体现

马克思和恩格斯创立的辩证唯物主义自然观,着眼于资本主义社会带来的生态危机,并从哲学角度对人与自然的关系进行了深刻思考,包含了丰富的生态发展思想、人与自然的辩证统一以及人与自然和谐共生的思想。人类在与自然交换的过程当中,要遵循万物发展的自然规律。

2.习近平生态文明思想借鉴了中国古代"天人合一"和"道法自然"的生态思想

习近平生态文明思想与儒家的"天人合一"是一脉相承的。同时,习近平总书记提出的"绿水青山就是金山银山"也与"道法自然"思想反对破坏自然,人类应该与自然和谐共生不谋而合,人类需要尊重自然规律,才能实现长久的发展。

3.绿色发展理念是对历届中央领导集体关于绿色发展理论的拓展和升华

社会主义革命和建设时期,毛泽东提出了人与自然对立统一的思想、绿化祖国的思想、节约思想以及水利建设思想。这些思想为我国绿色发展理念奠定了基础。

改革开放以后,我国迈入了中国特色社会主义时期。在这一时期,资源短缺和环境污染已逐渐成为严重阻碍社会发展的难题。邓小平提出在发展经济的同时要重视环境资源问题,不能为了发展经济而忽视绿色环境的保护。

自1990年以后,我国经济得到了迅猛发展。但是从另一个角度来看,我国也面临着各种环境问题。江泽民在这样的国情基础上,提出了可持续发展战略。另外,江泽民还强调每个人都要有一个意识,那就是加强对环境的保护。他在我国已有的经验基础上,提出要对资源进行合理配置,必须立足于国情,展开具体调研,在大量的实践基础上,开展环境治理的工作,这也为新发展理念中绿色发展理念提供了参考。

2007年党的十七大后,科学发展观被正式写入党章,以胡锦涛核心为代表的党中央领导集体在各个方面对科学发展观进行了详细论述,指出在保证经济发展的情况下,要坚持科学发展、绿色发展。2011年举行的亚太峰会上,进一步提出在坚持科学发展的同时,低碳、绿色、循环经济应作为一大发展特色,以保证绿色发展更好发展。

2012年,在党的十八大上,生态文明建设作为中国特色社会主义事业中"五位一体"总体布局中的一部分,与经济建设、政治建设、文化建设、社会建设放在一起论述,会议中指出生态文明建设是基础,属于国家战略之一。

习近平总书记结合我国的发展现状,将绿色发展理念与生产力放在同一平面上考量,进一步提出"绿水青山就是金山银山",为绿色发展理念注入了崭新的灵魂。

(四)新发展理念之"开放"实践时间联系

1. 开放发展理念是在古代中国对外实践基础上的经验总结

开放这个词并不是近代才出现的,古代中国早已有之。从先秦时期诸子百家周游列国讲学,西汉张骞出使西域,到陆上丝绸之路的开辟,再到明朝郑和下西洋,中国从古代就有开放的意识。同时,清朝实行的"闭关锁国"政策导致国家落后的教训表明,中国应该对外开放。开放发展不仅对中国有益,同时也有利于其他国家发展。开放包容是大国气度,也是经济发展和社会进步的体现,开放发展理念是当代之需,也是国之必要。

2.马克思、恩格斯关于开放的重要论述

马克思认为,世界上的各个国家和民族都在世界市场的作用下相互联系,世界市场和世界交往是开放的途径,国际分工和国际贸易是开放的桥梁,大工业的发展、资本的扩张、殖民运动的发展都决定了,世界市场使任何一个正在发展着的国家都不可能脱离其他国家而独立生存,开放是世界历史形成的重要推动因素。

3.开放发展思想是对历届中央领导集体关于开放发展理论的拓展和升华

早在革命战争时期,毛泽东就已经认识到对外开放对于中国发展的重要性,此后中国也进行过不少对外开放发展的实践。毛泽东所主张的对外开放不是一味学习西方先进技术,而是在学习过程中进行更新和创造,激发更大的生产力,即在开放中坚持"洋为中用"。

20世纪70年代,邓小平在时代的浪潮中看到对外开放的好处,也看到对外开放是各国发展的大势所趋。1978年,我国进入改革开放发展新时期,到现在40多年的实践证明这是完全正确的。邓小平对外开放理论不仅是对中国多年来探索对外开放道路的经验总结,也是新时期中国共产党对外开放思想的进一步发展,从此中国的对外开放大门带领中国进入了崭新的历史时期。

之后,以江泽民同志为核心的党中央紧跟时代发展的脚步,面对新情况和新问题时进一步指出必须深化对外开放,提出要"抓机遇、深改革、稳开放"。完善我国的对外开放新格局和发展开放型经济不仅有利于提高综合国力，提升国际竞争力，也有利于我国经济结构的进一步优化和国民素质的提高。

2001年，中国加入世贸组织，我国在国际上面临的形势也愈加复杂，胡锦涛指出要坚持统筹国内发展和对外开放，并且要有更高的要求。在对外开放战略上，坚持实施互利共赢的对外开放战略；在对外开放目标上，坚持对外开放的基本国策，把"引进来"和"走出去"更好结合起来；在对外开放原则上，要秉持独立自主、自力更生的开放发展原则；在对外贸易方面，要转变对外贸易增长方式，调整进出口结构，优化利用外资方式，以质量取胜。

习近平总书记在几代领导人的基础上凝练出的开放发展新理念，范围更广，更加理论化、系统化和科学化，在开放发展新理念的指导下我国能够以人类命运共同体为基点，不断拓宽开放的大门，实现各国之间的互利共赢。

（五）新发展理念之"共享"实践时间联系

1.共享发展理念体现了中国古代"民本""大同"思想

在中华文明5000年的历史长河中，共享思想一直在发展，虽然古代思想家和历朝历代的统治者并没有明确地提出"共享"一词的具体含义，但是在其文字表述和一些具体行动中都蕴含着共享的发展思想。其中"民本"思想和"大同"思想尤为典型。"民本"思想主张关注人民利益、看到人民在国家中的作用，并且希望实现人民的公平正义。"大同"思想是共享发展理念生发的又一传统文化根基，即一种追求社会公平正义、人人平等的思想。

不论是中国古代的"大同"思想还是"民本"思想，都把人民放在首位，把人民的利益和国家相联系，共同构造一个正义和谐、公正平等的社会，这些朴素的思想也是"以人民为中心"思想的最好借鉴，是当今共享发展理念的文化根基。

2.共享发展理念包含着丰富而深刻的马克思主义思想

恩格斯指出,使社会生产力及其成果不断增长,足以保证每个人的一切合理的需要在越来越大的程度上得到满足,[①]应当结束牺牲一些人的利益来满足另一些人的需要的状况,要让所有人共同享受大家创造出来的福利。[②]马克思主义中深刻地蕴含着"共享"的理念,鲜明体现出社会发展应当秉持公平正义思想、全体社会成员共享思想等,这些思想都成为共享发展理念形成的重要基础。习近平总书记强调的共享发展理念正是社会主义新时代下对马克思、恩格斯共享思想的继承与创新。

3.共享发展理念是对历届中央领导集体关于共享发展理论的拓展和升华

共享发展理念是历代中国共产党人在社会主义事业建设、目标追求、价值实现等方面的重要体现。自中国共产党诞生之日起,中国共产党人就以为人民谋幸福、为民族谋复兴为初心使命,团结带领中华民族和中国人民实现了民族独立、人民解放。新中国成立初期,以毛泽东为代表的中国共产党人明确提出只有社会主义制度才能从根本上保证共同富裕,并展开了一系列探索实践,改变"一穷二白"面貌,推动和保持了我国经济较快的增长,取得了一系列成果,为改革开放后的现代化建设奠定了重要的物质基础。改革开放后,以邓小平为代表的中国共产党人更是明确以经济建设为中心,并在社会主义本质论中阐明了"共同富裕"的价值意义,明确了社会主义建设的目标,提出了共同富裕之路,使共享发展思想进一步发展。以江泽民为代表的中国共产党人强调了实现共同富裕是社会主义的根本原则和本质特征,明确中国共产党始终代表中国最广大人民的根本利益,强化了对共享发展思想的科学认识。以胡锦涛为代表的中国共产党

---

① 马克思,恩格斯.马克思恩格斯选集:第三卷[M].北京:人民出版社,1995.
② 马克思,恩格斯.马克思恩格斯选集:第一卷[M].北京:人民出版社,1995.

人明确提出了以人为本的发展理念,明确要使全体人民共享改革发展的成果,使全体人民朝着共同富裕的方向稳步前进,深化了共享发展思想的内涵。习近平总书记面对新时代、新形势、新问题,科学认识和把握我国社会主义发展新的历史方位和定位,深化了共享发展理念的内涵及价值追求,提出新观点、新论断,为新时代中国特色社会主义事业建设指明了方向。

三、新发展理念实践空间联系

(一)新发展理念之"创新"实践空间联系

党的十九大报告强调,创新是引领发展的第一动力,是建设现代化经济体系的战略支撑。按照党中央决策部署,强化创新第一动力的地位和作用,突出以科技创新引领全面创新,十分重要且紧迫。创新,既是产业创新革新,也是城市创新转型。当前中国资源型城市仍然较多,各地实现创新驱动、推动城市改革的实践也各不相同,此处以长株潭城市群为例。

长株潭一体化是中部六省乃至全国城市群建设的先行者,但其仍然面临着产业和创新融合不够的问题,仍然需要解决创新投入不足的问题。长沙相比于株洲、湘潭,有更健全的基础设施和创新环境,不断吸引着株洲、湘潭的人才和资源,导致长株潭城市群内部的竞争不够良性,甚至竞争大于合作,"构建区域创新协同机制成为城市群内部协同发展的关键"[①],探索区域创新协同机制是长株潭解决创新问题必须思考的,既要发挥长沙科技资源、人才密集的优势,带动整个城市群创新的良好氛围,又要防止株洲、湘潭人才不足,缺少

---

①　熊曦,宋婷婷,肖俊,等.长株潭城市群一体化高质量发展的路径选择[J].长沙理工大学学报(社会科学版),2021,36(4):116-124.

创新条件情况的发生。此外,长株潭与我国大部分城市群都面临着一个问题,即学术投入和创新驱动不匹配的问题,长株潭作为国内高校集聚较为密集的城市群之一,人才资源丰富,但人才流失严重,高校的科研投入很少能转化为产业创新的动力。

长株潭城市群依托长株潭国家自主创新示范区、国家创新型城市建设,搭建协同创新平台。

针对创新投入不够的问题,先从政策入手,鼓励大、中、小型企业创新改革,利用示范区的优势,打造属于长株潭城市群的品牌和优势。通过在内部加大创新投入比例、从外部吸引更多外来资源等方式加大产业创新力度与创新投入,促进长株潭城市群"内生式"可持续发展。在利用长株潭城市群重点高校科研创新资源优势吸引人才的同时,政府、企业也应当同高校密切联系,既要留住人才,也要让人才发挥价值,将科研成果应用到产业创新当中。

(二)新发展理念之"协调"实践空间联系

我国发展不协调是长期存在的问题,突出表现在区域、城乡、经济和社会、物质文明和精神文明、经济建设和国防建设等关系上。[①]此处以京津冀城市群为例,阐述目前中国区域间协调方面仍存在的问题和解决方案。

2019年,京津冀协同发展座谈会上,习近平总书记强调要"构建促进协同发展、高质量发展的制度保障"[②]。

京津冀城市群在平衡区域差异上做了大量努力,但是与长三角、珠三角等城市群相比,还是存在许多问题。首先,城市群空间结构不够合理。北京作为核心城市已经发展为巨型城市,而附近缺少大型、

---

① 李新市.习近平新时代辩证思维方法述要[J].北京石油管理干部学院学报,2019,26(5):20-25.

② 习近平.稳扎稳打勇于担当敢于创新善作善成 推动京津冀协同发展取得新的更大进展[N].人民日报,2019-01-19(1).

中型城市的过渡,导致北京难以辐射带动周边城市,周边城市也难以为北京的继续发展提供支持。与长三角相比,京津冀地区产业分布结构不够合理,大量人口涌入城市,导致农村老龄化、空心化严重,第一产业与第二、三产业的融合不够深、不够快。其次,区域间协调机制存在较大问题。河北省长期为北京、天津提供资源、能源,并且为此付出了较大的生态环境代价,然而其经济却没有得到相应的大幅度增长,并且主要产业仍然是制造业等第二产业,经济发展速度明显偏慢。对于整个京津冀地区来说,河北省的经济密度也明显不够,拖慢了京津冀的整体发展速度。

针对以上问题,京津冀城市群也做了大量工作。首先,针对城市空间布局不合理的问题,京津冀城市群加大了对区域中心城市的建设投入,例如石家庄、保定、邯郸等城市,让这些大、中型城市成为北京与河北、天津之间的"桥梁",完善梯度建设,使得这些城市在接受北京辐射红利后,也能带动周边城市,最终达到整个河北省都能享受到北京的带动作用的目的,缩小区域发展差距。其次,针对协调机制的问题,京津冀在产业转移的过程中,让河北、天津承担更多的非首都职能,这并不是让河北、天津承担淘汰的、落后的产能,而是在转移过程中,让这些产业完成转型升级,使得北京的城市压力得以减轻,同时使河北、天津的产业结构更加多元合理。在产业转移的同时,也要鼓励一些基础设施向周边城市转移,例如学校、医院等,分散北京作为中心城市的吸引力,缩小区域间公共服务水平的差距。在保障河北省老牌工业基地以工业发展带动经济发展这一现状不变的同时,注重环境保护和可持续发展。

(三)新发展理念之"绿色"实践空间联系

2005 年 8 月 15 日,浙江省委书记习近平到湖州安吉余村考察时首次提出了"绿水青山就是金山银山",凸显了生态环境在经济社会发展中的重要价值,要把生态文明建设放在现代化建设全局的突出位置。

1.成都:坚持把绿色作为彰显公园城市魅力的厚重底色

2021年7月23日,中国共产党成都市第十三届委员会第九次全体会议通过了《关于高质量建设践行新发展理念的公园城市示范区高水平创造新时代幸福美好生活的决定》,坚定贯彻新理念新思想新战略。① 成都市党委提出"建设以绿色为新形态的公园城市,努力构建近悦远来的宜居环境",并从筑牢青山绿道蓝网的生态本底、塑造天蓝水清土净的环境品质、创新转化绿水青山的生态价值、塑造绿色低碳的生产生活方式等几个方面着手,擦亮"雪山下的公园城市"名牌,坚持把绿色作为彰显公园城市魅力的厚重底色,努力构建近悦远来的宜居环境,让绿色生态成为城市最优质的资产和最普惠的民生,为幸福美好生活创建美丽宜居环境。

2.门头沟区:红色党建引领绿色发展

门头沟区是红色革命老区。新中国成立之后,北京煤炭年平均消费总量的60%来自门头沟,门头沟成为当之无愧的重要煤炭供应地,而新版北京城市总规划赋予了其生态涵养的功能定位:门头沟区需要完成从老矿区能源建材基地向生态涵养区转变的任务。门头沟区拥有丰富的红色历史文化资源,近年来,以红色文化为依托,深入挖掘红色资源,②对于历史文化保护传承也必不可少。发展红色文化旅游产业,打造重点红色旅游线路,既能再现老区人民光辉的奋斗和革命历史,又是门头沟区绿色转型的一条道路。2018年5月,时任北京市委书记蔡奇强调,门头沟区作为生态涵养区,以绿色发展的实际行动落实绿色北京战略,是义不容辞的内在职责。③ 目前,门头沟区

---

① 王琳黎,缪梦羽.在建设公园城市示范区、创造幸福美好生活的实践中开创新局,赢得未来[N].成都日报,2021-08-06(1).

② 张力兵.红色党建引领绿色发展:京西革命老区的生动实践[J].前线,2021(7):73-76.

③ 张力兵.红色党建引领绿色发展:京西革命老区的生动实践[J].前线,2021(7):73-76.

已经形成红色党建引领绿色发展的新发展格局。

门头沟区努力走"三个转变"的绿色转型之路，城市功能从老矿区向生态涵养区转变，发展方式从大拆大建向绿色发展、生态富民转变，城市治理从粗放型向精细化转变。[①]

（四）新发展理念之"开放"实践空间联系

1978年12月党的十一届三中全会后，中国实行改革开放政策，即对内改革、对外开放。历史证明，改革开放的决策是完全正确的，对外开放对于中国来说至关重要。而新发展理念中提到的"开放"关注的已经不再是要不要对外开放的问题，而是如何提高对外开放质量的问题。"一带一路"的合作倡议，同样也是中国同其他国家增进交流、密切合作的重要尝试。会同世界各国打造利益共同体、命运共同体、责任共同体，也是中国积极对外开放的表现之一。

实际上我国目前总体的对外开放水平还不够高，尤其是各区域间对外开放水平差异很大，最先实行改革开放的一些地区，相应地，经济水平较高，从而聚集了更多优势资源，获得了更好的发展。长三角地区作为中国经济发展水平较高、开发水平较高的区域之一，关于改革开放、"一带一路"等的实践较为丰富，也更好地贯彻了新发展理念。此处以长三角地区为例，阐述新发展理念中开放的实践空间联系。

2018年，长三角一体化发展战略提出后，上海、江苏、浙江、安徽四省市紧密联系，成立了长三角开发区协同发展联盟、长三角一体化对外投资合作发展联盟、长三角自贸试验区智库合作联盟、长三角自由贸易试验区联盟。以上海、南京、杭州、合肥等城市为中心，辐射带动整个长三角地区高质量发展。其中，上海临港地区建设了中国（上

---

① 张力兵.红色党建引领绿色发展：京西革命老区的生动实践[J].前线，2021(7)：73-76.

海)自由贸易试验区新片区,是带动整个长三角地区打造改革开放新高地的一个绝佳机会。当然,目前长三角地区各城市之间的联系仍然存在一些问题,虽然长三角地区整体的开放水平在中国属于领先水平,但实际上区域内部,尤其是各省市内部还存在较大差异,这些差异主要体现在开放水平、开放政策、开放力度等方面,要让整个长三角地区共同将改革开放新高地建设好还需要付出更多的努力,尤其需要更多政策上的协调和统一。

(五)新发展理念之"共享"实践空间联系

坚持共享发展是中国特色社会主义的本质要求。新发展理念中的"共享"主要包括全民共享、全面共享、共建共享和渐进共享四个方面。全民共享指的是共享发展的主体是人民;全面共享指的是除了经济发展之外的其他方面同样需要改善,要满足老百姓各方面的美好生活需要;共建共享指的是人人参与、人人尽力、人人享有;渐进共享指的是共享是一个逐渐发展的过程,要允许先富带后富。[①]

粤港澳大湾区是中国开放程度最高、经济活力最强的区域之一,而粤港澳大湾区与长三角、京津冀的差别,部分体现在内部城市经济水平差异上。粤港澳大湾区内部城市经济差距较大,一线城市经济实力强,如深圳、香港,但是也存在一些欠发达地区。如何实现共同富裕,贯彻落实新发展理念中的"共享"理念,让不同地区、不同经济水平的群体都能够在建设大湾区的过程中体会到参与感、共享感、幸福感,是一个重要且困难的问题。

发展不平衡、不充分是大多城市群的问题,而粤港澳、京津冀这样的城市群往往还存在中心城市虹吸效应过强的问题。在粤港澳大

湾区中，深圳、香港的经济实力远超其他城市，它们自身强大的经济实力意味着大量资源和人才必然会在此集聚，这有利于产业的创新升级和城市的进一步发展，但过度的集聚不仅会导致严重"城市病"的出现，加大一线城市的生活压力，同时也会导致二、三线城市和欠发达地区得不到应有的资源，留不住人才，从而产生经济水平落差进一步加大、各区域之间的生活水平进一步分化等后果。在粤港澳大湾区推进公共服务、基础设施建设是一条关键道路，各区域间需要统筹协调，通过了解不同地区、不同行业、不同层次人民的生活诉求，积极改善生活环境，提高生活质量。

粤港澳大湾区相比于其他城市群也有其特殊之处：香港在参与区域建设共享的时候需要跨行政边界合作，在这方面仍有许多问题亟待解决。短时间内，虽然难以做到让整个大湾区的社会保障制度完全统一，但是粤港澳大湾区正在通过制度改革让大湾区的居民享受到公平、优质的生活服务和公共福利。

第三节　区块链平行思维对新发展理念实践时空联系的构建

一、区块链平行思维对新发展理念实践时空联系构建的可行性论述

区块链平行思维对于新发展理念实践时空联系的构建是可行的，此处将分别从区块链自身特点、平行思维的特征及其应用两个方面入手进行论证。

(一)区块链的特点和新发展理念

区块链的特征主要有不可篡改、全程留痕、可追溯、公开透明、集体

维护等。这些特征,对于新发展理念的实践和贯彻有极大的帮助。

1. 不可篡改、全程留痕、公开透明

新发展理念的贯彻落实是一个长期的过程,需要国家、政府、人民长期的共同努力,而不可否认的是,目前在一些地区,仍然存在"面子工程""形式主义"等现象,对社会建设没有任何促进作用,甚至阻碍了社会发展。利用区块链,对地区政府的推行措施、文件等进行保存、公开,既可以促进有关部门做好事、做实事,又便于老百姓对其进行监督,还可以在产生争议或出现问题时追根溯源,找到矛盾源头,从源头解决问题。

2. 集体维护

新发展理念中的"共享"包括共建共享,当然,区块链的集体维护与共建共享有一定区别,但有着相似之处,在构建区块链链条时,整个集体均可以参与搭建与维护。要构建新发展理念实践的时空联系,尤其是空间联系,需要各区域之间大量的交流和共享,如果各省(区、市)甚至各个社区都能通过区块链对彼此的优秀经验、做法心得进行交流,会极大地提高空间联系的效率和效果。

(二)平行思维的应用

平行思维是一种创新的思维模式。传统思维关注探索与发现,而平行思维关注设计与创造。爱德华·德·波诺博士提出的"六顶思考帽"理论是对平行思维的应用,"六顶思考帽"理论使我们知道,平行思维摒弃了对问题的是非判断,把冲突和争论摆到一边,转而对问题本身进行深度探索,进而找出解决问题的办法。

回到新发展理念的应用上,追求社会的高质量发展固然是一个难题,难免产生难以解决甚至不可解决的矛盾和问题,这些矛盾和问题有可能产生于不同阶级、不同地区、不同文化,但花费大量的人力、

物力和时间解决矛盾有时可能并不是最优解,而利用平行思维,追根溯源,才能找到产生矛盾的原因。"六顶思考帽"分别对应了"中立""感觉、情绪、直觉和预感""风险评估""利益评估""创造性、可能性""怀揣全局"。在新发展理念实践的过程中,政府应当戴上这"六顶思考帽",从各个角度统筹协调,既要站在老百姓的角度,为老百姓谋更多利益、做更多好事,也要评估风险,排解不利因素;既要统筹安排,先让某一方面迅速发展出优势,带动其他方面,又要关注全局,做到公平公正、共建共享。实际上,代表平行思维的"六顶思考帽"理论与新发展理念有着共通之处,从平行思维出发,既可以解决目前存在的一部分问题,也可以让一些目前仅存在于构想之中的措施尽快落地。例如,当前中国大多数城市群出现的中心城市虹吸效应过强的问题,如果利用垂直思维即只针对中心城市寻找原因,易造成治标不治本的结果,而利用平行思维,可以找到周边城市无法聚集资源、留住人才的原因等,从而在各个区域之间做出适当调整,解决整个区域的协调问题。从这个角度来看,利用平行思维构建新发展理念的时空联系是可行的。

二、如何构建

(一)区块链平行思维对新发展理念之"创新"实践时空联系的构建

创新是发展的第一动力。创新发展就是要在理论、制度、科技、文化等各方面全面创新。面对日益激烈的国际竞争,创新发展有利于我们提升国际竞争力、抢占国际科技产业制高点,进而创新发展生产力。面对日趋复杂的国内局势,创新发展有利于我们在更高层次上实现第二个百年奋斗目标。将创新发展置于发展的全局核心有利于中国经济社会的长期健康可持续发展。创新发展主要包括理论创新、制度创新、科技创新等方面的创新。其中,理论创新是行动的先导,引领社会发展与社会变革,区块链平行思维中的去中心化、信任机制等概念对发展的理论创新有着借鉴意义,在管理层面发掘平行思维的深度,跳出按部就班的思维定式,寻找创造性的想法,利用横向思维和纵向思维创新理论、指导实践。去中心化思维更是可以突破传统的集中组织模式,消除等级制度,采用扁平的协作方式,以此来充分调动创造力。从未来的发展看,去中心化思维对于组织的管理、运营、决策所产生的革命性影响,需要继续在发展的理论层面进行探索。制度创新作为行动的保证,有利于推进国家治理体系和治理能力现代化。利用区块链平行思维构建平台,对过去和当前的制度建立区块链数据库,通过比对制度实施后纵向时间的进步和横向区域的优势,对各项制度的效果、影响、成本进行有效评估和分析,在纵向历史经验和横向实践经验的基础上创建完善效率更高、影响更好、成本更低的制度,探索符合本土发展特色的发展路径。科技创新是行动的力量,通过创新引领驱动全面创新,保证科技生产力。利用区块链搭建数据库,利用其可追溯、不可篡改的特点形成纵向时间戳和确保唯一性的哈希函数保证数据真实性,同时可以此保护科技创新积极性并利于维权。此外,区块链平行思维还可用于创新城市治理,各地区之间可以通过区块链快速高效地获取横向主体的治理经验,从而快速地提升地区的治理能力和水平。区块链平行思维的信任机制更是可以在保证政府公开的信息准确无误的同时建立公开透明的政府形象。

(二)区块链平行思维对新发展理念之"协调"实践时空联系的构建

在经济发展的起步阶段,某些领域、某些方面一段时间内的非均衡发展是难以避免的现象,但经过一定时期的发展后,就要注意调整关系、补齐短板,提升发展的整体性、协调性,否则,短板效应就会愈加显现,拖累经济社会发展的整体速度和水平。①

协调发展强调的是要理顺发展中出现的不平衡现象,增强协调性,结合中国特色社会主义发展的整体布局,针对其中出现的各个短板,通过协调发展来补齐,平衡国家发展中各领域之间的关系,从而增强国家的综合实力。协调发展强调的是区域之间的平衡、城乡之间的平衡和经济基础与上层建筑之间的平衡发展,协调发展致力于促进各领域同步发展,不断增强发展的整体性。

纵向上看,资源配置方面仍存在较多不足:第一,数据传输存在区域性;第二,传输成本居高不下;第三,效率低下。区块链所具备的去中心化特性,能够减少制约成本,对管理模式进行优化进而可以相互操作数据库,既节约成本又能够通过内嵌的约束和激励机制自我优化,解决上述问题。

通过纵向不同时期、不同背景和横向不同区域、不同产业、城乡的比较找出发展不平衡的短板。区块链能够帮助达到将纷繁复杂的网络数据信息进行统一整合的目的。与大数据搭配使用更能够实现数据脱敏,精细化授权范围。此时,数据不再是一座孤岛,各领域之间能够共享数据记录,初步建立数据横向流通机制。区块链系统基于分布式账本对资源配置过程中的智能化进行控制与监督,通过设置激励、触发条件检测上步任务执行情况并对下一步资源配置进行判断,从而实现资源配置过程的自动化控制和执行,优化资源配置,降低成本,减轻对制度规则的依赖程度,跳过第三方机构,简化分配流程。

(三)区块链平行思维对新发展理念之"绿色"实践时空联系的构建

绿色是发展的必要条件,绿色发展关注的是人与自然不和谐的

---

① 陈金龙.五大发展理念的多维审视[J].思想理论教育,2016(1):4-8.

问题。在现实经济发展过程中,人与自然的不和谐问题主要体现在我国资源约束趋紧、环境污染严重、生态系统退化。对于资源约束趋紧现象,可运用区块链平行思维中去中心化的思想创建一个基于区块链的市场,实时共享消费数据,其中的"匹配平台"允许买家和卖家根据需求点对点安全交易能源。例如,2017年初,AI网格基金会进入墨西哥的下加利福尼亚半岛进行试点,由基金会提供分散的可再生能源技术,试点地区的能源客户能够相互合作,以交换能源的形式增加对电池存储设备和其他分散可再生能源资产的投资回报。这种方式将缓解时空上的能源网格限制,与此同时避免昂贵的集中式网格基础设施升级。该案例就是通过改变电力基础设施,促进分散资源的技术创新,解决现有集中能源基础设施效率低下的根本问题。针对环境污染和生态系统退化的问题,在各监测点装配物联网设备,以便检测环境污染的相关数据,并对发展过程进行全程实时跟踪。区块链还能很好地解决企业排污取证难的问题,相关设备会将收集到的全部信息进行处理,通过区块链将采集的信息进行固定,盖上时间戳,利用其不可篡改、可追溯的特点实现数据不被篡改,并配合5G,把拍摄到的画面实时上链。这样,即便取证设备被损毁,证据也永远在链上。还可以通过区块链分析废物和垃圾的来源和污染面积,并且判断它们的移动轨迹和扩张趋势。区块链平行思维利用其横向和纵向维度综合考虑绿色发展的过程,纵向通过不同时间的数据对比,了解绿色发展和污染治理的成效,探索更加高效更加科学的可持续发展道路;横向通过区块链对发展的各个环节进行实时监督,全面了解当前发展的污染情况,对于发展过程中严重破坏生态环境的行为进行有效精准打击。

此外,区块链还可利用于绿色经济的发展,构建对特定环保机构开放,对内部参与者数据公开的多中心化、可持续发展的技术生态系统:在底层技术层面,绿色区块链以联盟链为主,采用高效可扩展的共识算法;在数据和应用层面,由绿色数据资产和绿色应用平台共同构成绿色生态体系;在服务领域层面,致力于服务绿色经济发展。绿色区块链不仅能横向构建信息共享系统,并且能够通过纵向跨时间的共识机制,充分挖掘环境数据和资产的巨大价值,实现价值流转的唯一性,明确产权的界定与流转,构建绿色生态价值系统,开创义利结合、监管和激励互为补充的环保新模式,推动生态环境的可持续发展。

(四)区块链平行思维对新发展理念之"开放"实践时空联系的构建

开放是实现发展的必由之路,开放致力于发展过程中的内外联动问题。我国的发展还存在开放水平不高的问题,面临着复杂的开放形势。

开放水平不高问题,一方面,表现为"引进来"与"走出去"失衡,尤其是在关键技术领域,重引进、轻消化的问题还大量存在,形成了"引进—落后—再引进"的恶性循环;另一方面,表现为我国虽然是贸易大国,但是经济发展大而不强,在国际开放中的话语权与发达国家相比还有很大的差距,并且支撑我国高水平开放和大规模"走出去"的体制和力量仍显薄弱。

当今中国面临的开放形势较以前更加复杂,贸易保护主义抬头,开放面临更深层次的风险。此外,国内各区域、各领域、各部门之间存在信息壁垒,信息存在重叠和交叉,壁垒的存在导致信息交互困难,各部门的信息屏障也导致办事效率低下。而区块链可以打破信息壁垒,除去私密信息,其余信息都可供阅读和传输,对系统中的所有人都公开透明。对于目前电子政务实施过程中存在统筹规划分散、信息网络单薄、平台更新滞后等问题,恰好可以通过与区块链的有机结合进行有效解决。

政府数据作为不可或缺的资源是数字经济发展的重要推动力量。以数据为核心的生产资料不仅具有公共物品的特性,其潜在的价值与可高度重复利用的特点,使开放的政府数据拥有广泛的用途。我国政府数据开发的工作尚在起步阶段,大多数研究也停留在对现有实践经验的总结上。目前已有上海、武汉、佛山等地顺利搭建政府数据开放网站,但网站建设、运维速度较慢,相关功能的建立还处于初级阶段,不能很好地满足各类用户的需求。此前各政府部门之间打通信息流通通道的前提是建立足够的信任关系,制定相关规定和技术实现则需要较长时间和较高成本。

利用现有成熟技术的区块链网络,可以使每个节点的交易都有据可考,查询分布式网络上所有的信息记录,从而提高信息共享系统的可审计性。区块链具有强化政府数据开放权限及相关规则的潜力。区块链可以实现政府数据开放的精准性验证,并同时拥有对数据资源的管理权限。政府数据开放的不同应用场景均可以通过区块链组成不同的数据流,面向公众开放时,可以根据用户的不同需求进行横向准确快速的调用。区块链技术的去中心化特性,不会导致数据库被攻击、篡改,数据链崩溃的情况发生。区块链可贯穿纵向数据的整个生命周期,数据交换记录是所有参与者认可的、透明的、可追溯的,数据的来源和流通路径可以被记录和追溯,对数据的每一次更新和修改都"有迹可循",在纵向保证开放信息的安全和准确。

(五)区块链平行思维对新发展理念之"共享"实践时空联系的构建

平行思维所提倡的时空多维度思考对于"共享"实践具有很好的借鉴价值,运用平行思维进行探索,有利于探索的系统性和彻底性。以邓小平为代表的中国共产党人提出共同富裕之路,这是共享发展理念的前身,共同富裕是社会主义的本质要求,是人民群众的共同期盼。改革开放以来,通过允许一部分人、一部分地区先富起来,先富带后富,加强区域间的合作交流,对口帮扶等措施极大解放和发展了社会生产力,人民生活水平不断提高。党的十八大以来,以习近平同志为核心的党中央团结带领全党全国各族人民,始终朝着实现共同富裕的目标不懈努力。2020 年,全面建成小康社会取得伟大历史性成就,特别是决战脱贫攻坚取得全面胜利,困扰中华民族几千年的绝对贫困问题得到历史性解决,为新发展阶段实现共同富裕奠定了坚实基础。

在新的历史阶段上,我国开启全面建设社会主义现代化国家新征程,因此必须把促进全体人民共同富裕摆在更加重要的位置,让人民群众真真切切感受到共同富裕看得见、摸得着、真实可感。现阶段,我国发展不平衡不充分问题仍然突出,城乡区域发展和收入分配差距较大,各地区推动共同富裕的基础和条件不尽相同。促进全体人民共同富裕是一项长期艰巨的任务,因此需要选取部分地区先行先试、做出示范。浙江省在探索解决发展不平衡不充分问题方面取得了明显成效,具备一定的基础和优势。此外,党中央支持浙江高质量发展建设共同富裕示范区,有助于通过实践进一步丰富共同富裕的思想内涵,也可以为全国推动共同富裕提供省域范例。同时,高质量发展共同富裕示范区也与改革开放中所提倡的"允许一部分人、一部分地区先富起来"的理念不谋而合,是新时代共享发展理念的生动体现。

三、新发展理念实践时空联系存在的问题

(一)盲从"改革",跟风"创新"

1. 照搬照抄、依样画葫芦"荆棘路"

百年前的洋务运动以北洋海军的全军覆没而宣告破产;百年前的戊戌变法以光绪帝被软禁而宣告失败;开创性的改革开放实现了中国人民富起来的梦想。历史和现实都告诉我们:照搬照抄、依样画

葫芦往往会带人走上一条"荆棘路",切合实际、把握现实、剥去表象、提炼矛盾、总结经验才是一条"康庄大道"。

2.千篇一律、接连不断的"地标建筑"

目前,各地所谓的标准性建筑频频出现问题。商家急躁的获利心态,官员扭曲的政绩观,是产生此种现象的特殊原因,究其根本是陷入了经验主义的泥沼。

在创新的过程中此类现象普遍存在。一种事物、一次改革、一项制度在一个地方大获成功,其他地方便竞相模仿,忽视了对地方实际情况的考察、评估。地区和地区在交流、互助时,往往注重最终的制度、最后的成果,而忽视了此项制度、此项成果出现之前所进行的调研、评估、论证。这一方面,在于此类缺少数据、资料;另一方面,也在于学习方急功近利,没有进行充分的社会调研,只是一味模仿,导致出现很多相似的"地标建筑"。

(二)收入差距大,收入分配、产业格局失衡

第一,从改革开放初期提出的"效率优先、兼顾公平"到如今的"更加注重公平",深刻体现了我国在缩小收入差距上所做的努力。

改革开放初期我国经济刚刚起步,需要一部分有志之士先富起来,进而带动全国人民富裕起来。在时代、国家、人民的共同作用下,实现了中华民族从站起来到富起来的历史性跨越,同时也形成了西部相对于东部、农村相对于城市收入分配不均的格局。我国进行了一系列的改革。特别是在全面建成小康社会后,我国的绝对贫困已经被消除,而相对贫困过大这一块硬骨头便成为我们走向共同富裕的绊脚石。

第二,在改革开放初期,我国对产品的需求量极大,当时我国极力需要解决的是"有没有"的问题。因此在当时的历史背景和社会条件下,催生出了一大批以煤炭、纺织为代表的资源密集型和劳动密集

型工业。然而在成为 GDP 总量第二大国之后,我国产业格局不均衡问题开始明显地体现出来。我国开始出现一系列诸如货物积压、市场需求降低、市场同质化增加等现象。

国外从对我国产品的反倾销到对我国进行核心技术的封锁,都告诉我们从中国制造到中国创造、中国智造的转变势在必行;平衡我国的产业结构,深挖地区自身的发展方向,从同质化的发展模式转化为百花齐放、各具特色的发展新业态势在必行;打造全新的供给侧生产平台势在必行。

(三)壁垒问题突出

1. 信息沟壑

对于国家,开放意味着发展;对于城市,包容意味着进步。

诚然城市之间有经济发展的比较,但单一个体的进步带不来整体的繁荣。城市和城市之间的交流不能仅仅停留在最终结果的汇报和资金的补助上,还需要体现在更深层次的经验上,更实在的成效上,更全面的数据上。此外,在政府和群众的互动中,政府应切实从服务者的角度出发,为群众带去更便利、更快捷、更透明的政府服务。

2. 强国剥削,机会"垄断"

在资本主义操控的全球化的当下,发达资本主义国家利用自身经济与科技的先发优势不断扩大全球技术产业的差距,和其他国家相比生产同一件产品的劳动时间大大缩短,让发达资本国家实现全球价值收割,但与此同时割裂了世界,剥夺了欠发达国家的发展机会和发展时间。

这就需要发展中国家突破技术封锁,冲破比较优势陷阱,构建一个共建、共商、共享的新型国际关系,充分享有人类现代化的发展成果,并推动全球现代性朝着均衡、普惠、共赢的方向发展。

四、区块链平行思维对新发展理念实践时空联系构建的实际意义

(一)区块链平行思维利于新发展理念的融会贯通

新发展理念并不是独立的个体,在发展实践过程中新发展理念是统一融合的,不能将其分割开来单独看待,更不能顾此失彼。新发展理念之间具有内在联系,只有搞清了其中的内在联系才能够真正运用新发展理念指导发展。新发展理念贯穿于经济发展的各个环节,表现为生产过程更加聚焦创新,中间过程更加强调协调、绿色、开放,消费过程更加关注共享。

平行思维作为一种创新思维模式,打破了传统"非黑即白"的思维模式,接受更多的可能性,从更多的维度去理解事物。将其运用到新发展理念中,有利于打破各个发展理念之间的壁垒,将各个发展理念贯穿联系起来,并且将新发展理念应用到各个领域。

(二)使经验教训能被完全记录,历史性经验教训、区域性经验教训互相借鉴

一是历史性经验做法。各地在运用新发展理念指导发展时,并不能照搬照抄,而是要结合地方情况找到最适合当地的发展方式,但并不是所有的发展方法都是成功的。有成功的做法,也有失败的教训。在以往各地的发展方式中,有许多成功的经验做法没有完全被记录下来,也有许多失败的经验教训被忽略、被丢失。成功经验需要学习借鉴,失败教训也要吸取牢记。为了使经验教训能够被完全记录并为以后的城市发展所用,故应将区块链平行思维应用其中。区块链平行思维中的可追溯以及不可篡改的特点可以将地方发展方式以及经验教训记录下来,保证记录有效且后续可以查询,避免了之后

查询不到、丢失等问题。

二是区域性经验教训互相借鉴。在创新的驱动下,各地政府纷纷根据当地的实际情况对治理措施进行了不同程度的创新,有些地方的创新卓有成效,引得各地纷纷效仿。但是,对于成功的治理方式的借鉴不能局限于对某个方面的照搬照抄,而要全面分析地方成功治理经验,深入思考为什么此治理经验在该地能获得成功、此治理经验运用到本地是否适合等问题。但全面分析的前提是各个地方对于地方的经验教训要记录完全且真实,还要与各个地方进行共享。区块链平行思维中的分布式账本技术,能够让区块链上的主体同时共享信息,并且区块链不可篡改的特点能够保证信息的真实性,从而使区域性经验教训能够有效地互相借鉴。

(三)从多个维度看待问题,让治理方式适应地方特色,防止照搬照抄

一种治理方式在一个地方成功必定是因为适合地方发展,其他地区对成功治理方式学习时,不能只看表面的治理方式,要从多个维度看问题,打破单一的思维。而平行思维理论是一种创新思维模式,提倡接受各种各样的可能性,在各种可能性中发展,而不是每时每刻都需要做出是或非的判断。平行思维主要是指大家能够在同一时间做同一件事情,从多个维度展开对事物的思考,而不是同时思考所有的因素,避免了混乱与冲突,将平行思维应用其中可以最大限度避免照搬照抄。

(四)新发展理念实践应用成果要用数据说话,使效果更加客观准确

新发展理念在落地实践后,判断实践成果的标准不仅仅是单纯的成果汇报,而是要用数据说话。然而对各个地区上报的数据的真实性考察难度大,而运用区块链的不可篡改和可追溯特点能够很好解决这个问题。区块链式结构是基于时间戳的,生成的数据在加盖时间戳之后便可以溯源并且难以篡改。新发展理念实践过程中,要求各地定期将新发展成果记录到区块链中,信息一旦被区块链记录就无法篡改,区块链上的信息也只能增加无法减少。所以只要各地定期将成果量化进行记录,一定时间后整理数据便能看到较为显著的成果。

五、区块链平行思维对新发展理念实践时空联系存在问题的解决

(一)构建国内"城城"信息分享平台

区块链的核心是分布式账本技术。分布式账本技术的基础是将核心数据存储在多个服务器上,每个节点同步记录与共享用户的每一条信息。这意味着城市间的信息将实现有效沟通,同时因为区块链的属性,其中信息的真实性可以被有效保证,很好地解决了如今城城之间信息交流存在壁垒和交流片面、流于表面的问题,为后发展的城市提供完整的、全面的、真实的城市方向论证、城市发展过程、城市发展模板。为实现城市间共同发展、协调发展提供充实的技术支持和数据支撑。与此同时也更有利于帮扶城市对被帮扶城市的了解,通过"城城"信息分享平台,发达城市甚至可以对欠发达城市进行线上的精准帮扶和提供发展方向建议,实现准确、有效、快捷的城城帮扶。

(二)构建"区块链式"城市服务

政府服务可以在一定程度上学习区块链的去中心化属性,通过政务的去中心化,打造一站式、一键通的在线行政服务中心,实现让企业和群众办事"像网购一样方便"的目标,建成服务型政府,提高人

民群众的满意度。同时政府信息公开可以在一定程度上利用区块链不可篡改的特性,用科技为政府公开的信息背书,提高政府的可行度、透明度,同时也可以更好地实现对政府的外部监督,构建廉洁政府。

(三)建立区块链环境监督体制

以区块链作为支撑,我们可以构建一个环境数据实时反馈系统。实时记录各地区乃至各个国家的环境数据,通过区块链保证数据记录标准的一致性和数据自身的真实性。同时利用大数据分析系统,分析出存在环境污染的重点国家、重点地区、重点产业,通过统一的标准、电脑的计算来公正地对环境问题做出判断,去除政治因素对于结果的影响,达到准确、有效诊断环境问题的目的。最后通过区块链系统来对整改后的结果进行分析,以达到环境的动态平衡。

(四)构建去中心化的多元国际新格局

当前,在资本主义力量依旧强大的背景之下,要想打破不平衡的全球空间结构,最为关键的是要解决去中心化问题。换句话说,就是要消解中心国家的绝对控制权,使其相对优势减弱,这就意味着众多发展中国家需要形成更具凝聚力、更具信任度的合作组织,带领世界格局走向多元化、均衡化,从"一国独霸""几方治理"变为"多元治理""全球善治"。怎样建立这样的组织,区块链就给了我们很好的启发,通过一定程度的信息公开,在保证国家安全的基础上实现组织内的信息互通,同时通过技术保证信息的真实性,实现组织内成员在必要范围内的了解,保证组织内各成员之间的高度信任,实现共商、共建、共享的目标。

第三章　区块链组织思维与新发展理念实践运行结构

第一节　区块链组织思维

一、组织思维

(一)组织的内涵

组织,是两个以上的个体为实现共同目标而协同行动的集合体,是以目的为导向的社会实体,具有特定结构化的活动系统。具体而言,组织是在一定的环境中,为实现共同的目标,按照一定的结构形式、活动规律结合起来的,具有特定功能的开放系统。它是社会运行成本最小化的一种机制,例如家庭组织就是为抵抗个人风险而产生的组织形态。政府组织亦是如此,其是国家为进行统治和社会管理形成的组织机构,以统治阶级的利益为服务目标,由执行不同职能的机关,按照一定的原则和程序结成严密的系统,以维护国家权威和社会秩序。

　　一个组织是由各子系统组成的系统,并由来自环境的分界划定轮廓和边界,这要求厘清各子系统内部的关系、子系统之间的联系以及组织与环境之间的关系,并明确各个变量的关系和结构模式,了解组织在不同的条件下和特定条件下如何运转,以不断优化组织结构。

　　各类组织在面对不断变化发展的环境时,需要面对各类风险与挑战,因此需要不断优化组织结构以降低风险,提高组织运行效率,取得收益最大化。不断发展的科学技术和日渐成熟的理论指导,为优化组织结构提供了工具和路径。

(二)组织思维的内涵

　　组织思维,即通过协调组织内外部的力量,组织结构实现最优化,以降低组织运行风险,追求最大效益的理论思想。

　　任何对组织目标的偏离都会导致组织运行风险,要想优化组织结构,就需要克服风险。尽管组织所面临风险的具体表现形式多种多样,但不外乎来源于外部状态的不确定性和内部组织行为的不确定性。外部状态的不确定性,源于组织内外部环境变化的不确定性,需要通过提高组织的认知水平加以预见,并在风险计划的制定中加以考虑。内部组织行为的不确定性,源于组织内部各层级间所固有的逆向选择和道德风险问题,需要通过有效的风险管理加以缓解。如果内部活动中,沟通合作缺乏效率和效果,或者不能可靠地报告反应工作情况,将会大大提高内部运作成本,不利于组织目标的实现。因此需要进行风险管理,包括风险计划、风险控制、风险应对三方面。风险计划强调风险和收益组合的选择和确定,风险控制强调将风险最小化的方式,风险应对强调积极面对风险的方法。通过风险管理的方式,以应对组织运行中面临的内外风险,提高效率。

二、区块链组织思维的内涵

区块链主要运用了四个基础技术,分别是哈希函数、数字签名、P2P网络和工作量证明机制。哈希函数,使得存储和查询庞大的数据库中的信息速度更快,同时可以对信息进行加密处理,让数据传播更为安全。数字签名,可以在网络环境中代替传统的手工签字与印章,具有防冒充、鉴别身份、保护信息完整性和保证机密性等功能。P2P网络,区块链采用一种无结构的P2P网络,节点之间的路由靠广播的方式查找信息,网络的中央及边缘区域共享内容和资源。工作量证明机制,有利于架构简单清晰、安全可靠的系统。

以上技术创新,使得区块链具有诸多传统技术不可比拟的优势。首先,区块链系统有利于建构去中心化的组织运行结构,点对点对等网络使得各节点的地位对等,通过分布式共识机制实现相互间的协调与协作,各节点基于各自贡献获得经济激励,使得组织系统具备很强的健壮性。[①] 其次,区块链系统通过数学算法形成节点之间的共识,新数据必须获得全部或者大多数节点的验证方可写入由全体节点共同维护的区块链账本,因而极难篡改和伪造,这使得区块链成为依靠共识机制和密码学机制自动产生信任的系统,可以实现信息流、资金流和物质流等要素去中介化的自由流通。最后,区块链系统采取建立在隐私保护基础上的、公开透明的数据读取方式,区块链账本数据以零成本方式向全体节点公开查询,从而可以降低节点的信任成本和系统不确定性。

分布式账本技术是区块链的核心,它是一种在组织内部以及组织之间存储和更新数据的创新方法。账本的副本由多方持有,通过

---

① 袁勇,王飞跃.平行区块链:概念、方法与内涵解析[J].自动化学报,2017,43(10):1703-1712.

各参与者商议添加数据,不需要第三方机构。这意味着区块链上的记录数据不可变,数据内容由所有参与者共同决定。分布式账本技术使得组织非中介化,节点能够直接交互,不需要媒介,节点有能力直接发起数据或数字化资产传输。没有集中控制方,账本内容的增加或管理结构的更改需由多个参与者协商进行。借助管理和共享数据的新机会,参与者能够对各种形式的数据进行存储和访问。[①]

通过自动化过程和绕过第三方机构,对于企业和终端用户,区块链解决方案可以大大提高效率并减少成本。区块链的去中心化本质和中心故障点的缺乏会使交易系统变得更有韧性、更加安全。通过让用户有能力控制自己的信息,能够赋予用户权利,并有可能提高用户对交易的信任。区块链交易的不变性会带来许多好处,包括清晰的审计记录和减少欺诈。通过使用公钥密码,区块链能够实现高效低成本的数字身份管理。

三、区块链组织思维的作用

(一)丰富现有的治理理念体系

科学技术作为一种工具理性,是达成某一目的所应用的手段。实践的变化发展决定着认识的发展变化,科技进步为制度创新提供了手段和途径。区块链的应用发展,为社会治理模式提供了新思路,为组织协调各方利益、实现效益最大化和结构最优化提供了更多可能,丰富了现有治理理念体系。

随着社会进步和国家治理理念的发展,多中心、分权化、公民参与等主张纷纷被提出,使得在国家与社会关系的调整中,政府之外的

---

① 德什潘德,斯图尔特,列皮特,等.理解分布式账本技术/区块链——挑战、机遇和未来标准[J].信息安全与通信保密,2017(12):20-29.

力量被更多强调，国家、社会和市场之间的新组合产生，不是对等级结构的简单摧毁，而恰恰镶嵌于等级结构之中。这样的治理趋势，对组织领导理论提出了更高的要求，需要与时俱进的组织思维对其进行指导。

区块链将深度重构社会治理价值体系。首先，从控制到自治。区块链的分布式特性，会弱化等级、封闭、控制等威权价值，强化平等、开放、协作、共享等自治价值。[①] 区块链带来的新式生产方式也会强化这种价值转变。其次，从效率到公平。传统互联网是成本驱动的，根本目标是通过信息中介最高效率实现经济利益，而区块链促使互联网的根本目标变成保护交易、创造价值以及保证交易公平性、正当性、安全性和隐私性，最终使诚信和公平成为核心价值。最后，从物质到关系。区块链将进一步改变价值次序，开放性将代替渠道、产品、人员甚至知识产权，成为组织成功的关键，"链接"而不是"占有"、"网络关系"而不是"封闭式结构"将成为价值源泉。[②]

推进社会治理体系和社会治理能力现代化，是完善和发展中国特色社会主义制度、推进国家治理体系和治理能力现代化的重要内容。我们可从六个维度来全面理解和把握习近平总书记关于社会治理重要论述的思想内涵。[③]

一是以"必须共"揭示社会治理的规律。强调完善共建、共治、共享的社会治理制度，实现政府治理同社会调节、居民自治良性互动，建设人人有责、人人尽责、人人享有的社会治理共同体，这是市场和社会成长的必然。二是以"为谁共"明确社会治理的价值。要贯彻好党的群众路线，坚持社会治理为了人民，善于把党的优良传统和新技

① 赵金旭,孟天广.技术赋能:区块链如何重塑治理结构与模式[J].当代世界与社会主义,2019(3):187-194.

② 赵金旭,孟天广.区块链如何重塑治理结构与模式[J].社会科学文摘,2019(11):5-7.

③ 万明钢.铸牢中华民族共同体意识与新时代学校民族团结进步教育的使命[J].西北师大学报(社会科学版),2020,57(5):5-12.

术新手段结合起来。三是以"共同体"描绘社会治理的目标,为新时代社会治理明确了奋斗目标,进一步凸显了人民的国家主体地位,意在调动一切积极因素,努力形成人人主动负责、人人尽到责任、人人共享治理成果的良好社会环境,开拓了新时代社会治理目标的新境界。四是以"谁领共"界定社会治理的责任,加强和改进党对社会治理的领导,在党的领导下,政府承担着社会治理的主要责任。但现代的社会治理,政府负责不是政府主导,不是传统意义上的管控,而是要全力做好公共服务、公共管理、公共安全工作,健全利益表达、利益协调、利益保护机制。五是以"与谁共"聚集社会治理的力量。社会治理是对全社会的治理,也是全社会共同参与的治理。"社会协同、公众参与"明确了党委、政府在领导社会治理过程中要凝聚社会治理力量,创新社会治理思路,扩大开放公共服务市场,通过政府购买服务、健全激励补偿机制等办法,鼓励和引导企事业单位、社会组织、人民群众积极参与社会治理。六是以"如何共"构建社会治理的机制。要完善"党委领导、政府负责、民主协商、社会协同、公众参与、法治保障、科技支撑"的社会治理体系,坚持"系统治理、综合治理、依法治理、源头治理"的社会治理思路和方向,明确"社会化、法治化、智能化、专业化"的要求,实现"政治、法治、德治、自治、智治"的有机融合。①

(二)指导复杂的社会治理活动

组织思维的作用在于调控系统结构与功能,更好建立协调关系,促进自身的不断完善和持续发展。尽力消除人为的内耗,降低系统运作成本,以合作为导向,通过不断调整竞争方式等提高系统的运行效率。如果只关注于系统内单个要素,就会忽视整体利益,要想在实践活动中统筹优化实践,就要借助于组织思维。组成系统的各要素

---

① 陕西省法治社会建设实施方案(2021—2025年)[N]. 陕西日报,2021-06-16(2).

问不是孤立存在的，而是相辅相成的。各要素间具有辩证统一的关系，系统整体效益大于各个子系统单独的功能之和。

组织思维协调下，组成系统的各个元素在自我协同、自我组织的过程中使系统结构和功能不断完善。顶层设计的优势是系统集成和整体发展，而非部分系统功能的加和。组织思维可以发挥各要素的差异协同性，使得不同要素为系统的发展提供强大合力。组织思维对顶层设计的有效指导，是基于组织建设的哲学特点形成的方法论。在发展过程中形成更高层次的系统后，其会展现出要素本身所不具有的性质、功能和行为。社会治理过程中，治理体系功能会逐步完善和推进，系统会发挥出子系统所不具有的新功能。数据在多个子系统中的流动和关联，使得系统整体同实际需要更加契合，更便于推动各项工作的高效开展。

由于当前社会治理的复杂性，组织、管理、生产等各环节都逐步需要信息化手段来支撑，而各项治理目标的需求深度和紧急程度又有所不同。根据国家建设目标确立的顶层设计，是基于社会治理整体发展的蓝图和规划，其目标是实现整体的优化和协调，利用接口等，集成部分系统，打通各个业务环节，发挥出系统的总体优势。顶层设计的落实，需要从实际出发，综合考虑外部环境、内部环境及目标因素等要素。当前落实过程中，面临着建设目标不清晰、顶层设计不落地等问题，其原因就在于没有一个完全匹配的理论来指导实践。随着业务复杂化，将具有差异性的不同部分设计利用接口对接、系统集成、应用集成、数据集成等协同方法集成到一起，就需要先进的组织思维以满足单位对实践的更高层次要求。各环节间的协同性和差异性，要求组织思维在系统整体层面约束部分要素使整体达到统一协同，同时又要赋予部分要素发展的自由性，以建设高效的实践运作体系。

组织思维的核心是从整体上分析和研究问题，其基础是理论联系实际。首先，要根据确定的长期战略发展目标进行顶层设计，针对核心价值中的多元价值解构并形成组成顶层设计的要素,针对要素之间的关系再次进行论证,以低耦合、高内聚为原则进行要素之间关系的处理,形成初步框架。其次,通过分析内外部环境等实践影响因素,对价值框架进行调整,将子系统整体搭建为完整的系统。再将价值框架转化为可量化数据,以对各个子系统进行分析和评估。在组织思维的指导下,从价值链的视角出发,可有效梳理各个子系统之间的关系并完成子系统对接,实现数据和业务的有效打通和关联。[①]

(三)优化实践模式

区块链具有去中心化、去信任化和不可篡改等优点,为社会治理体系创新提供了新思路。区块链组织思维的指导有利于从治理主体、治理机制、治理过程等方面优化实践模式,推动社会治理走向主体平等、机制高效和落实有效。[②]

1.去中心化支持组织多主体平等参与合作竞争

社会治理体系的落实有赖于多方主体的共同参与,竞争促进发展,以追求公共利益最大化及系统功效最优化的目标。在现代社会系统中,知识和资源被不同组织掌握,采取集体行动的组织需要各方协作,而且这些组织之间又需要谈判和资源的交换,这种谈判和交换能否顺利进行,除了取决于各主体所掌握的资源外,还取决于参与者之间共同遵守的规则以及交换的环境。社会治理需要通过政府内部,以及政府外部与民间组织、企业等社会组织的协商对话、相互合作等来实现。社会系统的复杂性、动态性和多样性,要求各个子系统的协同性,只有这样才能实现整个社会系统的良好发展。因此,社会治理过程中,强调各主体之间的自愿平等与协作。

---

① 陈雄.系统思维在信息化顶层设计中的应用[J].系统科学学报,2020(1):93-97.

② 刘俊英.区块链技术之于社会治理创新的影响分析——基于多中心治理理论的视角[J].社会科学战线,2021(6):209-216.

政府作为嵌入社会的重要行为体,在规则、目标的制定方面起着不可替代的作用,需要充分发挥组织领导作用。由于当前政府具有一定的资源和信息优势,社会治理仍是以政府为中心,市场和社会的参与度相对较低,社会治理领域之间的信息数据缺少互动连接,[①]不利于其治理功能的发挥。而多中心的治理形态,强调各行为主体在整个治理网络中既要各司其职又要协商合作,才有利于灵活应对社会治理多元需求。区块链为这一治理诉求提供了技术条件,使得政府、市场和社会等治理主体之间的关系趋于对等化,充分激发了社会治理活力。

作为区块链的突出特征,去中心化基于"点对点网络",通过共识机制避免了单一实体的控制。区块链是一个分布式账本,每个节点都同步共享、保存相同的信息数据,使得区块链能对社会治理的多元主体进行相对平等的技术赋能。一方面,参与治理的社会主体不再是被动者、旁观者和接受者,将以相对平等的身份直接参与社会治理过程,其行动能力和主动性得以有效提升,真正实现各治理主体之间直接的交互和连通。另一方面,有效监督政府决策和行为,区块链的存在将政府角色由原先的核心节点变成现在的关键节点,其他社会力量享有与政府同等的数据存储、读取、查询和验证等权限,使得政府的决策和行为受到更多的制约和监督,进一步提高了政府的民情民意汇聚能力和社会需求回应能力。[②]

2.破除数据壁垒和信任危机,有效提高组织效率

我国国家治理有两条主线,即中央与地方、国家与民众。中央与地方关系上,面临着权威体制与有效治理之间的基本矛盾,即中央集权制度趋于统一治理,体现在国家政策、资源调配、人事管理上的一

---

① 刘俊英.区块链技术之于社会治理创新的影响分析——基于多中心治理理论的视角[J].社会科学战线,2021(6):209-216.

② 周尚君.中国立法体制的组织生成与制度逻辑[J].学术月刊,2020,52(11):95-107.

元化管理,而中国社会的地方性差异要求各地因地制宜,从而产生了中央集权与地方分权之间的紧张关系。[1]"条块结合,以块为主"作为我国国家治理组织制度的基本框架,"条"的组织制度反映了政府功能的分化,体现在自上而下的权威关系和动员机制,"块"的组织制度的核心则是属地治理。[2]

然而当前我国社会治理的环境日趋复杂,面临着治理机构条块分割、数据壁垒、权力的自我膨胀等方面的治理困境,而区块链恰恰能为社会治理机制的创新提供技术支撑,其组织思维为机制创新提供了理论制度。区块链基层架构中的共识层、合约层和激励层,能够有效降低社会治理成本,推动社会治理高效化。区块链的可追溯和不可篡改的特性也将进一步降低治理风险,促进协调合作。

区块链组织思维能够促进社会治理机制高效化,降低实践成本,减少合作摩擦。降低实践成本,表现在区块链能通过"对每一节点赋能"降低决策成本,削减各主体参与决策的成本。区块链能通过智能合约形成合作承诺,在既定条件和合约内容一致时自动执行,不受外界因素干涉,且能将低概率情形纳入合同框架,进一步提升契约的确定性,[3]有效降低社会交易成本。

区块链可以有效解决数字加密货币领域的双重支付问题和"拜占庭将军"问题,在不需要第三方机构的前提下,通过分布式数据库、[4]数字加密技术和独特的共识算法解决去中心化系统的双重支付问题,实现了一个无须信任单个节点的去中心化的可信任系统。区块链的本质是它在网络空间建立了分布式的一致性标准,针对所有

---

① 周尚君.中国立法体制的组织生成与制度逻辑[J].学术月刊,2020,52(11):95-107.

② 任勇.社会稳定风险评估中条块互动以及制约要素研究:基于 L 案例的考察[J].政治学研究,2017(6):57-68.

③ 刘俊英.区块链技术之于社会治理创新的影响分析——基于多中心治理理论的视角[J].社会科学战线,2021(6):209-216.

④ 贺海武,延安,陈泽华.基于区块链的智能合约技术与应用综述[J].计算机研究与发展,2018,55(11):2452-2466.

的数字事件在分布式数据库上创建确切的无法篡改的记录并且使得区块链中的所有参与方都能确切地了解所发生的数字事件。区块链出现后,其去中心化、去信任化、规则透明、集体维护、不可篡改等特性,恰好为智能合约提供了安全可靠的记录载体和执行环境。[①] 智能合约的实现,本质上是通过赋予对象数字特性,即将对象程序化并部署在区块链上,成为全网共享的资源,再通过外部事件触发合约的自动生成与执行,进而改变区块链网络中数字对象的状态和数值。智能合约可以实现主动或被动地接受、存储、执行和发送数据,以及调用智能合约,以此控制和管理链上的数字对象。

智能合约具有确定性、一致性、可终止性、可观察和可验证性、去中心化、高效性和实时性、低成本等优点。在数字支付、金融资产处置、云计算、物联网、共享经济等方面有着广阔的应用前景。智能合约能够为供应链的每一个环节提供更高的可见性,简化多重机构系统,与物联网设备进行协调,跟踪被管理的资产和产品,降低欺诈和盗窃风险。

减少合作摩擦,表现在区块链基于共识机制建构出的可信任社会,能有效减少现实社会治理中的诸多摩擦。一方面,社会治理强调多方主体参与,而信任是多方建立联系的重要前提。区块链能够保证多方主体在进行协同、交换和互动中,不需要第三方机构担保,更不需要验证对方的信用水平,就能够实现交互。另一方面,区块链能够防止真实信息被篡改,确保价值的传递,这在相当程度上保证了信用和减少人为主观性的干预,更是可以避免权力的寻租行为,从而有效推进行业自律。

3. 提高组织活动实践的可行性

随着中央顶层设计和宏观政策覆盖面越来越广,对地方政府落

---

① 魏洁云、赵节昌、贾军. 探索产教深度融合协同育人之路——以"区块链技术"为契机的分析[J]. 中国高校科技,2020(15):10.

实宏观政策也提出了更高的要求。但基层组织也面临着落实难题，基层组织本身承担着大量日常工作，大规模或者长远的项目建设缺乏理论指导和财政支持。各部门从各自职责出发提出多样的建设方案，但在整体组织建设上难以保证总体平衡，出现多而杂的局面，导致迷失组织建设发展方向。

顶层设计往往在一定程度上对组织建设成本缺乏准确估计，降低了实践可行性。对有形成本精心计算而对无形成本低估较为普遍，对软件开发、数据处理、数据整合等模糊数据严重低估，对数据质量维护、数据开放等组织与管理成本未加考虑，直接影响了组织建设的推进落实，阻碍顶层设计落地。

顶层设计不可能一次性设计出完美的方案来解决未来所有问题，面对不确定性环境，需要不断反馈改进动态系统，借助于激励与约束机制，鼓励人们不断完善组织运行结构。区块链使得对每一个节点的数据收集和监控成为可能，为构建长期有效的跟踪评估机制提供了可能，能够有效反馈各节点产生的问题与需求，不断优化结构，提高顶层设计实践落实的可行性。

第二节　新发展理念实践运行结构

一、新发展理念实践运行结构的概念

关于实践运行结构，目前学界并没有统一的定义，以下将进行简单解释以为后续阐述服务。

从理论到实践，从思想指导到基层落实，需要将抽象的理论具象化，设计出实践性强的运行结构。新发展理念实践运行结构，即是将"创新、协调、绿色、开放、共享"五大发展理念进行落实的实践体系。指导思想的实践落实，需要经历决策、执行、监督、考评、奖惩的一体

化链条,本书意欲以该落实链条为基础,勾画新发展理念实践运行结构。从新发展理念出发,构建从顶层设计宏观政策,到执行的数据共享合作平台,再到监督考评体系和相应的奖惩机制。并根据五个发展理念的具体落实情况,进一步细化完善新发展理念实践运行结构。

下文将探讨并尝试构建理想化的新发展理念实践运行结构,针对实践运行中的现实因素,从理想化的层面上对实践中已经出现和可能出现的情形做出一个特定或者普遍的假设,以便在理念运行中发现纰漏,并拟订相应的调整方案。在严格意义上说,这种实践的运行结构应当是良好且无害的,使我们能够十分便捷地发现错误或是纠正错误。本次针对新发展理念实践运行结构的讨论中,旨在尝试用这种理想化的方式,以实践和实验的精神解决问题,从而达到在新发展理念上一定程度的创新和进步。

二、新发展理念实践运行结构优化方向以及实践要求

2015年,党的十八届五中全会第二次全体会议提出了创新、协调、绿色、开放、共享的新发展理念,并指出其是管全局、管根本、管长远的导向,具有战略性、纲领性、引领性,指明了其是"十三五"时期乃至更长时期我国的发展思路、发展方向和发展着力点,并应当在长久的实践中深入理解、准确把握其科学内涵和实践要求。经过多年的探索,新发展理念实践运行结构初步形成,并有所发展。

但立足我国经济社会发展实际,其实践运行结构的优化还有很大空间。党的十八大以来,我国对经济社会发展提出了许多重大理论和理念,其中新发展理念是重要的组成部分,因此探索其实践运行结构的优化是很有必要的。新发展理念贯穿我国经济社会发展的方方面面,是指挥棒和红绿灯,在大方向上指引了我国的发展道路。由于涉及领域众多,难以形成精确化的优化方案,但本书意图在宏观上提供运行优化方向,构建新发展理念理想化的实践运行结构,并提出

新发展理念实践落实要求。

(一)优化方向

1.创新发展层面

创新发展注重的是解决发展动力问题,集中回答了发展的第一动力问题,要把创新摆在国家发展全局的核心位置,让创新贯穿党和国家的一切工作,让创新在全社会蔚然成风。在具体的实践过程中,应当秉持创新促进发展的理念。

第一,坚持从上到下鼓励创新发展。不断完善党中央顶层设计,健全相关政策和法律支撑。这有利于从上到下形成创新的良好环境和氛围,这种优化方式不是单向传输,而是双向促进的:中央的创新激励政策指导地方的创新发展,同时地方的创新又为中央政策设计提供实践经验。

第二,坚持以积极奋斗态度面对创新实践。当前我国经济进入新常态,发展动力从主要依靠资源和低成本劳动力等要素投入转向创新驱动。为了更好地推进经济新常态下的动力转换,党中央明确提出把科技创新摆在国家发展全局的核心位置,实施创新驱动发展战略,把坚持创新发展作为应对发展环境变化、增强发展动力、把握发展主动权,更好引领新常态的根本之策。这要求在具体实践过程中,持之以恒地以积极和奋斗的态度面对新发展理念下的创新问题,杜绝以官场话和敷衍话抵抗具体的实践。适应和引领经济发展新常态,推进供给侧结构性改革,根本要靠创新。要想推动我国经济社会持续健康发展,推进供给侧结构性改革,必须在推动发展的内生动力和活力上有根本性转变,塑造更多依靠创新驱动、更多发挥先发优势的引领性发展。

2.协调发展层面

协调发展理念注重解决发展不平衡的问题,协调是持续健康发展的内在要求,要统筹推进"五位一体"总体布局并且协调推进"四个全面"战略布局,正确处理发展中的重要关系,不断增强发展整体性,以联系的、发展的、全面的观点看待发展问题。

关于协调层面如何发展和进步,关键在于"共生"关系的实行是否合理且深刻,国家经济和基层经济两种层面互相影响下是否达到平衡。早在社会主义建设时期,毛泽东就深刻论述了"十大关系",强调要统筹兼顾,要十个指头"弹钢琴"。在改革开放时期,邓小平提出"两个文明"一起抓。随着党和国家事业的发展,中国特色社会主义事业总体布局,从"两位一体"逐步完善到"五位一体",极大推动了中国特色社会主义事业全面发展。而协调发展理念的提出和科学运用,是对党的十八大以来以习近平同志为核心的党中央治国理政经验的深刻总结。

3. 绿色发展层面

大自然是所有生命之母,人与自然应当追求和谐共生关系。我们要将生态文明建设融入经济建设、政治建设、文化建设、社会建设各方面和全过程,要按照人口资源环境相均衡、经济社会生态效益相统一的原则,整体谋划国土空间开发,科学布局生产空间、生活空间、生态空间,给自然留下更多修复空间。应当大力节约集约利用资源,推动资源利用方式根本转变,加强全过程节约管理。同时,要实施重大生态修复工程,增强生态产品生产能力。在绿色发展理念落实过程中,也需要新发展理念中的创新和协调双理念为其服务,才能更好实现绿色发展目标。

绿色发展的主要战线是加强生态保护修复、加强环境综合治理、发展绿色环保产业以及资源节约集约利用等中等层面,以及其衍生的一系列相关的小层面共同作用的。绿色发展理念主要体现在建设工程中,而建设工程中往往易滋生腐败,应当在具体实践的过程中坚持党的领导,协调各个层面的监察委和纪检委工作,以最大限度防止腐败,确保国家资源充分用于绿色发展事业。特别注重集中精力和人力做实事,在整体体制上不断优化,高效率运用环境和高层次理解环境。

另外,针对区域地方个性化的特点,在绿色发展理念具体落实过程中应当因地制宜,灵活发挥区域优势。例如,湖州安吉传统的石灰岩石料开采产业对环境污染大、经济效益低,可以转型发展生态旅游业,充分发挥绿水青山的生态效益。

4.开放发展层面

当今世界正经历百年未有之大变局,国际经济合作和竞争局面正在发生深刻变化。一段时间以来,单边主义、贸易保护主义抬头,经济全球化出现一些逆流和回头浪,这为各国实行开放带来了一些新情况、新挑战。但经济全球化是当今世界发展的一种客观趋势,世界决不会退回到相互封闭、彼此分割的状态,开放合作仍然是历史潮流,互利共赢依然是人心所向。开放不意味着完全开放。

党的十九届五中全会通过的"十四五"规划建议,设立专章规划"实行高水平对外开放,开拓合作共赢新局面"。强调坚持实施更大范围、更宽领域、更深层次对外开放,依托我国大市场优势,促进国际合作,实现互利共赢。此外,对建设更高水平开放型经济新体制、推动共建"一带一路"高质量发展、积极参与全球经济治理体系改革等重大问题做出战略部署。我国市场较为广阔,我们需要以求同存异的态度面对,在贸易中,开放意味着我们是外向的,是主动的,而不应该被动地接受外来的意见。

5.共享发展层面

为中国人民谋幸福,为中华民族谋复兴,是中国共产党人的初心和使命。早在党的十八届一中全会上就明确提出,我们党领导人民建设小康社会、进行改革开放和社会主义现代化建设的根本目的,就是要通过发展社会主义生产力,不断提高人民物质文化生活水平,促进人的全面发展。① 检验我们一切工作的成效,最终都要看人民是否真正得到了实惠,人民生活是否真正得到了改善,这是坚持立党为公、执政为民的本质要求,是党和人民事业不断发展的重要保证。②

共享理念具有切实的集体性利益,是为了社会公平正义而存在的一项重要发展理念。共享发展不是平均主义,不能以平均主义的态度面对,这样只会重蹈覆辙,造成劳动力积极性的丧失和国家利益的切实损害。发展的根本目的是促进全民生活质量的提高和社会的进步,因此共享发展必然需要完善的法条作为引领和基础,从多个方面和层次上寻找适合的平衡点。随着我国经济社会的发展,在解决了十几亿人的温饱问题之后,人民美好生活需要日益广泛,不仅对物质文化生活提出了更高要求,而且在民主、法治、公平、正义、安全、环境等方面的要求日益增长。共建共享强调的是,人民群众既是改革发展成果的共享者,更是改革发展成果的创造者。③

(二)实践要求

1. 以人为本

对于新时代中国特色社会主义来说,新发展理念是相互贯通、相互促进的,是具有内在联系的集合体。习近平总书记把从根本宗旨把握新发展理念摆在完整、准确、全面贯彻新发展理念之首,强调为人民谋幸福、为民族谋复兴,这既是我们党领导现代化建设的出发点和落脚点,也是新发展理念的"根"和"魂"。只有坚持以人民为中心的发展思想,坚持发展为了人民,发展依靠人民,发展成果由人民共

---

① 陈理.深刻理解把握新发展理念的由来、内涵和要义[J].当代世界与社会主义,2021(3):4-21.

② 中共中央文献研究室.习近平关于社会主义经济建设论述摘编[M].北京:中央文献出版社,2017.

③ 陈理.深刻理解把握新发展理念的由来、内涵和要义[J].当代世界与社会主义,2021(3):4-21.

享,才会有正确的发展观、现代化观。① 作为统领和贯穿新发展理念的核心和灵魂,坚持以人民为中心体现了我们党全心全意为人民服务的根本宗旨和领导发展的根本目的。因此,我们在新发展理念落实过程中,需要把握的关键问题就是如何在实践运行结构中全面贯彻"全心全意为人民服务"的党的根本宗旨,使实践与思想能够切实统一。

党的十八届五中全会首次提出新发展理念的同时,还首次提出坚持以人民为中心的发展思想。两者同时提出不是偶然,而是根源于两者内在的紧密联系。从根本上说,党的十八届五中全会鲜明提出要坚持以人民为中心的发展思想,把增进人民福祉、促进人的全面发展、朝着共同富裕方向稳步前进作为经济发展的出发点和落脚点,深刻揭示了新发展理念的核心和灵魂,是习近平新时代中国特色社会主义思想鲜明的人民性的集中体现。坚持以人民为中心的发展思想,就像一根红线,贯穿创新、协调、绿色、开放、共享的新发展理念,集中体现了人民是推动发展的根本力量的唯物史观和马克思主义政治经济学的根本立场,鲜明地回答了发展为了人民、发展依靠人民、发展成果由人民共享等有关发展的重大问题。

新发展理念具体实践运行结构上,如何以积极灵活的方式应对复杂的实践环境是较为关键的,这需要充分理解新发展理念的核心与灵魂,以尽力规避实践运行结构中可能出现的错误。总之,坚持人民主体地位,坚持发展为了人民、发展依靠人民、发展成果由人民共享,是以人民为中心的发展思想的基本内涵和核心要义,也是新发展理念的出发点和落脚点。坚持以人民为中心的发展思想,是我们党对共产党执政规律、社会主义建设规律、人类社会发展规律认识的深化,与此同时较为深刻回答了我们发展的立场、发展的性质、发展的

---

① 习近平.把握新发展阶段,贯彻新发展理念,构建新发展格局[J].求是,2021(9):4-18.

方向,并且在这之中决定了发展思路、发展战略、发展政策、发展着力点,是推动实现更高质量、更有效率、更加公平、更可持续的发展,更好满足人民日益增长的美好生活需要的强大思想武器,也是新发展理念实践运行结构的关键所在。

2. 重视创新型人才培养

在马克思主义看来,人是生产力中最活跃的因素。科学技术是生产力要素中的重要因素,历史上的生产资料都是同一定的科学技术相结合的,[①]历史上的劳动力也都是掌握一定的科学技术知识的劳动力。马克思指出,生产力里面也包括科学,社会的劳动生产力,首先是科学的力量。恩格斯指出:"在马克思看来,科学是一种在历史上起推动作用的、革命的力量。任何一门理论科学中的每一个新发现——它的实际应用也许还根本无法预见——都使马克思感到衷心喜悦,而当他看到那种对工业、对一般历史发展立即产生革命性影响的发现的时候,他的喜悦就非同寻常了。"[②]马克思主义唯物史观高度重视人对历史发展的推动作用,也高度重视人在生产力发展中的地位和作用,强调人是其中最具决定性的力量和最活跃的因素,代表先进生产力的发展要求,尤其是掌握科学技术的人对生产力的推动作用。[③]

随着科学技术的发展,邓小平进一步提出科学技术是第一生产力的重要思想。一方面,强调科学技术的重要地位,强调实现现代化的关键是科学技术的进步。另一方面,强调要尊重知识、尊重人才,强调全党和全社会都要真正尊重知识,真正发挥知识分子的作用,逐步实现现代化。从中不难看出,具体的实践要求必然需要对应的人

---

① 陈理.深刻理解把握新发展理念的由来、内涵和要义[J].当代世界与社会主义,2021(3):4-21.

② 马克思,恩格斯.马克思恩格斯选集:第三卷[M].北京:人民出版社,1995.

③ 陈理.深刻理解把握新发展理念的由来、内涵和要义[J].当代世界与社会主义,2021(3):4-21.

才作为供给,方能顺利地解决科学实践中可能带来的问题,以及新发展理念中需要应对的措施,因此在探索新发展理念实践运行结构的过程中要重视创新型人才的培养。

三、新发展理念实践运行结构现状及存在的问题

(一)理论认识不充分

各方对于新发展理念中的五个理念及其内部逻辑关系认识不足,导致在运用中出现厚此薄彼的现象。因此,要深刻学习领会新时代党的创新理论,坚持不懈用党的创新理论最新成果武装头脑、指导实践、推动工作。只有深刻认识新发展理念,才能正确指导实践,完善实践运行结构。新发展理念的落实,不仅需要顶层设计创新,更需基层制度承接和社会意识自觉。

新发展理念中,创新、协调、绿色、开放、共享五个方面,具有目的方向和问题指向的一致性,聚焦于如何解决阻滞我国发展的问题与短板。其中,创新发展着眼于发展动力,协调发展注重发展方式,绿色发展着眼于发展的方向,开放发展着眼于发展的环节,共享发展着眼于发展的目的。

五个要素协调一致,形成一个完善的整体,才能够正确指导实践运行结构。新发展理念在实践运行上可以分为三个层次:第一层次是创新发展,作为发展的动力,居于运行结构的主导核心地位。第二层次是协调发展、绿色发展和开放发展,是发展的内化要求和实现路径。第三层次是共享发展,是发展成果的归宿。三个层次互为支撑,五个要素关联互动,方能构建完善的运行结构。①

但当前对于新发展理念还存在认识不充分、不彻底的问题。如

① 张乾元,谢文娟.论新发展理念的内在逻辑[J].中州学刊,2017(1):1-8.

创新发展方面,在中国制造向中国智造转变过程中,大量企业仍处于生产链中低端,依靠廉价劳动力优势,不重视科技创新;协调发展方面,城乡发展不平衡问题依然严峻,区域间发展缺乏协调互补意识;绿色发展方面,大部分地区仍将 GDP 增长作为单一指标,漠视环境保护;开放发展方面,部分地区进行地方保护,设置贸易壁垒;共享发展方面,社会保障体系不健全。各地政府对宏观政策引导和顶层设计的理解和落实存在不足。

(二)实践落实困难

建设新发展格局必须从各个环节、各个部门、各个领域全面畅通国内大循环,打通生产、流通、分配、消费等环节间的堵点,畅通产业循环、市场循环、经济社会循环,在更高水平、更高质量社会生产和再生产的循环中不断满足人民日益增长的美好生活需要。

新发展理念的落实有赖于多方主体工作关系的形成、信息共享机制的构建和相应评价反馈机制的确立。但在当前多方主体合作过程中,依然存在诸多实践困难,令国家宏观政策上的呼喊没能在基层实践中得到响应,暴露出新发展理念实践运行结构上的不足。主要包括以下两方面,即体制机制不够完善和技术条件限制。

1.体制机制不够完善

(1)多方合作机制缺乏。新发展理念的贯彻落实需要政府内部各部门、政府与企业、企业之间的通力合作,从官方组织到社会组织,这些跨部门的合作有赖于完善的运行结构。但是,目前即便是政府内部各部门之间的合作往往也存在体制机制之间的障碍,阻碍了新发展理念的实践运行。

一个地区内部的发展具有整体性,具体包括经济、教育、卫生、文化、环境等子系统,新发展理念的贯彻落实需要协调好各个子系统之间的关系。同时,也需要注重子系统与整体社会系统的关系,形成互相促进的和谐关系。

首先,是政府内部合作。新发展理念实践运行中需要各部门通力合作,然而当前政府内部同层级的各部门间的合作较为有限,各自职责权利相对独立,难以形成合力。由于合作机制的缺乏和数据共享政策的缺位,对于没有上下级关系的部门而言,原始数据仍留在本部门内部,数据分散无法得到统一管理。具有上下级关系的部门在面对庞杂的原始数据时,难以及时提取有效信息,加之对新发展理念理解的偏差,导致未能很好统筹各方关系。此外,财政机制的不合理以及领导者发展理念的落后等因素使得政府内部,无论在横向还是纵向的协作中,都难以形成合力,难以有效贯彻落实新发展理念。

纵向合作,以绿色发展为例。过去长期片面追求 GDP 的粗放型发展,导致部分地区在发展中一味追求经济发展速度而不顾社会代价,对自然环境造成恶劣影响。"十三五"规划纲要提出要坚持绿色发展,着力改善生态环境。然而当前由于政府各部门间合作机制建构的不完善,绿色发展理念的落实存在"踢皮球"现象。地方政府以 GDP 为导向的发展理念,使得地方政府领导下的环保部门的工作往往也为经济建设"中心"服务,存在执法无力的问题。而环境污染监控本身需要对大量数据进行分析,数据共享政策和合作机制的不完善,给环保部门的工作增添了阻碍,使得绿色发展难以落到实处。

其次,是政府与企业之间的合作。新发展理念的贯彻落实不仅仅需要政府内部协作,也需要政府与企业积极合作。政府与企业合作共治,有利于充分利用各种企业资源,协调各种社会关系,充分激发发展活力。通过交换资源、共享知识、互通有无、相互补足,依靠彼此的优势资源,通过相对平等的对话与协商,实现共同目标。

但是,目前政府与企业合作尚缺乏完善的体制机制。由于在社会管理中,政府与企业在地位上严重不对等,政府更多地处于主导垄断地位,使得企业在合作中往往处于被动边缘位置,在一定程度上打击了企业的合作积极性。

最后，是企业间的合作。当前企业间合作，逐步从传统的以生产为中心的模式向物流关系模式转变，供应链管理信息技术的作用越来越大，提高了对部门间、企业间合作沟通的要求。如何合理利用信息确定各项具体技术在供应链每个环节中的作用至关重要，不仅仅要考虑本单位的资源利用，还要兼顾合作企业的信息和资源，方能有效管理和协调，实现运行结构效益最大化。

供应链的各个环节上都存在信任问题，每个环节的各个节点都可能存在没有真正让供应链上所有成员共享全部信息的行为，[①]这给企业间的合作带来了阻碍。以生鲜产业为例，从产品生产、加工、运输到消费者手中，可能存在供应商供货质量参差不齐、商家提供虚假信息、各环节信息准确性与透明度不高等问题，这都会影响产品的最终质量。

（2）评价反馈体系落后。新发展理念的实践运行，不仅仅需要合作运行平台的构建，还需要评价反馈体系的配合。目前，对于新发展理念的实践运行情况缺乏科学量化的评价体系和配套的绩效考评制度及激励机制。

多数地方政府考核机制存在问题，将 GDP 增长作为核心指标，忽视弱化了其他发展指标。新发展理念对于社会持续健康发展具有长远价值，落后的评价反馈体系不利于其实践落地。尤其是当发展理念与短期经济利益冲突时，更需要一定的激励机制推动新发展理念的落地。

地方财政结构存在缺陷，基层政府承担了与财政收入不对称的事权，导致只能想方设法增加财政收入。由于人事调动，领导班子发展规划理念不一致，仅有短期计划，缺乏长远布局。因此对于需要长期投入的创新发展事业，抑或是短期经济效益较低的绿色发展，缺乏

---

① 存曲霏，邓敏慧.区块链技术在生鲜电商领域的应用研究[J].内江科技，2021，42(7)：44-45.

财政支持。

监督管理体系存在漏洞。会计监督是我国重要的经济监督方式之一,但传统会计监督存在诸多问题,引发偷税漏税、国有资产流失、会计信息失真等问题,越来越阻碍企业和市场经济的稳步发展。我国的审计系统包括企业、政府和注册会计师三大审计主体,三方充分发挥协同优势和联动效应,[①]共同对经济活动的真实性、合法性和效益性进行监督、评价和鉴证。审计过程中,需要建立信息共享系统,信息数据的真实可靠是各主体开展审计工作和进行决策的基础与依据。政府审计与纪检监察、财政等部门进行及时的信息收集、汇总与沟通,加强对有关部门执行责任和监管责任的监督,为跨部门、跨区域的自然资源项目的审查和监管提供技术支持。[②]

2.技术条件限制

(1)数据共享平台建设滞后。《国家电子政务"十二五"规划》提出要加强电子政务统筹规划和顶层设计,解决部门职能条块矛盾突出、信息共享和业务协同不够完善等问题。建立电子政务规划、预算、审批、评估综合协调机制,加强对电子政务建设资金投入的审计和监督。明确已建、在建及新建项目的关系和业务衔接,逐步形成统一规范的电子政务财政预算、基本建设、运行、维护管理和绩效评估制度。

"十二五"以来,通过统筹国家政务信息化工程建设,政务信息系统整合共享在局部取得了积极成效,但未能从全局上和根本上解决长期以来困扰我国政务信息化建设过程中各自为政、条块分割、信息孤岛问题。长期形成的政府部门的条块分割问题,使得政务信息跨部门共享困难,信息孤岛现象严重。

---

① 李悦,郑清华.区块链技术对财务会计领域的影响探析[J].广西质量监督导报,2021(6):120-121.

② 唐勇军,赵梦雪,王秀丽.我国自然资源审计的理论框架与实践路径——基于五大发展新理念的思考[J].南京审计大学学报,2018(2):16-24.

相关法律法规的缺失,阻碍了数据共享平台建设步伐。我国未在国家层面建立起完善的政府信息资源管理法律法规体系,政府即便掌握了大量的有用信息,但信息仅仅保存在政府部门内,各级政府和各部门间无法共享共用。部门之间信息共享水平仍然较低,协同办公能力有待提高,缺乏权威的协调机构与有力的协调机制。

政府部门间信息资源共享主管部门的缺位,使得信息共享的落实面临层层阻碍。电子政务信息共享必然会涉及电子政务与传统政务的冲突,并具体表现为传统行政体制与管理模式障碍。传统政务由于职能所赋予的权力是按照条块方式划分的,各级政府部门往往各自为政,所采集的信息资源往往会形成垄断,有效的信息共享制度和机制无法建立。推进电子政务信息共享必然要求政府管理模式由传统集权方式走向分权民主方式,原有的金字塔式的权力模型被打破,取而代之的是扁平化的权力结构。而这一改革过程是缓慢和艰辛的,政府官员当中存在的短视和官僚主义作风也会阻挠数据共享平台的建设,甚至认为数据是部门权力的象征,如果共享给其他部门容易造成部门利益受损,这种利益化思想加大了政府部门间信息资源共享的博弈成本。另外,由于缺乏统一规划和管理,信息资源多头采集、重复建设、浪费巨大。[①]

(2)信息共享缺乏安全保障。新发展理念实践运行结构的运行,有赖于多方主体间的合作配合,其中数据的共享是合作配合中的基础。然而当前受技术条件的限制,多主体间由于缺乏信任而难以达成合作,互联网加速社会协作的同时,形成了数据孤岛,产生了巨大的信任鸿沟。在目前的大数据生态中,私密且中心化的数据库结构无法解决价值转移和互信问题。

在多方参与的复杂系统中,各参与主体的利益追求差异导致各主体之间存在复杂的博弈关系,而当前技术条件难以确保数据

---

① 查先进.电子政务信息共享的障碍及对策研究[J].江西社会科学,2006(7):45-49.

流通的安全,使各方难以互相信任和达成合作。数据孤岛是交易市场零和博弈的产物,数据生产者、数据垄断者和数据使用者出于不同的利益诉求而使得数据交流受阻。数据生产者,出于自身数据被转移、滥用和隐私保护的考量,缺乏数据分享动力;数据垄断者,即各大运营商为追求利益最大化而建立起数据壁垒;数据使用者,因为数据使用权的成本高昂,为保持数据秘密性和独有权而割据数据。

即使是政府内的数据开放共享率也较低,各地域、部门和层级之间不同程度地存在着壁垒。区域利益壁垒、部门条块分割、层级沟通不畅导致政府间的数据开放共享程度低、协同水平差,难以适应新发展理念下开放共享的运行结构需要。[1] 政府系统内的数据兼容性较差,缺乏统一的数据标准和访问方式,导致单个部门业务系统内的数据难以快速复制及运用到其他部门。[2]

我国在与数据共享平台相匹配的电子签名、电子认证等技术方面的整体研发能力还十分薄弱,信息技术标准化建设更是相当落后。缺乏自主知识产权和统一标准的电子政务系统,无法满足各方信息共享的安全保障需求。

四、运行结构中各发展理念现状及问题

(一)创新

创新是引领发展的第一动力,其在新发展理念实践运行结构中处于核心地位。创新发展重在立足科技创新、依托创新驱动、依靠创

---

[1]　戚学祥.区块链技术在政府数据治理中的应用:优势、挑战与对策[J].北京理工大学学报(社会科学版),2018,20(5):105-111.

[2]　周茂君,潘宁.赋权与重构:区块链技术对数据孤岛的破解[J].新闻与传播评论,2018(5):58-67.

新人才、占据创新高地,形成完善的创新体制。

我国创新发展目前面临的主要问题是产业整体创新能力不强,尚未掌握部分核心技术,产业链、供应链自主可控能力弱。高端产业和核心产品对国外品牌依赖性高,部分产业长期被国外垄断,客户对国内产品不信任,造成国内产品难以顺畅进入市场循环体系,得不到充足的市场应用和验证提升机会,国内产业长期被锁定在中低端,陷入同质化竞争和价格战。在同质化竞争中,造成行业资源浪费,不利于产业战略布局。而价格战中利润下降,不利于吸引人才和产品开放,陷入恶性循环。

由于创新发展是一个需要开放、转化和积累的长期过程,因此对国家经济增长的贡献具有一定的滞后性。财政对创新发展的投入无法立刻转化为现实经济价值,科技创新转化为生产力也需要不断的尝试和探索,导致政府创新资源投入与经济发展存在脱节。我国多数民营企业也并未认识到创新的重要性,仍满足于传统的发展路径。仅有部分知识资本密集型企业重视创新发展,并有足够的能力投入大量人力和财力进行科技创新。大量的传统制造产业仍缺乏具有自主知识产权的核心技术,处于价值链的最底端。因此需要政府创新资源的支持,以激发创新动力。

但目前我国激发企业创新活力、支持企业创新发展的行政考核评价体系、政府财政投入方式以及税收激励政策等政策体系建设尚不完善,通过财政补贴的方式激励企业创新的政策在分配公平性和资金流向监管上均存在问题。在创新资源配置公平性上,存在分配欠公平和信息未公开等问题。创新激励机制的门槛设置不合理,以及政策的欠完善使得民营企业难以获得足够的创新补助。垄断企业和国有企业依靠自身资源对民营企业及其他创新主体进入市场造成阻碍,不利于公平的市场竞争和充分激发企业创新活力。此外,部分企业为追求短期利益的最大化,以"科技研发""创新投入"的名义成立专项部门,骗取政府财政支持,用以弥补利润的不足和亏损,导致国家和地方的科技创新投入未能充分得到利用，创新发展政策未能真正落实。[①]

（二）协调

协调是持续健康发展的内在要求，着力于城乡、经济、人口、环境、信息化、城镇化、新型工业化等关系的同步发展，在更广的意义上还包括协调物质、精神、政治、社会、生态五大文明间的关系。

当前我国协调发展程度不高，区域和产业发展不平衡，各区域受自然条件、交通条件、劳动力素质等条件限制，经济发展水平不一，而行政割据的管理体制和信息交互不充分又加剧了这种不平衡。

各区域在实施经济开发计划中，仅仅考虑自身需要，而没有注意到与邻近区域发展的协调和优势的互补。其结果是各区域间资源和生产要素不能合理配置，导致产业和区域经济发展不平衡。

（三）绿色

绿色发展是持续发展的必要条件和满足人民日益增长的美好生活需要的重要体现，意在建设自然和谐共生的生态文明制度，推动形成绿色发展方式和生活方式。

过去我国长期片面追求 GDP 的粗放型发展，部分地区忽视了环境保护，造成自然资源的过度开采，一味注重速度而不顾环境代价的做法对社会生态环境造成了严重破坏，使得中国能源、资源不堪重负，造成大范围雾霾、水体污染、土壤重金属超标等突出环境问题。经济进入新常态后，我国发展模式亟须从粗放的低成本驱动阶段转向以创新、集约为特征的新动能阶段，[②]破除唯 GDP 的发展理念，贯

---

① 魏江，李拓宇，赵雨菡.创新驱动发展的总体格局、现实困境与政策走向[J].科技与经济，2015(5)：58-67.

② 王辉龙，洪银兴.创新发展与绿色发展的融合：内在逻辑及动力机制[J].江苏行政学院学报，2017(6)：34-40.

彻落实绿色发展理念。

我国绿色发展的激励机制缺失。绿色环保技术的开发与使用是一个不断更新和探索的过程,短期内很难带来巨大的经济收益,发展理念的转变以及对新技术的接受和使用也需要一定时间,[①]这都需要相应的激励机制支撑。欠完善的激励机制,使得探索尝试绿色环保技术的企业承担了较高的成本,打击了其绿色发展的积极性。

绿色发展的考核方案和监督体制欠完善。以 GDP 为导向的政府和官员政绩考核机制决定了发展经济是各级政府的首要任务,但由于地区领导班子变动调整,区域发展规划难以从一而终。绿色发展需要长期投入和坚持的,应当列为党政干部政绩考核重要指标,成为领导干部的责任。

地方财政体制存在缺陷。在当前财政分权体系下,地方政府事权和财权严重不对应。地方政府下的环境保护部门,对关系经济指标的污染型工业项目做出处罚时,往往面临很大压力,难以将监督和处罚落到实处。

监管机制欠完善,未能突出源头治理和全过程监管。利益相关者难以参与环境监督,不利于环境监管标准的落实。

(四)开放

开放是国家繁荣发展的必由之路,开放发展理念意在解决开放内外联动问题,拓展对外开放视野,开创对外开放新局面,形成深度融合、互利合作的开放格局。

我国长期坚持对外开放,取得了举世瞩目的成就,同时也存在一些问题。例如,整体贸易结构失衡,进口速度、结构和效益长期被忽视,出口产品中具有自主知识产权的比重较低,处于加工组装等低端

---

① 梁慧超,周璇.新发展理念指导下乡村产业振兴对策研究[J].晋中学院学报,2019,36(6):34-38.

环节,商品质量、档次和附加值低,仍停留于粗放式的竞争方式。

对外开放需要面对跨国合作与竞争。在跨国合作上,主要面临制度差异和信任危机两方面挑战。制度和文化差异对跨国合作组织间的信任建立具有重要影响,制度差异影响信任者倾向,文化差异影响归因过程和可信赖性感知。信任危机会给跨国合作带来很大的障碍和更高的成本。

在国际竞争上,面临创新能力不足的窘境。在国内市场,外资企业凭借雄厚的资金、先进的研发优势、强势的品牌效应以及科学的管理模式,对我国的市场形成强有力的冲击,挤压着以中小企业为主的国内民营经济发展空间,使得如何平衡对外开放和国内市场保护成为难题。在国际市场,发达国家及跨国公司凭借研发优势和高精尖技术,形成了高度垄断的国际贸易和投资新规则,令中国企业在国际竞争中处于被动地位。不公平竞争及贸易壁垒,使得中国企业在"走出去"的过程中受到严重制约。

(五)共享

共享是中国特色社会主义的本质要求,其注重解决社会公平正义问题。因此,要提供各种有利条件,探索确保共享主体共同参与社会劳动的体制机制,让广大人民群众共享改革发展成果。

当前社会保障体系和收入分配制度,在共享发展成果上,与人民群众期待还有较大差距。收入分配、城乡、地域和行业间均存在较大差距。在初次分配和再分配上,调节力度和范围有限,税收政策对于收入分配的调节作用不足。[①] 一方面,我国一般性转移支付的比重仍然偏低,同时地区间转移支付的差异较大,难以提供均等化的公共服务;另一方面,均衡性转移支付缺乏科学的管理体制和有效的制度创

---

① 杨思飞.我国现阶段收入分配的主要问题及对策[J].未来与发展,2017,41(10):6-9.

新,因此,对消除地区间财政差异与推进基本公共服务均等化的效果有限。

在社会保障体系中,基本养老金制度和基本医疗保险是惠及面最广、所需资金量最大、社会公众最为关注的两个项目。由于历史和现实的诸多因素,目前对这两项制度依然采用分类保障的办法,即工薪劳动者与其他社会成员采用不同的制度,分别是职工基本养老保险制度、城乡居民基本养老保险制度和职工基本医疗保险制度、城乡居民基本医疗保险制度。[①] 这样的制度安排扩大了两个社会群体之间的收入差距,使得整个社会保障体系在收入再分配方面的正面效应大打折扣。更值得重视的是,国家对这两个项目的财政资金也有明显的偏向,产生了负面效应,这与财政补助应遵循的一般原则相悖。事实上,多年来国家财政对职工基本养老保险制度的补助量,无论从总量还是人均看,都显著高于对城乡居民基本养老保险制度的补助。

第三节　区块链组织思维对新发展理念实践运行结构的优化

一、区块链组织思维对新发展理念内涵的丰富

(一)新发展理念的内涵

1.继承和扬弃、探索中的创新发展

继承和扬弃中创新。创新不是割断事物发展的历史,不是完全摒弃原有的东西,而是根据社会体制转型期的新情况、新问题、新需

---

① 何文炯,潘旭华.基于共同富裕的社会保障制度深化改革[J].江淮论坛,2021(3):279-282.

求,顺应当代社会新特征和新常态,在继承和扬弃中实现理论创新、制度创新、科技创新、文化创新等各方面创新。

探索中创新。中国的社会主义现代化建设,既有共性也有个性。中国特色的社会主义政治、经济、文化的建设,内蕴了我国经济社会发展的独特性,所以,我国亟须深化对共产党执政规律、社会主义建设规律、人类社会发展规律的认识,形成深化改革开放新的历史条件下治国理政的新理念、新思想和新战略。面对我国经济社会发展国内外环境、条件、任务、要求等方面发生的新变化,需要认识、把握、引领新常态,提出合理的新思想、方向性的新思路和切实可行的新举措,形成创新的体制架构。通过理论创新、制度创新、科技创新、文化创新等各方面创新,增强社会发展动力。

2.整体与部分的系统性、整体性协调发展

社会是由多种要素构成的相互联系、相互依存的有机统一体。社会系统各要素的相关性、整体性、有序性,奠定了整体与部分系统性、整体性协调发展的理论基础。社会机体作为一个由不同部分组成的系统,具有整体性。社会系统的整体与部分是不可分割且相互依赖和相互作用的。整体统帅部分,统筹全局;部分影响整体,尤其是关键部分的功能及其变化对整体具有决定性作用。社会的发展,需要协调好整体与部分的关系,既要把握社会发展的全局,制定社会统一的大政方针,也要注重发挥关键部分的功能和作用。社会财富创造过程中"蛋糕"如何进行公平分配,现代化过程中如何避免城市与农村发展的失衡等,都是社会发展的关键部分和重要环节。因此,在社会结构调整中,既要注重解决整个社会系统政治、经济、文化发展中的失衡问题,也要注意处理好社会阶层的流动与稳定问题,还要调整好经济结构各要素之间的矛盾问题。

3.人与自然和谐的绿色发展

绿色发展理念,要求确立资源和环境在经济发展中的重要地位和首要价值,以经济发展目的性、生态环境承载力统领社会经济发展的方式和生产效率,即在节约资源和保护环境下保持和提高经济发展速度和效益,不以单一的经济增长、经济绩效为主导,突破高科技、高消费时代经济发展与资源节约、环境保护的两难困境,促进人与自然和谐发展,避免重蹈过去那种偏重经济发展速度而牺牲环境的单纯 GDP 发展模式的覆辙。

绿色发展观是破解我国经济可持续发展中社会生产、经济增长与资源节约、环境保护发展难题的关键。生产对资源的消耗及其污染环境产生的负外部性,既可以伴随"增产型"科学技术的发展、生产规模的扩大、生产能力的提高、社会成员过度消费和缺乏环保意识而加剧,[①]也可以伴随"环保型"科学技术的发展、节约能源、开发新能源、健全环保节能的政策和措施及其提高全民的环保意识而缓解。因此要对科学技术及其发明创造进行环境评估,反对为缓解眼前经济下行压力、追求暂时经济增长而大量开采和消耗资源的粗放型生产或放任环境污染的做法,让人民过上好日子,有较高的幸福指数,实现绿色发展。[②]

4.深度融入世界经济和参与全球治理的开放发展

经济全球化是当代世界经济的重要特征之一。坚持开放发展,就是要在深度融入世界经济中,重新构建我国在世界经济体系中的地位。一是顺应经济全球化发展的趋势,在商品、资本、技术、信息、人力等生产要素的跨国流动中,加强对外贸易,保持我国固有的优势,并在创新发展中,增强我国核心技术的竞争力,发展更高层次的开放型经济。二是积极参与全球经济治理和公共产品供给。三是转变过去我国在全球经济治理体系中制度性话语权弱化的局面,积极

---

① 王淑芹.正确理解五大发展理念的内涵和要求[J].思想理论教育导刊,2016(1):75-78.

② 王淑芹.正确理解五大发展理念的内涵和要求[J].思想理论教育导刊,2016(1):75-78.

寻找和主动搭建参与全球经济治理规则建构的渠道和平台,提高我国在世界经济体系中制定规则的能力,确立我国在世界经济体系框架中新规则制定的地位。

新时期的开放发展,绝不仅仅是我国经济深度参与全球化的资本市场、技术市场、人力市场等,也不仅仅是为世界经济发展提供公共产品,而是要确立我国在全球经济治理体系中平等对话与决策地位,成为世界经济体系规则的重要制定者,实现我国从过去与世界经济"接轨"到未来为世界经济"铺轨"的转变。

5.人民公平享有经济发展成果的共享发展

我国的社会主义,既具有作为人类社会发展较高阶段的特征,也具有作为社会主义初级阶段的特征。一方面,应尽量减少阶层固化而形成的贫富分化,要运用经济变量、社会互动变量和政治变量,促进社会阶层的自由流动,使社会成员能够公平地享有经济发展成果。另一方面,社会主义社会初级阶段的不完美性,在一定程度上又决定了社会成员享有的经济发展成果不是完全均等的,而是受制于市场经济的初次分配的效率原则的影响,倡导和实行社会成员的差异性共建共享。总而言,共享发展,就是造福人民。[①]

共享发展,需要社会制度系统支持。既需要大力宣传教育,也需要通过制度安排,保障社会成员的机会和权益,使社会成员真正能够享受到经济发展成果。坚持共享发展,首先,需要建立和完善社会成员应有权益的保障制度。把人民"应得"的利益在制度设计和安排中规定出来,并赋予相应的救济制度,使人民能够维护自身应得利益。其次,破除影响人民共享发展成果的制度性障碍。当前,社会成员存在"机会贫困"和"权利贫困",易导致社会阶层的固化,使得部分社会成员难以凭实力进行公平竞争,如城乡优质教育资源失衡等。最后,

---

① 王淑芹.正确理解五大发展理念的内涵和要求[J].思想理论教育导刊,2016(1):75-78.

建立和完善促进人民共享社会成果的评价指标体系。要把共享发展理念变成指导各级政府工作的纲领和目标,将其切实贯彻落实到各级政府的实际工作中,把人民应得的利益纳入政府的绩效考核指标体系中,从而避免理念好、制度空转的现象。共享发展,不仅会增加社会热情、凝聚社会力量,而且在国际社会中会形成积极的外溢效应,凸显中国特色社会主义建设的成就。

(二)组织思维注入新的内涵

1.系统性观点

习近平总书记在省部级主要领导干部学习贯彻党的十九届五中全会精神专题研讨班开班式上指出:"新发展理念是一个系统的理论体系,回答了关于发展的目的、动力、方式、路径等一系列理论和实践问题,阐明了我们党关于发展的政治立场、价值导向、发展模式、发展道路等重大政治问题。"①这表明新发展理念是从理论与实践相结合的层面上构成的一个完整系统,体现着具有总体性与全局性的系统思维方法论。

总体性方法论是马克思主义的根本方法论原则之一,它从对世界整体性存在的把握入手,将社会发展的因子存在及构成世界运行体系的经济政治文化发展规律纳入总体的历史发展过程中加以考察。因此,坚持系统观念,体现总体性方法论原则是新阶段贯彻落实新发展理念新的思维方法,主要体现在以下三个方面。

第一,坚持系统观念,需要统筹"两个一百年"奋斗目标,实现两者的有机衔接与接续推进。在新发展理念指引下,直面发展瓶颈、转换发展动能、厚植发展优势,确保了全面建成小康社会任务如期完成。因此,在新发展阶段,新发展理念应充分考虑更长远的发展要

---

① 习近平在省部级主要领导干部学习贯彻党的十九届五中全会精神专题研讨班开班式上发表重要讲话[N].人民日报,2021-01-12(1).

求,进一步统筹前后两个发展时期,系统地针对不同发展时期所面临的结构性、周期性、体制性问题,推动我国发展不断保持新动力、平衡新结构,促进人与自然和谐共生,推动人的全面发展,实现共同富裕。

第二,坚持系统观念,需要兼顾国内国际两个大局,推动两者之间的良性互动与相互促进。一个是中华民族伟大复兴战略全局,另一个是世界百年未有之大变局。前者是国内大局,后者是国际大局,这"两个大局"相互交织、相互激荡。因此,在新阶段贯彻新发展理念必须进一步统筹好"两个大局"的关系,继续坚定创新导向,加强科技自立自强;以协调为支撑,积极畅通国内国际双循环;以绿色为原则,促进经济社会发展全面绿色转型;以开放为依托,最大限度地构建更高水平的对外开放,最大限度地展现中国对世界的重要作用;以共享为导向,为世界提供优化全球治理的中国智慧和重塑世界秩序的中国力量。

第三,坚持系统观念,需要整合新发展理念。作为一种整体化的系统理论,新发展理念系统指出了发展的动力、结构、方式、路径与目的等一系列发展的核心要素,这些要素相互联结、互为依靠,构成了一整套脉络清晰、逻辑严密的有机整体,彰显了其系统性与全局性的思维本色。新发展理念分别从发展的动力、结构、方式、路径与目的方面回答了"根本性、全局性、长远性"问题。在新发展阶段,发展所面临的问题将更加复杂,需要进一步强化全局视野和系统观念,对新发展理念进行统合研究。具体来看,一是要坚持强化新发展理念的结构系统性,将新发展理念视作各要素相互作用、互为依靠的结构系统,注重利用好该结构内部各要素、各级系统之间相互融合、高度耦合与协同支撑的发展合力,更加全面彰显新发展理念的系统性样态。二是要坚持树立新发展理念的实践系统性。新发展理念要聚焦国内国外发展大局,通盘考察经济社会发展的方方面面,去除以往对社会发展的单一性与片面性认识,从更加多维的角度推进社会的整体升级。三是要坚持树立新发展理念的价值系统性,"以人民为中心"是新发展理念的根本旨归,更应成为发展的标准之基。

2.合理的组织架构

新发展阶段的历史基点是全面建成小康社会、实现第一个百年奋斗目标,其核心任务是全面建设社会主义现代化国家并向第二个百年奋斗目标进军。在这样的时代背景下,新发展理念的时代要求即实现中华民族从富起来到强起来的历史性跨越、实现中国从大国到强国的历史性变革、实现中国社会经济发展从局部现代化到全面现代化的历史性发展,为最终实现中华民族伟大复兴中国梦提供发展理念指引。

党的十九大指出:"中国特色社会主义进入新时代,我国社会主要矛盾已经转化为人民日益增长的美好生活需要和不平衡不充分的发展之间的矛盾。"社会主要矛盾的转化从生产力角度与人的需要角度揭示了我国社会经济发展的变革。一是生产力层面的转变,即由过去"落后的社会生产"转变为"不平衡、不充分的发展"。二是人的需求层面,即人民对"物质文化"的需要变为对"美好生活"的需要,这一转变既体现了人民需要的内涵扩展,也体现了人民需要的层次延伸。社会主要矛盾的转变对新发展理念提出了新的任务与要求:一方面,针对高质量发展,推进供给侧结构性改革,着力解决发展"强不强"的问题;另一方面,针对发展满足人民"主体性价值期望",针对人民需要更加丰富、多元的发展趋势,着力解决发展"好不好"的问题。

实现全面性、全局化的现代化,实现从富起来到强起来的历史性跨越是新发展阶段对新发展理念的又一时代要求。全面建成社会主义现代化强国要求从发展的根源上解决强国之路中的发展质量问题、发展层次问题、发展模式问题与发展动力问题,这些问题与导向实际上都是通往强国之路的"供给链",是引领我国真正强大起来的实践方略。新发展阶段的现代化是要求更高、程度更高、标准更高的现代化,是着眼于国家治理体系与治理能力的全局性现代化,是突出以人民为中心的价值向度的高层次现代化,是涉及经济、政治、文化、社会、生态文明"五位一体"的、更加全面的现代化。新的时代要求决定了新发展理念的落实必然以推动高质量发展为主题,必然以现代化向纵深发展、产业结构向高级化演进为方向;必然以深化改革为根本抓手,以创新为第一动力;必然以从实现物的现代化到实现人的现代化乃至实现共同富裕为主线;必然以强国梦、复兴梦的实现作为根本指向。

3.统筹兼顾的方法论

准确理解加快构建新发展格局战略,需要做到以下"六个统筹"。

一是统筹发展与安全。在加快构建新发展格局中要统筹好发展与安全的关系。安全是发展的前提,发展是安全的保障。把安全发展贯穿国家发展各领域和全过程,统筹好发展与安全这两件大事,做好应对任何情况下和任何形式的矛盾风险挑战的准备。

二是统筹国内与国际。新发展格局绝不是封闭的国内循环,而是开放的国内国际双循环,畅通国内大循环,以国内促国际,可以为其他国家提供更广阔的市场机会,在促进全球包容性增长中维护经济全球化。[①] 同时,参与国际大循环,以国际促国内,将进一步增强国内国际经济联动效应,推动我国成为吸引国际商品和要素资源的巨大引力场。国内国际双循环相互促进将使我国既深度参与国际分工,又牢牢掌握发展主动权,实现安全与发展的相互增进。

三是统筹改革与开放。当前形势下,构建新发展格局要善于运用改革思维和改革办法,统筹考虑短期应对和中长期发展,既要在战略上布好局,也要在关键处落好子。以深化改革激发新发展活力,以高水平对外开放打造国际合作和竞争新优势。

四是统筹消费与投资。构建完整的内需体系,关系到我国长远

---

① 马建堂.完整、准确、全面地把握新发展阶段 贯彻新发展理念 构建新发展格局[J].发展研究,2021,38(6):6-18.

发展和长治久安。要建立起扩大内需的有效制度,释放内需潜力,加快培育完整内需体系,加强需求侧管理,扩大居民消费,提升消费层次,建设超大规模国内市场;不断释放被束缚的消费潜力和有效投资,以强大内需为基点实现国内国际双循环相互促进和经济高质量发展。[①]

五是统筹自主创新与开放创新。加快构建新发展格局的重要一点是突破西方国家对中国的科技围堵,要建立与社会主义市场经济体制相适应的新体制,实现科技的自立自强。同时,也要坚持开放创新,主动和国际社会进行交流,加强国际科技交流合作。

六是统筹全局与全部。构建新发展格局在于全国统一的大循环,而不是各个地区的小循环。各地区都要找准自己在国内大循环和国内国际双循环中的定位,从客观实际和产业基础出发,各部门都要凝心聚力、全力以赴。

二、区块链组织思维对新发展理念实践运行结构优化的方式

新发展理念的实践运行,一般要通过决策、执行、监督、考评、奖惩一体化的"落实链条"。以下分为三部分论述区块链组织思维对其运行结构的优化,分别是决策上的顶层设计、执行上的合作机制建设、监督考评奖惩方面的配套制度。

(一)顶层设计

区块链组织思维对新发展理念实践运行结构的优化,需要从顶层设计上完善运行结构的组织性和系统性。顶层设计,是运用系统论的方法,从全局的角度,对某项任务或者某个项目的各方面、各层

---

① 马建堂.完整、准确、全面地把握新发展阶段 贯彻新发展理念 构建新发展格局[J].发展研究,2021,38(6):6-18.

次、各要素统筹规划,以集中有效资源,高效快捷地实现目标。首先,应将新发展理念的目标细化,明确要求;其次,从中央层面统筹宏观政策;最后,要广泛收集数据作为决策依据,以不断完善顶层设计。

1.细化目标建构模型

前文已经对新发展理念实践运行结构进行了大量分析,对其的优化需要中央以政策工具推进。以新发展理念作为指挥棒,建设创新引领、协同发展的产业体系,建设统一开放、竞争有序的市场体系,建设体现效率、促进公平的收入分配体系,建设彰显优势、协同联动的城乡区域发展体系,建设资源节约、环境友好的绿色发展体系,建设多元平衡、安全高效的全面开放体系,充分发挥市场作用,更好发挥政府作用。[①]

在顶层设计上应当以新发展理念为依据,构建目标架构的参考模型以进行系统分析。参考美国联邦企业架构(FEA),其分别从绩效、业务、服务、数据、技术五个角度描述了政府顶层架构。其中绩效参考模型是政府业务目标导向,位于最顶层,提供了一套绩效评估的标准框架;业务参考模型是电子政务"电子化"过程的驱动,从政府职能视角提出一种旨在完善联邦政府业务线的框架,避免机构业务之间相互孤立,便于机构发现相互协作的机会;服务构件参考模型用于建立业务参考模型和技术参考模型之间的映射关系,它提供了电子政务服务域横向业务线共有或常用的功能模块,便于实现部分业务重用,共包含用户服务、业务流程自动化服务、业务管理服务、数字资产管理服务、业务分析服务、内勤服务和支撑性服务七大领域的通用构件。数据是由业务过程产生的,因此数据参考模型与业务参考模型紧密结合,提供了一系列标准规范,旨在实现数据跨机构识别和共享。顶层设计模型化,有利于提升新发展理念实践运行结构的系统

① 刘伟.习近平新时代中国特色社会主义经济思想是历史与思想、理论与实践的逻辑统一[J].中国高校社会科学,2018(2):15-20.

性,以对各要素进行量化分析,使优化方向和效果有据可依。

2.中央统筹规划设计

新发展理念实践运行结构的优化,需要国家主管部门从宏观的战略高度入手,进行整体规划设计,统筹各方力量为新发展理念的落实创造环境和条件。一方面,推进电子政务系统建设;另一方面,深化行政体制改革。

随着大数据时代的到来,实践运行结构离不开电子政务系统的建设。过去的电子政务系统建设缺乏统筹规划和有效协调,使得项目之间彼此孤立、缺乏合作,出现信息孤岛现象,往往面临数据整合困难和服务难以衔接的问题。因此,避免重复投资,促进互操作和跨部门协作,需要中央进行统筹规划和推进,为新发展理念的完善提供坚实的基础设施。

深化行政体制和管理模式改革与创新。在政府日常工作行为中,政务信息垄断现象相当严重。我国无偿采集宏观市场信息的行政权力通常为政府所专有,而不允许其他社会公众或经济组织介入。而如果政府利用无偿获取的信息参与增值服务,或者在分配信息时采取非透明性和歧视性做法,必将带来不公平和不公正问题,引起社会的强烈不满。以区块链发展为契机,将行政体制和管理模式的改革与电子政务信息共享解决方案的创新紧密地结合起来,可有效提供交互式服务。通过深化改革现行行政体制和管理模式,形成扁平化的分权民主权力模式,将有助于高效地共享政务信息,加快政务信息传递和反馈的速度,真正实现政府与全社会公民共同参政议政的目标。但这并不意味着将现有的政府管理运作的框架简单地搬到网络上,[①]而要按照电子政务的内涵要求对原有的政府职能进行重组,形成新的运行机制。注重跨部门的信息共享和业务协同,以服务新

---

① 刘伟.习近平新时代中国特色社会主义经济思想是历史与思想、理论与实践的逻辑统一[J].中国高校社会科学,2018(2):15-20.

发展理念的实践落实。

3.收集数据完善决策

社会实践环境是不断变化发展的,形成初步顶层设计后,需要不断收集数据作为决策依据,完善配套措施。对国家重大政策及重点项目进行全过程审计,将审计介入时间前移至配套措施制定阶段;对于重要程度、紧急程度及复杂程度相对较低的政策项目,可将政策执行情况审计作为重点,并在此基础上将审计向前追溯至配套措施制定阶段,向后延伸至政策终结阶段。及时对政策的配套措施做出评估,从而保证配套措施的政策一致性与可行性,[①]即各级政府或部门制定的配套措施与中央或上级的政策保持一致,评估其制定依据的合理性和可行性,即配套措施是否能反映当地的实际情况、是否符合事物发展的客观规律。政策落实跟踪审计,通过对配套措施的及时评价与跟进,能及早感知风险,提供建设性和前瞻性建议,以不断完善新发展理念实践运行结构的顶层设计。

(二)合作平台

前文对实践运行结构理想化状态下的构建,以及与现行运行结构存在问题的对比表明,我们应当探索现行制度体系下区块链组织思维对新发展理念实践运行结构的指导方式,以更好地统筹协调新发展理念的实践落实。

中国正处于经济体制改革的攻坚时期,不论是社会生产还是人民生活都发生了巨大变化。尽管当前的社会管理体制不同于转型前的"强制性制度供给",能够更多地考虑人民需求,但是仍然遗留了一些传统管理的强制性色彩,使得实践效果并不尽如人意。区块链的出现并且创造的节点平等发展的思维方式,为社会治理模式的改革

---

① 马志娟,曾雨.环境政策落实跟踪审计:作用机制、存在问题及完善路径[J].财会月刊,2020(1):105-109.

提供了重要契机,这种转变也在很大程度上帮助新发展理念更好地落实。另外,区块链诞生和发展于大数据时代,因此数据模式优化以及合作也将是优化新发展理念实践运行结构的关键。

对大数据背景下新发展理念实践运行结构的优化,需明确以下现实问题:首先,社会管理多元主体格局尚未形成。其次,管理部门数据资源共享程度低,导致重复数据统计现象严重,横向数据整合系统缺乏,社会监测体系和预警系统不完善。最后,政策碎片化且执行力低。

以下从区块链组织思维视角,在政府治理平台建设方面对新发展理念实践运行结构提出具体优化方案。

1. 形成大数据思维与管理理念

(1)形成政府大数据管理思维。理念是实践活动变革的先导,现实的实践若没有理念的支持,那么无论是政府管理创新还是大数据结合都将无从谈起,因此转变传统理念就显得尤为重要。而在实践中政府管理也显然不同于市场调控。

大数据管理思维是一种宏观思维,拥有大数据思维能够探究数据、信息、知识、智能之间的关系,利用科学计算预测社会事件发展趋势,能够在一定程度上规避风险,提出解决方案,从这点出发培养大数据思维是政府管理创新的首要要求。

培养大数据思维,需要政府各部门及其工作人员在提供公共服务的过程中转变观念,需要变管制型的理念、"官本位"的思想为服务型的治理理念;变经验主义为科学决策理念;将以往权威、封闭理念转变为透明、共享的理念;等等。在实际工作中,政府各部门及其工作人员只有改变传统的管理理念,去除"官本位"思想,并且在实践中不断培养和树立大数据意识,将先进的大数据技术应用到政府管理创新的过程中,方能形成一个透明度更高、更有责任感、更加开放的政府,从而促进实践运行结构的优化。

（2）提高政府服务理念。随着经济全球化的发展，国外的公共服务理念在一定程度上也对中国的管理理念产生了影响。服务理念的不断调整，不仅彰显了我国解放思想、与时俱进的优良传统，也说明了我国政府的宗旨是为人民服务。而区块链组织思维无疑能够进一步满足人民对政府的要求，提高政府的服务质量，大大提升政府的服务效率。

首先，政府无论何时都应当把人民的需求放在首位，并在此过程中积极感知人民需求，主动为人民提供全方位、个性化的服务。社会实践中，不论是政府的工作还是人民的生活都是息息相关的，政府信息部门不仅应做到主动了解、获取公众需求的层次，而且还要多听兼听、多想兼想。其次，政府理当利用大数据技术提供多种多样的服务形式，满足社会不同层次的需求。当我们在构建平台以及服务机制的时候，如"电子政务平台""一站式政府"等时，需要清楚地认识到人民与政府的联系并且增强政府部门间的交流，从而实现沟通顺畅。最后，政府应当及时了解人民诉求，防范危机，提高政府的服务理念，使得新发展理念更好更快实施。

（3）强化协同管理理念，创建多方合作平台。在具体的实践活动中，人民不仅是公共服务的主要对象，而且是社会管理的重要主体，因此政府理当树立协同管理理念，积极构建多元管理格局和多方合作平台。政府需要在创新中加强沟通以期民心，加强实践以得民心，加强改良以正民心。政府的宏观调控是大数据发展的必要条件，但政府也应当转变思维，明确自己在社会治理中的角色，这样才能够切实地运用政府职能进行宏观调控，更好发挥大数据的作用。

首先，政府要多多了解民意。人民也是社会管理的主体，了解人民需求有利于提高政府解决问题的针对性，有利于增强社会的稳定性。大数据背景下，政府可以通过大数据技术全面、快速了解民意，及时调整政策、优化方案。其次，政府要拓宽人民参与政治生活的途径，应该鼓励人民积极参与政治生活，发挥好主人翁的作用，为政府建言献策,共同建设和谐社会。

2.构建大数据统筹机构和协调机制

(1)构建大数据统筹机构。基层统筹者可以获得大量社会信息,但只有从海量信息中挖掘有价值的信息、辨别有效信息,才能够切实提升政府管理效率。构建大数据统筹机构,才能够使各类信息得到最优化配置、最有效利用。

首先,应根据政府的实际需要建立数据协调组织。从实际出发,根据具体情况建立数据中心,实现稳定发展。其次,整个组织必须按照规定的标准建设。只有通过标准化建设,整个组织才能随着时间的推移有效运作和发展。最后,整个组织必须建立一个开放的系统结构。建立一个完整的组织的目的是促进数据和信息的共享,改善数据和信息的获取方式。

(2)建立跨越部门的协作与合作机制。建立一个部际协作与合作机制将有助于建立有效的跨部门合作,确定跨部门合作中双方的责任,可以在某种程度上有效避免回避和相互推诿,从而避免出现合作问题时责任导向不明确的情况。

为了建立各部门之间的协调与合作机制,首先,政府应积极促进这一机制,以便找到一种合作办法。在采取行动时,政府应作为一个整体行动,从而在实践中取得 1+1>2 的效果。当然,实现管理效果需要在许多方面做出共同努力,而这就意味着树立合作观念的重要性。其次,建立横向、纵向、横向和纵向协作机制。政府需要管控的范围非常大且很多时候省(区、市)之间政府的管理条块分裂,在许多情况下合作行动非常困难,因此,只有建立一个协调与合作机制,才能真正发挥政府合作的最大效能。最后,全面利用部门间的协作工具和辅助工具,充分发挥跨部门协调与合作机制的真正效用。[①]

---

① 陈曦.跨部门合作机制对我国政府的启示[J].学术探索,2015(4):23-28.

过去对于组织流程的重塑往往进行得并不顺利,根源是"数据孤岛"的存在,尤其是科层组织部门间,因利益、竞争等原因,难以在整体层面实现数据整合。而如今区块链将从技术上解决"数据孤岛"问题,这就使科层制从横向业务流程上,真正实现面向公众的一站式服务;在纵向层级关系上,压缩中间层级冗余,实现组织扁平化、弹性化和透明化,这都会使政府运作效率和回应公众诉求的能力大大提升。借助于区块链,有关社会事务的各类信息能实现大范围、较短时间内快速传播或认定,上级政府部门的指令可以越过中间层级直接、快速地传递到基层政府部门,同时也能快速收集到基层部门直接发送的关键信息,保证信息传递的及时性和真实性。因此,区块链能够解决上下级部门之间庞大的信息交互与处理问题,信息流通加快,上下级间距离缩短且关系更为密切,行政层次减少,从而在政府内部建立起一种更加紧凑、更加扁平的组织结构。各部门业务数据中心通过区块链系统上的节点实现点对点连接,通过共识机制和智能合约自动运行实现数据的存储、更新,并在信息数据库得到备份和验证。新发展理念实践运行结构中的各主体可抽象为各类节点,每个节点之间都能实现直接对接,从而共享、交流信息,并通过区块链系统自动运行的共识机制与智能合约提供各节点的数据信息,存储和管理共享信息,有力促进政府内部信息共享,推动政务公开化、透明化。

区块链将改变政府在社会治理中的控制角色,实现去中心化的信息认证范式,缓解由于信用中心化而带来的信息不对称和腐败空间等问题,促使人类社会信任系统过渡到以数学算法、数据为核心的系统驱动。区块链塑造的全新信用方式有助于达成人民之间、人民与政府之间良好的合作秩序。政府、市场和社会能在互信和合作的基础上,进行有效沟通、深度对话,共同参与到社会公共事务治理过程中,形成共治状态,提高社会治理的有效性,促使社会治理结构更加透明化、多元化和平等化。政府主导、多元主体参与、社会协商共治的智能化社会治理格局将会形成。

3.平台录入信息标准化

(1)建立大数据标准。为确保政府部门以及政府和社会群体之间顺利交换信息,保持有效顺畅的信息沟通,必须为大数据建立一致的标准。数据模式的统一,可以将信息从不同的源转换为相同的格式,加快了信息传输并方便了信息共享。

首先,我国政府需要提高对大数据标准的认识,将大数据管理和数据资源的优化利用作为政府工作的一部分。其次,加强规范大数据标准的顶层设计。大数据的标准系统不能由单个政府实施和构建,必须从战略上重视起来,以便在国家一级建立统一的标准。最后,为大数据标准构建应用环境,积极推进大数据标准化。大数据模式应用环境对模式的创造和应用具有显著影响,大环境有力的支持将促使大数据模式的快速创建和长期发展。

(2)建立大数据标准系统。为了确保既定标准不相互干涉,数据标准起着重要的作用,而为了改善使用大数据集的可能性,需要建立大数据标准系统。大数据标准系统包括基本标准、技术标准、应用标准和管理标准。

首先,必须为大数据设置基本标准。其目标是在整个标准系统中提供一般原则、条件、参考模型等。设置基本标准(如文字、格式和转换代码)可以解决源发送信息的问题。其次,必须为制定大数据技术制定标准。技术标准可规范相关大数据技术,技术标准的协调便于信息交换方法的快速开发。再次,必须为大数据应用程序制定标准。从服务角度看,应用程序标准有助于大数据的标准化使用,防止信息被滥用。最后,必须为管理大型数据集制定标准。大数据管理标准是整个大数据标准系统的主轴,标准大数据系统可以在合理有效的范围内运行。

4.培养大数据人才和技能

(1)培养复合型的大数据人才。大数据人才是将大数据技术应用于政府经营活动的关键要素之一。因此,国家应着力构建精通大数据专业知识和政府经营活动知识的复合型管理人才储备库,为大数据构建政府技术平台,制定决策标准。

首先,大数据人才的培养要秉承"多源异构"的思想,即利用多种本源学科,打造具备差异化知识结构的人才。[1] 其次,要营造大数据环境,打破政府、企业、大学之间的壁垒,积极引入学校和企业的相关专家。最后,政府应注意体制内部已有的信息人力资源的发展和培养,打破现有的学科壁垒,从而开发复合型的人力资源。

(2)自主创新数据技术。大数据的特点是移动性和共享性,因此,有可能出现滥用网络信息的情况。而保护网络信息安全的重要途径之一是数据技术自主形式的创新。但是,当前我国仍然有大量数据技术依赖国外,因此需要对大数据技术和产品进行独立管理和控制,以确保国家信息安全。

为了促进独立数据技术的发展,首先,要推动数据保护技术的不断创新和独立数据技术的发展,加大对独立技术发展的投入。其次,要加强大数据能力建设,建立生产、教育、研究相结合的产业链,推动自主技术和相关产品的研发。最后,可以通过有效的政策引导,拓宽政企合作方式,发挥企业的技术创新优势,达到利用大数据技术为地方政府治理服务的目的。[2]

(3)建立网络安全系统。在信息社会中,任何信息都有被非法披露或使用的危险。信息安全关系到社会的方方面面,因此政府应加强网络安全体系建设。

网络安全系统由互联网、用户信息和信息技术网络等诸多要素组成。首先,从互联网角度来看,要重视网络基础设施建设与维护,从本质上提升安全性能;要提升信息技术,保护好信息系统和数据

---

[1] 吴力波.多"源"异"构"培养大数据创新型人才[J].大数据,2016(5):89-94.

[2] 盛丹.大数据视角下地方政府治理能力提升研究[D].湘潭:湘潭大学,2015.

库,减降信息泄露和被不法利用的风险;要制定网络信息安全评价标准,统一网络信息安全工作。而加快完善有关网络的法律法规,则可以说是为网络办公提供了有力的法律保障以及稳定的信息环境。其次,从用户信息角度来看,需要规范信息用户的行为,确保与业务对象相关的信息安全。再次,从管理角度来看,则应当强化发展技术人员和维护网络安全领域信息安全。最后,从网络化信息技术角度来看,有必要最大限度地利用现有信息安全技术,重视信息技术领域的独立创新。① 而这些则需要政府提供战略和财政支持,以改进和加强数据保护技术领域的研究。

(三)配套绩效考评制度

1.监督体系去中心化

区块链为去中心化的社会治理模式提供了技术支持,新发展理念从抽象理念到实践落实需要配套相应的考评和奖惩制度,而区块链组织思维下,参与主体能够平等参与监督过程,去中心化的监督考评体系有利于切实监督新发展理念的落实情况。

(1)全主体。区块链有利于让监督体系去中心化,使得新发展理念实践中的各参与主体都能够参与监督。

当前政府内部条块治理带来的信息壁垒,不利于建立高效透明公开的监督体系。根据条块治理体系,由相应履行考核职责的部门对部门事务完成情况进行考核评分,配合相应的奖惩机制进行监督。相关数据划分为部门内呈链条状串联起来的"条"数据,以及一个行政区域内人、事、物各类数据总和的"块"数据。

区块链组织思维下,各部门业务数据中心通过区块链系统上的节点实现点对点连接,通过共识机制和智能合约自动运行实现数据

---

① 张馨艺.大数据背景下政府管理的优化策略[J].山西档案,2017(4):39-44.

的存储、更新，并在信息数据库得到备份和验证。新发展理念实践运行结构中的各主体可抽象为各类节点，每个节点之间都能实现直接对接，从而共享、交流信息，并通过区块链系统自动运行的共识机制与智能合约共享各节点数据信息，以实现对各节点落实情况的有效监督。

区块链组织思维下，新发展理念实践运行结构中的各类主体在运行结构中的地位具有对等化趋向。过去社会经济活动往往依赖第三方机构的信用背书，因此形成以政府为中心的运行结构中，双边或多边交互行为依靠政府部门充当中介机构进行协调，并受其制约。高度集中化的政府部门掌握着大量高价值信息，而其他参与主体的信息则不全面，运行体系中信息和价值流通受限于政府的权威性和中介作用，无法直接互通。而区块链使得不同参与主体之间构建了点对点的分布式对等网络，形成一个去中心化的"自组织"网络，使得政府在其中不再占据唯一的中心地位，而与其他参与主体处于相对平等的地位。包括政府在内的各个参与主体能够跨越中介机构的阻碍，实现直接的交互和连通，共同享有在区块链上进行数据读取、记账、存储等权利，承担网络路由、数据验证、新节点识别等义务。共识机制促使各个治理主体遵守统一的协议，在没有强有力的第三方机构协调、监督以及决策权高度分散的前提下，针对数据的有效性达成一致或共识，各尽其责而又自发协调地形成有序的监督网络。①

区块链信息系统中，政府的位置从原来的中心节点转变为关键节点，它与其他利益相关者的关系趋向相对平等，从原来的领导者、管理者转变为积极的协调者、参与者。政府在新发展理念的实践落实过程中，更多承担起领导指向的角色，政府内部通过突破条块治理的顺畅信息沟通，实现宏观战略与基层政策的有效对接，在新发展理念实践落实过程中充分调动社会力量，共同协作监督落实成效。

---

① 张毅.区块链技术对政府治理创新的影响[J].电子政务,2016(12):11-17.

区块链带有的分布式特性使得全网所有参与者共同承担写入合法、真实、完整信息的责任。各节点可利用区块链信息技术建立分布式的系统,参与者通过访问该系统,将各项活动录入区块链或确认交易。通过系统内广播获得其余参与者的核实和鉴别后,相关活动才能被写入系统,如果发现存在不实,则会自动被拒绝写入系统,从而完整和准确地记录经济活动开展实况。系统中数据实时受全网监控不被篡改,并保留对应的拥有时间邮戳的不可逆记录,确保了经济活动的完整性和真实性,方便进行追踪取证,通过跟踪这些区块链可以实时监控各参与主体账本及活动。

通过对非对称加密算法、散列加密等密码学技术的组合应用和公开的区块链网络运行的程序、规则、节点的接入方式,民众也可以使用对应密钥来查询并存储政府部门监督结果,以及存储全网发生的历史交易记录的完整、一致账本,这有助于政府向社会传递出透明管理的信号,监督政策落实的实际成效。①

(2)全过程。政策落实需要全过程的监督,区块链组织思维有利于追踪各节点的新发展理念落实情况。通过跟踪审计政策执行落实的全过程,有利于揭示实践落实的真实情况及执行过程中存在的问题,以促进政策落实到位。对合规性进行审查,确保各项制度规范健全,发现节点中数据异常和不符的现象,及时发现揭露相关单位和个人的违规行为,如专项资金使用管理问题等。对各个环节的效果进行审计,考量实际的政策效果,以及资金和项目带来的经济、社会效益。鉴证政策的执行结果与政策目标的符合程度,评价执行主体在责任履行、资金使用与项目管理等方面的绩效水平,并揭示偏差出现的原因,为政策的后续完善与有效落实提供建议。在此基础上,对政策落实过程的机制、体制问题提出标本兼治的审计建议,并通过问题

---

① 许金叶,朱莺莺.区块链信息技术对会计监督的影响研究[J].会计之友,2018(1):156-160.

整改、人员问责、公告执行结果起到威慑和抵御作用。

区块链为智能合约的运用提供了安全可靠的执行环境,使得新发展理念实践运行中的经济活动可以通过智能合约的方式得到监督和保障。过去数字加密货币领域一直面临着双重支付问题和"拜占庭将军问题"两大难题。双重支付问题是指用"同一笔钱"在两次或多次交易中完成支付。"拜占庭将军问题"是指在缺少可信任中心节点的情况下,分布式系统如何达成共识和建立互信的问题。① 而区块链在不需要第三方机构的前提下,解决了去中心化系统的双重支付问题,建立了无须信任单个节点的去中心化的可信任系统。智能合约是一种由事件驱动的、具有状态的代码合约和算法合同,其可贯穿协议和用户接口完成合约过程的所有步骤。② 可以广泛应用于数字支付、金融资产处置、多重签名合约、物联网等多个领域,其将合约参与者、合约协议以及参与者与协议之间的复杂关系程序化。智能合约中的所有条款和执行过程都是预先制定好的,一旦部署运行,合约中的任何一方都不能单方面修改合约内容以及干预合约的执行。同时,合约的监督和仲裁都由计算机根据预先制定的规则来完成,大大降低了人为干预风险。智能合约能够为供应链的每一个环节提供更高的可见性,简化多重机构系统,与物联网设备进行协调,跟踪被管理的资产和产品,降低欺诈和盗窃风险。③

在新发展理念实践运行的全过程中,运用区块链组织思维有利于加强监督力量,提高监督效率。区块链信息管理平台和智能合约,有利于减少重复监督,加强监督力量。将各节点的监督工作进度均引入区块链系统中,把每一节点的监督进度和结果进行全网公示,能

---

① 贺海武,延安,陈泽华.基于区块链的智能合约技术与应用综述[J].计算机研究与发展,2018,55(11):3452-2466.

② 张帅,延安,贾敏智.基于区块链的众筹智能合约设计[J].计算机工程与应用,2019,55(8):220-225.

③ 贺海武,延安,陈泽华.基于区块链的智能合约技术与应用综述[J].计算机研究与发展,2018(55):2452-2466.

够保证各部门时刻了解其他部门的监督状况,并且进行核证。在监督全过程引入区块链,运用区块链信息管理平台的各参与主体将实现信息共享,及时了解最新进度,各司其职,协同合作共同监督,避免重复检查。同时,区块链平台会显示各个单位的对应监督部门,一旦工作出现问题,可以很方便地查找到负责部门,减少相互推诿的可能性。利用区块链,部分合同可以被智能合约取代,将智能合约脚本化,即在区块链中制定合约的写入代码,系统根据代码推断合约的实现条件并履行义务,即便缺少有力的政府监督,也能有效保证合约的执行。例如,当企业进行纳税申报时,区块链会自动依据区块链网络上的相关信息和写入代码对与纳税有关的智能合同、协议书等内容和电子签名进行核对和验证,帮助政府部门对协议书和纳税申报合同等材料实施有效监督。同时,通过协议将分布式账本部署在全国,可以对公司运转的全流程和项目建设的全过程进行监测,促进多部门多节点的全社会范围内监督管理,错误的和不真实的交易将会更容易检测出来。对于暂时侥幸逃避监管的企业,其违法行为由于区块链的不可篡改性,依旧保存在区块链中,政府部门仍然可以发现、追踪不法行为,强化了政府监督力量。[①]

以创新理念为例。多地为激发地区创新活力,推出孵化器的创新培育计划,一项创新项目从萌芽到形成产业,涉及多方主体参与,去中心化的监督管理有利于时时跟踪创新项目开展情况,监督资金使用情况,提高孵化器利用效率。以温州市国家大学科技园为例,其是为初创期科技企业项目孵化提供场所、政策扶持和配套服务的公益性科技服务平台,并全力打造"苗圃—孵化—加速"孵化链条,科技园的科研院所和专家学者为创新项目研发提供有力的技术支持,同时为企业提供各类资源对接,提供科创引导基金,外部的市场资源、

---

① 许金叶,朱莺莺.区块链信息技术对会计监督的影响研究[J].会计之友,2018(1):156-160.

政府采购资源等各类资源支持,促进科技成果转化成生产力。园区支持的生物医药类创新项目,从由科研所专家提出构想,到进行实验形成实际成果和专利,再到量化生产投入市场使用,其中涉及多方主体,要时时进行相应的评估与监督工作,这就需要建立多方主体共同参与的有效监督系统。

2. 数据收集量化

(1)根据目标对考评数据进行量化。根据新发展理念的目标,将对应的指标进行量化,收集相应数据进行考评。区块链组织思维下,各个指标考核不应当是相互独立的,而应当是综合性的,为新发展理念实践运行结构服务。

在准确理解和把握新发展理念内涵的基础上,构建一套科学合理的评价指标体系,以对新发展理念落实成效进行监测评价,科学反映新常态、新理念、新发展成果,发现短板和问题,为各级政府部门深入贯彻新发展理念提供参考标准和指标尺度,也有利于促进新决策导向和政绩观导向的加快形成,推动经济社会全面协调发展。

当前指标设置存在过程指标与结果指标混同、同类或相似指标重复、部分指标测度存在困难等问题。因此,在优化新发展理念评价指标体系时,应当区分过程指标与结果指标,注重指标数值的实际区分度、数据获取的客观性,多种类型指标相结合整体反映发展状况。[①]指标体系可根据新发展理念分为创新、协调、绿色、开放、共享五部分,并设置相应的指标,以及每项指标的权重。各地根据实际情况和战略要求,结合实际确定评价指标的标准值。新发展理念内涵丰富,涉及经济、社会、科技、生态、民生等多方面内容,指标体系所选取的指标应当力求系统、全面,同时具有高度代表性,以充分代表新发展

---

① 马茹.十九大以来经济高质量发展评价研究:进展与反思[J].重庆理工大学学报(社会科学),2020,34(10):19-27.

理念的内涵。[①] 在指标设计上充分考虑前瞻性和可操作性,紧密结合党中央要求,同时要兼顾地方实际。以深圳为例,应当突出深圳创新特色和全市战略重点,在创新指标上赋予更高的权重以凸显区域主导战略。在指标标准值的确定上,应当收集统计地方近几年的实际发展数据信息,依照中央部署和长期规划,确定标准值区间,以对落实情况进行评估和调整。

新发展理念体系与其中的五种发展理念是整体与部分的关系。整体居于主导地位,具有部分所不具备的功能,当部分以有序合理优化的结构形成整体时,整体功能大于局部功能之和。这要求我们树立整体观念和全局思想,从整体出发选择最佳行动方案,实现最优目标。同时提升局部的功能,以使整体功能最大化。因此应当采用综合评价方法,以总指数和分项指数形式体现新发展理念的总体变化和各部分变化,以精确把握新发展理念总体运行情况,以及各项理念和政策各自的落实情况。

另外,应当特别注意新发展理念的内在联系,新发展理念的各部分并不是孤立的,而是互相影响的,更应当抓住它们之间的联系,构建科学合理的评价体系。以绿色发展为例,孤立地评价绿色发展,可能走上牺牲经济发展以追求绿色效益的歧路。绿色发展不是停止发展,节能减排也不能靠拉闸限电。新旧动能转换以及绿色发展道路探索需要创新发展提供动力支撑,创新发展与绿色发展亦像一个硬币的两个面,通过两者的融合可满足人们的物质和精神需求,实现人的自由全面发展。[②] 因此在构建评价体系的过程中,应当注重构建新发展理念之间各部分的关联,以优化新发展理念实践运行结构。

(2)系统数据的真实性和安全性。传统的存储量大又高度集中

---

① 杨新洪."五大发展理念"统计评价指标体系构建——以深圳市为例[J].调研世界,2017(7):3-7.

② 王辉龙,洪银兴.创新发展与绿色发展的融合:内在逻辑及动力机制[J].江苏行政学院学报,2017(6):34-40.

的数据库系统,相对于分布式系统更容易遭受网络攻击,单点失灵也易造成极大的损失,同时数据库中信息的伪造、篡改也会带来许多负面影响。相比之下,区块链的应用有助于保护数据信息,维护数据安全。

首先,区块链使用的复杂数学算法可以防止信息的伪造和篡改。在区块链中,任何试图篡改、删除信息的行为都将被察觉和修正,以确保系统内信息的完整性和真实性。由于区块链,伪造或篡改数据库数据的难度将大大增加,数据安全性将得到更为有力的保障。

其次,区块链中的非对称加密技术可以满足信息所有权验证和信息安全性的需求。新发展理念实践运行结构中的各参与主体可以通过相应的公钥和私钥来验证对方的身份,消除了交换密码的环节,[①]大大降低了数据库遭受攻击和信息泄露的风险。导入的信息通过密码学算法实现加密且不能篡改,各节点共同维护和监督信息,仅在该节点与其他节点的信息保持一致时,即确保信息可靠、非重复的情况下,才能够导入数据库,这使得信息的真实性和安全性大大提高。

最后,各项数据在区块中,按照时间顺序依次排列,时间戳可以作为区块数据的存在性证明,为基于区块链的互联网和大数据增加了时间维度,发现有不合理情况,可以随时随地通过区块数据和时间戳来追溯历史数据和资料,[②]有助于形成不可篡改和不可伪造的区块链数据库。同时区块链不可逆的分布式过程形成的链式结构是经过全网公认的真实数据,这可以减少对许多低数量、高容量的人工审计流程的需要,大大提高审计效率。

---

① 张毅,肖聪利,宁晓静.区块链技术对政府治理创新的影响[J].电子政务,2016(12):11-17.

② 许金叶,朱莺莺.区块链信息技术对会计监督的影响研究[J].会计之友,2018(1):156-160.

3.奖惩机制的完善

政府内部是项目的专项考评、部门的季度考评、个人的考评相结合,根据规定进行奖惩。

政府绩效管理是个系统的、体系性的管理机制,即以某年度各项工作统筹协调、指标化落实、预算编制和控制为目标,包括"部门整体绩效管理""领导干部考核"和"工作人员绩效管理"的政府内部绩效考核与过程监管,以及包括"社会满意度评价""重大项目和公共政策评估""独立的第三方绩效评估"的外部评估。

以绿色发展为例,考核机制应当赋予生态环境保护更大权重,并进行分类考核。首先,要摒弃唯 GDP 发展的理念,真正地给绿色发展道路探索留出空间。其次,对生态涵养区干部的考核以环境保护水平为主,[①]对发展重心不同的部门干部考核应当有一定针对性。再次,要通过生态补偿机制给生态保护区域充足的资金支持,地方政府不因公共服务资金紧张而与污染企业"合谋"。最后,红线管理要体现主体功能区效能。生态红线的刚性要与主体功能区结合,推动不同区域协调发展。协调发展是实现创新发展与绿色发展融合的"黏合剂"。对于生态资源丰富的区域,应当设定产业的环境负面清单,对于创新型、环境友好型工业项目依然可以准许进入。[②]

新发展理念的落实,有赖于政策落实跟踪审计和相应的奖惩机制。政府可以通过推动财政、价格、税收等经济政策的制定等方式,利用经济手段引导激励和惩罚抑制,以调节政策执行过程中的各方利益,促进政策顺利落实。审计机关以审计报告、审计信息、审计决定等方式反映政策执行不力等问题,实现行政问责,并敦促被审计单位落实审计机关提出的推进、完善或终止政策措施执行的审计建议。

---

① 王辉龙,洪银兴.创新发展与绿色发展的融合:内在逻辑及动力机制[J].江苏行政学院学报,2017(6):34-40.

② 王辉龙,洪银兴.创新发展与绿色发展的融合:内在逻辑及动力机制[J].江苏行政学院学报,2017(6):34-40.

审计机关可以通过司法方式和行政立法方式等法律手段来调整政策执行中的各种关系,有利于消除阻碍政策执行中的各种干扰,促进政策执行过程有章可循、有法可依。对政策执行跟踪审计中发现的涉嫌违法犯罪等行为,由审计机关向公检法等司法部门以信息通报、案件线索移送等方式处理,司法部门在审计工作的基础上进行办案,依法追究行政机关及其官员违反法律的具体责任,发挥法律的惩罚和威慑作用。[①]

其中,政府经济调控的两大方式是货币金融政策和财政税收政策,而区块链对这两项政策落实有很大影响。首先,区块链促使货币金融政策创新,其以低成本方式解决了金融活动的信任难题,将金融信任从"双边信任"或"中央信任"转化成"多边信任"或"社会信任",[②]这意味着政府传统宏观调控的技术手段、政策法规、权力边界等的重塑。其次,区块链促使财政税收政策创新。一方面,区块链使市场交易活动更透明,增加了政府的税收汲取能力和精准度,降低了税收成本;另一方面,区块链消除了政府内部"数据孤岛",使财政政策执行更高效精准,伴随更加强而有力的会计和审计监督,财政资源配置效率会大为提高。[③]

首先,以区块链组织思维为指导,应当对需求激励政策进行再设计,取消供给导向的财政和税收政策。基于国家战略转型与政策体系滞后之间的矛盾,政府应找到需求导向激励政策的评估点和施力点,从企业和市场出发,对需求激励政策进行再设计,逐步转变现有的供给导向政策,扭转政策体系滞后的现状。针对政策驱动导致的政府激励引导错位问题,国家要从市场需求角度来激励企业。以创

---

① 陈希晖,邢祥娟. 重大政策落实跟踪审计的实施框架[J]. 中国审计评论,2017(2):30-38.

② 赵金旭,孟天广. 技术赋能:区块链如何重塑治理结构与模式[J]. 当代世界与社会主义,2019(3):187-194.

③ 赵金旭,孟天广. 技术赋能:区块链如何重塑治理结构与模式[J]. 当代世界与社会主义,2019(3):187-194.

新发展为例,针对企业创新激励效果不佳的问题,政府应不断完善现有的创新激励政策及政府补贴政策,如减免产品购置税、消费贷款、加计抵扣等,以促进政策的真正落实。

其次,应当力求鼓励机制公平实施,针对民营企业在资源配置中的公平性问题,建立健全公开透明的竞争机制,由市场决定资源配置。比如,在创新发展领域,取消现有高新技术企业认定的规模门槛,取消导致机会不平等的政策享受门槛,使具有创新能力的民营中小企业不再受到经济规模、产值等指标的限制。

最后,应当建立全方位的激励机制,而不以单一的经济手段进行奖惩,以为新发展理念运行结构中的各主体提供切实帮助。以创新发展为例,除了税收等优惠政策,还应当采取多样激励方式。一是加快构建众创空间等科技孵化平台,为小微企业提供一条龙、全方位的创业创新服务,支持大学生等进行以技术为基础的创新创业,为其提供场所、服务和资金支持,从而发挥人才聚集优势。二是大力促进创新基础设施建设,鼓励各个地方共享大数据信息平台,鼓励产学研各主体间的知识共享、知识协同与知识创新,进而使知识服务于技术创新。三是构建国际化环境下的开放创新生态系统,鼓励企业"走出去",通过与国外企业合作研发、建立战略联盟的形式,获取创新资源,促进我国企业自主创新。

第四章　区块链虚拟思维与新发展理念实践信息交互

第一节　区块链虚拟思维

一、区块链虚拟思维概述

区块链虚拟思维是虚拟现实技术在区块链思维中的应用,是虚拟现实技术的特点应用于区块链思维当中,进而产生的一种由区块链技术体系衍生出的,具备虚拟技术的多感知性、交互性、构想性、沉浸感等特点的分析与解决问题的通用思想和方法。①

(一)虚拟现实技术概述

随着社会和科技的发展,越来越多的行业领域需要虚拟现实技术的参与。

虚拟现实技术最主要的特点在于其多感知性、交互性、构想性和

---

① 吴永奇.自动化技术在机械设计中的应用研究[J].城镇建设,2018(9):133-135.

沉浸感,通过仿真技术,[①]用户能完全沉浸在计算机生成的虚拟环境中,[②]并与环境进行自然而然的交互。目前,这种技术应用广泛,在影视娱乐、教育、医疗、设计、航空航天等领域都有非常成功的应用案例。由于虚拟现实技术本身的特性,这种技术与游戏领域有着先天的契合性,如今的三维游戏正是建立在此技术基础之上的。总而言之,虚拟现实技术有着不容小觑的发展潜力。

(二)区块链虚拟思维的特点

区块链虚拟思维是虚拟现实技术在区块链思维中的应用,因此其兼具区块链思维的特点以及虚拟现实技术的特点。

1.区块链虚拟思维具有多样性

区块链思维产生于区块链技术,而区块链技术由共识机制、分布式存储技术、智能合约、跨链技术、非对称加密技术等构成,[③]从不同种类的区块链技术中所衍生出的区块链思维不尽相同,因此具有多样性。

2.区块链虚拟思维具有先进性

区块链虚拟思维是基于一种新型数据记录、存储和传递的虚拟现实技术,超越和升级了虚拟现实技术,它随着互联网的进步而逐渐演变,是21世纪发展起来的一项新兴技术。随着社会和科技的发展,越来越多的行业领域需要应用区块链虚拟思维。

3.区块链虚拟思维具有交互性

交互性在于区块链形成的广泛而庞大的应用体系,广大用户和

[①] 张瑞杰,孙雨擎.创意思维在虚拟现实游戏设计中的应用[J].工业设计,2021(5):119-120.

[②] 邬冠上.基于Kinect的交互式健身游戏的设计与实现[D].北京:中国科学院大学,2014.

[③] 马仁杰,沙洲,罗吉鹏.论区块链思维下我国档案信息服务模式的优化路径[J].档案学研究,2014(4):94-99.

群体在系列数据、信息交互过程中，逐步形成的主体间相互关系及作用形式。

4.区块链虚拟思维具有构想性

构想性在于广大用户和群体在区块链体系中，通过建立多形式且具有共识性的运行机制，形成系列数据、信息写入、传输和应用的模式，这里就包含了整体区块链、领域行业区块链、公有区块链、私有区块链等。

二、区块链虚拟思维发展的历史进程和现状

(一)区块链虚拟思维发展的历史进程和现状概述

区块链是由一系列技术实现的全新去中心化经济组织模式，[①]2009 年诞生于比特币系统的构建，2017 年成为全球经济热点，但区块链的成功应用寥寥，这个新兴产业还远未成熟。为方便理解区块链发展的历史与趋势，可将其发展划分为六个阶段。

1.技术实验阶段(2007—2010 年)

化名"中本聪"的比特币创始人从 2007 年开始探索用一系列技术创造一种新的货币——比特币，2008 年 10 月 31 日发布了《比特币白皮书》，2009 年 1 月 3 日比特币系统开始运行。支撑比特币体系的主要技术包括哈希函数、分布式账本、非对称加密、工作量证明，[②]这些技术构成了区块链的最初版本。从 2007 年到 2009 年底，比特币都处在一个极少数人参与的技术实验阶段，相关商业活动还未真正开始。

---

① 陈子凡，巩孝康.区块链技术的特点及其在商业银行的应用[J].科技与金融，2020(6):67-72.

② 巩长青.区块链技术下供应链金融发展研究[D].济南:山东大学，2018.

2.极客小众阶段(2010—2013年)

2010年2月6日,诞生了第一个比特币交易所,5月22日有人用10000个比特币购买了两个披萨。2010年7月17日,著名比特币交易所Mt.Gox成立,这标志着比特币真正进入了市场。尽管如此,能够了解到比特币,从而进入市场中参与比特币买卖主要是狂热于互联网技术的极客们。他们在比特币论坛(Bitcointalk.org)上讨论比特币技术,在自己的电脑上挖矿获得比特币,在Mt.Gox上买卖比特币。仅仅四年后,其中一些人成了亿万富翁和区块链传奇。

3.市场酝酿阶段(2013—2016年)

2013年初,比特币价格为13美元,3月18日金融危机中的塞浦路斯政府关闭银行和股市,推动比特币价格飙升,4月最高至266美元。8月20日,德国政府确认比特币的货币地位。10月14日,中国百度宣布开通比特币支付。11月,美国参议院听证会确认了比特币的合法性。11月19日,比特币达到142美元新高。然而,此时区块链进入主流社会经济的基础仍不具备,[①]价格飙升包含了过于乐观的预期。中国银行体系遏制、Mt.Gox倒闭等事件导致比特币价格持续下跌,2015年初一度至200美元以下,许多企业倒闭,不过经历严冬活下来的企业的确更加强壮了。无论如何,在这个阶段,大众开始了解比特币和区块链,尽管还不能普遍认同。

4.进入主流阶段(2016—2018年)

在该时期世界主流经济不确定性增强,具有避险功能从而与主流经济呈现替代关系的比特币开始复苏,[②]市场需求增大,交易规模快速扩张。尽管中国市场受政策影响较为平静,但韩国、日本、美国

---

① 陈子凡,巩孝康.区块链技术的特点及其在商业银行的应用[J].科技与金融,2020(6):67-72.

② 郭晨昱.媒体报道与股票特征的关系与影响路径研究[D].北京:对外经济贸易大学,2019.

等市场快速升温,比特币价格从 2016 年初的 400 美元最高飙升至 2017 年底的 20000 美元,翻了 50 倍。比特币的造富效应,以及比特币网络拥堵造成的交易溢出带动了其他虚拟货币以及各种区块链应用的大爆发,出现众多百倍、千倍甚至万倍增殖的区块链资产,引发全球疯狂追捧,[①]使比特币和区块链彻底进入了全球视野。芝加哥商品交易所上线比特币期货交易标志着比特币正式进入主流投资品行列。[②]

5. 产业落地阶段(2018—2021 年)

在市场狂乱之后,2018 年的虚拟货币和区块链在市场、监管、认知等各方面进行调整,回归理性。[③] 2017 年造富效应和区块链理想造就的众多区块链项目中,大部分随着市场的降温而消亡,小部分坚持下来继续推进区块链的落地。2019 年,这些项目初步落地,但仍需要几年时间接受市场的检验,这就是一个快速试错的过程,企业产品的更迭和产业内企业的更迭都会比较快。到 2021 年,在区块链适宜的主要行业领域的一些企业稳步发展起来。加密货币得到较广泛的应用。

6. 产业成熟阶段(2021—2025 年)

各种区块链项目落地见效之后,进入激烈而快速的市场竞争和产业整合阶段,形成一些行业龙头,完成市场划分,区块链产业格局基本形成,相关法律法规基本健全,区块链对社会经济各领域的推动作用快速显现,加密货币将成为主流货币,经济理论会出现重大调整,社会政治文化也将发生相应变化,国际政治经济关系出现重大调

---

① 王家钰.区块链技术在政务新媒体中的应用研究——以铜川市食品药品溯源为例[D].西安:西安外国语大学,2020.

② 薛玲玲.比特币是资本外逃渠道吗?——基于 DCC-GARCH 模型的汇率价差联动性研究[D].成都:西南财经大学,2019.

③ 巩长青.区块链技术下供应链金融发展研究[D].济南:山东大学,2018.

整,区块链在全球范围内对人们的生活产生广泛而深刻的影响。①

综上,可将区块链的六个发展阶段简化为包括前两个阶段的做技术试验阶段,中间两个阶段是主流认知阶段,后两个阶段是产业实现阶段。我们当前仍处在社会认知广度已经足够,但认知深度尚不足的时期。需要深入推进对区块链知识的研究和普及,为产业发展成熟奠定基础。无论如何,区块链对全球经济的巨大价值已经被充分认识到,对于全球社会政治生态改善的价值也在逐步显现,这是一个值得各国大力投入、抢占先机的社会经济新动力。

(二)虚拟现实技术的发展历程

1.虚拟现实技术的探索阶段

1929年,在使用教练机训练器(机翼变短,不能产生离开地面所需的足够提升力)进行飞行训练许多年之后,埃德温·林克发明了简单的机械飞行模拟器,在室内某一固定的地点训练飞行员,使乘坐者的感觉和坐在真的飞机上一样,②使受训者可以通过模拟器学习如何进行飞行操作。

1956年,在全息电影的启发下,莫顿·海里格研制出一套称为体验剧场机器(Sensorama)的多通道体验的显示系统。这是一套只供一人观看、具有多种感官刺激的立体显示装置,它是模拟电子技术在娱乐方面的具体应用。它能模拟驾驶汽车沿曼哈顿街区行走,能生成立体的图像、立体的声音效果,并产生不同的气味,座位也能根据场景的变化产生摇摆或振动,还能感觉到有风在吹动。在当时,这套设备非常先进,③但观众只能观看而不能改变所看到的和所感受到的世界,也就是说无交互操作功能。

---

① 薛玲玲.比特币是资本外逃渠道吗?——基于DCC-GARCH模型的汇率价差联动性研究[D].成都:西南财经大学,2019.

② 李聪.虚拟现实技术在园林中的应用[D].沈阳:沈阳农业大学,2007.

③ 王峥,陈童.虚拟现实的概念及其技术系统构成[J].现代传播,2007(7):19-21.

1960 年,莫顿·海里格获得单人使用立体电视设备的美国专利,该专利蕴涵了虚拟现实技术的思想。

1965 年,计算机图形学的奠基者,美国科学家伊万·萨瑟兰在国际信息处理联合会大会上发表了一篇名为"The Ultimate Display"(《终极显示》)的论文,文中提出了感觉真实、交互真实的人机协作新理论,这是一种全新的、富有挑战性的图形显示技术,即能不通过计算机屏幕这个窗口来观看计算机生成的虚拟世界,而是使观察者直接沉浸在计算机生成的虚拟世界之中,就像我们生活在客观世界中一样。随着观察者随意地转动头部与身体(即改变视点),他所看到的场景(即由计算机生成的虚拟世界)就会随之发生变化,[①]同时,他还可以用手、脚等部位以自然的方式与虚拟世界进行交互,虚拟世界会产生相应的反应,从而使观察者有一种身临其境的感觉。这一理论后来被公认为在虚拟现实技术中起着里程碑的作用,所以伊万·萨瑟兰既被称为是"计算机图形学之父",也是"虚拟现实技术之父"。

1966 年,美国麻省理工学院林肯实验室在海军科研办公室的资助下,研制出了第一个头盔式显示器(HMD)。

1967 年,美国北卡罗来纳大学开始了 Grup 计划,研究探讨力反馈(force feedback)装置,该装置可以将物理压力通过用户接口传给用户,可以使人感到一种计算机仿真力。

1968 年,伊万·萨瑟兰在哈佛大学的组织下研发头盔式显示器,[②]他使用两个可以戴在眼睛上的阴极射线管(CRT)研制出了头盔式显示器,并发表了相关论文,对头盔式显示器装置的设计要求、构造原理进行了深入分析,描绘出了这个装置的设计原型,成为三维立体显示技术的奠基性成果。在头盔式显示器的样机完成后不久,

———————————

① 段晓卿.虚拟现实在非遗保护中的应用探究[J].文化艺术研究,2019(3):19-23.

② 崔杏园,钱桦.虚拟现实及其演变发展[J].机械工程师,2005(9):22-24.

研制者们又反复研究，在此基础上把能够模拟力量和触觉的力反馈装置加入这个系统中，并于 1970 年研制出了一个功能较齐全的头盔式显示器系统。

1973 年，迈伦·克鲁格提出了"artificial reality"（人工现实），这是早期出现的关于虚拟现实的词语。

2. 虚拟现实技术系统化阶段

从 20 世纪 80 年代初到 80 年代中期，开始形成虚拟现实技术的基本概念，这一时期出现了两个比较典型的虚拟现实系统，即 Vidaoplace 与 View 系统。

20 世纪 80 年代初，美国国防高级研究计划局为坦克编队作战训练开发了一个实用的虚拟战场系统（SIMNET），其主要是为了减少训练费用，[①]提高安全性，另外也可减轻对环境的影响（爆炸和坦克履带会严重破坏训练场地）。这项计划的结果是，产生了使在美国和德国的 200 多个坦克模拟器联成一体的模拟网络，并在此网络中模拟作战。

进入 20 世纪 80 年代中期，美国航空航天局及国防部组织了一系列有关虚拟现实技术的研究，并取得了令人瞩目的研究成果，从而引起了人们对虚拟现实技术的广泛关注。1984 年，艾姆斯研究中心虚拟行星探测实验室的麦格里威和哈姆弗瑞斯博士组织开发了用于火星探测的虚拟世界视觉显示器，将火星探测器发回的数据输入计算机，为地面研究人员构造了火星表面的三维虚拟世界。在随后的虚拟交互世界工作站项目中，[②]他们又开发了通用多传感个人仿真器和遥控设备。

1985 年，怀特帕特森空军基地和迪思·卡门共同开发了 VCASS 飞行系统仿真器。

---

① 崔杏园，钱桦. 虚拟现实及其演变发展[J]. 工程地质计算机应用，2005(1)：22-24.
② 霍妍妍，李爱军，刘瑜. 虚拟现实技术发展综述[D]. 徐州：中国矿业大学，2007.

1986 年,可谓硕果累累,弗尼斯提出了一个名为"虚拟工作台"(virtual crew station)的革命性概念;罗地内特与合作者发表了早期的虚拟现实系统方面的论文;杰西·艾兴劳布提出开发一个全新的三维可视系统,其目标是使观察者不使用那些立体眼镜、头盔等笨重的辅助设备也能看到同样效果的三维世界。这一愿望在 1996 年得以实现,因为 2D/3D 转换立体显示器的发明。

1987 年,詹姆斯·弗雷教授在具有影响力的《科学的美国》上发表了一篇题为《先进的计算机接口》("Interfaces for Advanced Computing")的论文;①另外还有一篇报道数据手套的文章,这篇文章及其后在各种报刊上发表的关于虚拟现实技术的文章引起了人们的极大兴趣。

1989 年,基于 20 世纪 60 年代以来所取得的一系列成就,美国 VPL 公司创始人杰伦·拉尼尔正式提出了"virtual reality"一词。在当时研究此项技术的目的是提供一种比传统计算机仿真更好的方法。

3. 虚拟现实技术高速发展阶段

1992 年,美国 Sense8 公司开发了"WTK"开发包,为虚拟现实技术提供更高层次上的应用。

1993 年 11 月,宇航员利用虚拟现实系统的训练成功完成了从航天飞机的运输舱内取出新的望远镜面板的工作,波音公司在一个由数百台工作站组成的虚拟世界中,用虚拟现实技术设计出由 300 万个零件组成的波音 777 飞机。

1996 年 10 月 31 日,世界上第一场虚拟现实技术博览会在伦敦开幕,全世界的人们都可以坐在家通过互联网中参观这个没有场地、没有工作人员、没有真实展品的虚拟博览会。这个博览会是由英国

---

① 崔杏园,钱桦. 虚拟现实及其演变发展[J]. 机械工程师,2005(9):22-24.

虚拟现实技术公司和《每日电讯》电子版联合举办的,人们在互联网上输入博览会的网址,即可进入展厅和会场等地浏览。展厅内有大量的展台,人们可从不同角度和距离观看展品。

1996年12月,世界上第一个虚拟现实环球网在英国投入运行,这样,互联网用户便可以在由一个立体虚拟现实世界组成的网络中遨游,身临其境般地欣赏各地风光、参观博览会和到大学课堂听讲座等。

进入20世纪90年代后,迅速发展的计算机硬件技术与不断改进的计算机软件系统极大地推动了虚拟现实技术的发展,[①]使得基于大型数据集合的声音和图像的实时动画制作成为可能,人机交互系统的设计不断创新,很多新颖、实用的输入输出设备不断地出现在市场上,而这些都为虚拟现实系统的发展打下了良好的基础。

随着互联网传输速度的提高,虚拟现实技术也趋于成熟,因此,虚拟现实全球网的问世已是大势所趋。这种网络将广泛地应用于工程设计、教育、医学、军事、娱乐等领域,虚拟现实技术改变人们生活的日子即将来临。

(三)区块链虚拟思维应用于实践的重要性和实际意义

1.区块链能够让数据共享安全可控

区块链具备数据加密存储、身份签名优势,对数据的来源和历史信息进行深度校验,可保证数据一致性和不可篡改,共享可信数据;网络节点的授权接入、账户管理的权限设置、政务数据的访问等,需拥有授权密钥文件方接入,且授权过程、使用和结果亦会留痕,实现数据的安全可信传输、存储和使用,确保数据共享安全可控。

2.区块链能够让数据共享更便捷

区块链网络数据共享采用的是安全数据交互方式,无须对接入

---

① 吕少锋.基于虚拟建造技术的大跨钢结构施工研究[D].南京:东南大学,2007.

部门的业务系统进行变更,具备较好的拓展性,可方便快捷接入新部门,且能在不调整平台架构时,应用在金融机构之间、政府各部门之间、不同企业主体之间,实现跨领域的数据共享应用。

3.区块链能够让数据权属更清晰

传统的数据共享方式无法对数据使用进行确权,因为数据是可被复制的,把这个数据转发给其他的程序来执行,数据的权属就不清晰了。而区块链核心特点是分布式账本技术,只有具备权限的单位才可对数据进行授权访问,且对数据之间使用过程、使用结果以及使用权转移都有清晰的记账,确保数据共享过程中权属清晰。

4.区块链能够让数据更有价值

通过更多政府部门和商业机构实现数据共享,能够促进上下游机构生态繁荣,突破部门壁垒,降低数据使用过程中的交互、确认成本,不但会释放巨大的商业潜力,还能够打造真正意义上的数字政府、数字城市,进而推动整个社会的数字化转型进程。

三、现阶段区块链虚拟思维的发展状况及存在的问题

通过近几年区块链应用的实践,以及对国内外区块链应用项目的分析研究,当前区块链应用发展的主要困难在于数据共享难以真正实现,而数据共享难以实现的深层次原因又在于人们对于区块链作用的理解不够。主要表现在以下几个方面。

(一)对数据缺乏价值认知

长期以来,由于部门对数据管理的边界不清晰、责任区分不明确,对数据资源的归属、采集、开发等相关管理规则不明确,且多部门并没有认识到数据的价值,反而觉得储存数据需要耗费大量的维护成本,多数选择直接上传到上级主管部门进行储存管理。

(二)数据共享存在困难

共享困难原因主要在于三个方面：一是少数政府部门主观意愿不强，认为数据来源于本部门，隐含着部门权力，就应属于"部门私有"，认为数据的共享意味着权力的流失或者旁落，因此从自身权力和利益出发，缺乏数据共享的动机，不愿意主动提供数据。[①] 二是客观存在的信息壁垒和信息孤岛。政府原有的信息管理系统主要建立在部门内部，多数是垂直管理系统，各部门间采集的数据格式不统一、标准不一致，采取的处理技术、应用平台各异，数据库接口也不互通信息，在横向部门之间不能交互共享。三是金融机构、企业等社会经济组织担心数据开放后存在税务稽核风险和竞争对手利用的风险。

(三)数据综合应用还未展开

数据已经渗透到当今每一个行业和业务职能领域，成为重要的生产因素。受限于政务数据的开放程度，多个组织，尤其是关系对等的组织之间，实现数据共享的案例非常少，因为没有参与方愿意主动共享数据。数据的综合应用仍然停留在初级阶段，要么数据获取的维度不够，要么获取的路径不规范、不统一，存在泄密风险，数据的价值也因此无法得到最大限度的体现。

四、区块链虚拟思维发展方向及改进措施

一是全面加强对区块链虚拟思维的认识和把握，抢抓先机、力争主动。进一步深化对区块链本质及其技术的科学认识。相关管理部门和经济组织要以强烈的争先机意识主动占位抢位，特别是金融行

---

① 邓念国.政务大数据共享难题如何破解[J].大数据时代,2017(3):22-25.

业,要更进一步认识"电子货币"的应用以及延伸,其作为新兴"货币"极有可能成为继黄金和美元之后国际货币体系的符号,关系着国际经济结构、政治格局等。

二是密切关注区块链虚拟思维应用发展,辩证认识虚拟应用的结果。既要充分重视当前区块链广泛应用的效果,又要准确认识其局限性,深化研析其所带来的不确定性及潜在风险,善于在具体的应用场景中发现、解决问题,不断从实践中优化经验、加强风险防控。

三是全面加强区块链研究,特别是对区块链思维在社会运行应用过程中所呈现规律、趋势的研究。系统加强针对性研究,组建跨领域研究团队和海量的用户反馈数据库,加强对"虚拟"世界的监控,善于从系列具有普遍性的事件、案例中寻求规律、把握趋势,从系列具有特殊性的事件、案例中找准切口,对症下药,进而进一步完善和充实对"虚拟"世界的管控政策、治理办法。

第二节　新发展理念实践信息交互

一、新发展理念实践信息交互背景

全面建成小康社会目标达成后,我国"四个全面"战略布局中的"全面建成小康社会"转变为"全面建设社会主义现代化国家"。党中央做出"十四五"时期我国将进入新发展阶段的重大论断,而将新发展理念通过信息交互运用于实践中正是题中应有之义。

(一)中国式现代化

习近平总书记在庆祝中国共产党成立 100 周年大会讲话中说道:"我们坚持和发展中国特色社会主义,推动物质文明、政治文明、精神文明、社会文明、生态文明协调发展,创造了中国式现代化新道路,创造了人类文明新形态。"①走中国式现代化道路,是贯彻运用新发展理念所必须坚持的底色,是我国发展中国特色社会主义的重要方法。其主要特点有如下几点。

1. 全民性

中国式现代化坚持以人民为中心的发展思想,以实现全体人民共同富裕为根本标志与本质要求。中国式现代化不是少数人在少数领域实现的现代化,而是通过全体人民的努力,以全体人民为受惠对象的全方位、全领域的现代化,这也与中国的国体、根本制度的要求相符合,与我党性质与指导思想相符合。

2. 协调性

全面协调可持续是科学发展观的基本要求,也是中国式现代化的重要特点。中国式现代化发展要实现经济、政治、文化、民生、生态等多个方面的协调发展。从对象来看,协调性中蕴含两个方面的内涵:一是领域内的协调发展,二是不同领域的协调发展。

领域内要实现协调发展,就是要平衡好诸要素之间的关系。以经济领域为例,非常重要的一点就是要实现量与质发展的平衡。"十三五"时期是我国经济的一个重要转型期,我国推动经济发展质量变革、效率变革、动力变革,由高速增长转向高质量发展。我国在改革开放的40余年里,以经济建设为中心开展各项工作,从一个经济落后的国家一举成为世界第二大经济体,GDP与人均收入每年都保持较高涨幅,经济量的增长已经取得了很大成绩。但是产业结构、经济体系建构、经济发展动力仍需调整改进,经济发展质量仍需提高。

而在不同领域间实现协调发展则要求各领域发展要共同进行,不能偏废,不能以牺牲一个领域的发展来谋求另一个领域的快速发展。从辩证角度来说,各领域之间也会存在相互影响,不可能彻底分

---

① 习近平.在庆祝中国共产党成立100周年大会上的讲话[N].人民日报,2021-07-02(2).

裂。例如经济发展绝不可建立在破坏生态的基础上，生态的破坏最终会反噬到经济的持续发展上。

因此，在中国式现代化进程中，为了长久发展，协调性是不可缺少的，必须做到领域内诸要素平衡，诸领域共同发展。

3. 超越性

新中国成立时，经济基础远远落后。因此，我国为实现中华民族伟大复兴，全面建设社会主义现代化国家，必须实现相较西方诸国更短时间、更高质量的发展，即我国的现代化发展必须具有超越性。中国式现代化不能走西方发达国家发展的老路子，而是要走中国特色社会主义制度下的新路。中国式现代化是没有先例可循的探索中的道路，而想要实现对西方发达国家的超越，也必须走这一条道路。因此说，中国式现代化具有超越性特点。

（二）新机遇与新挑战

现今，中国也正站在"两个一百年"奋斗目标的历史交汇点上，新机遇与新挑战层出叠见。我国正处于重要战略机遇期，面对着许多新机遇，也遇到了很多新挑战。如何抓住新机遇、面对新挑战正是实践新发展理念的重要问题。

1. 人口老龄化

我国自 2000 年步入老龄化社会，60 岁与 65 岁及以上人口比例逐年增长，而生育率总体呈下降趋势。

我国为缓解人口老龄化问题，近几年一步步优化生育政策，从 2011 年"双独二孩"政策，到 2021 年 5 月放开"全面三孩"。但从每年的全国生育率统计上来看，这些政策并没有产生太大的效果。从政策实施后的各类调查来看，大部分民众对依靠该政策提高生育率持消极态度。

人口老龄化也带来了一系列问题：一是劳动力不足导致劳动力

相对价格上升,对各产业尤其是劳动密集型产业造成了巨大冲击;二是家庭结构普遍呈倒金字塔形导致年轻人赡养压力增大,赡养成本增长,同时也降低了年轻人生育欲望,进一步加快人口老龄化速度;三是老龄人口的消费欲望较低,老龄人口比例的上升会降低社会消费总需求,不利于拉动经济发展。

然而,人口老龄化在带来一系列社会问题的同时,也蕴含着发展机遇:一是人口老龄化带来了更多养老需求,会带动养老住房、医疗看护、保健服务等行业的发展,刺激经济发展;二是人口老龄化导致的劳动人口减少也会促进产业结构调整,促使企业更多地在较低技术含量的工作中运用机械甚至人工智能,促进劳动密集型产业的转型。

2. 国际形势风云变幻

如今,世界多极化是大势所趋,"西强东弱"的国际格局正发生变化,我国综合国力与国际地位快速上升,也因此遭到少数西方发达国家技术封锁、提高关税等形式的打压。这对我国的自力更生、自主研发水平提出了更高要求。

但和平与发展仍是当今世界的两大主题,构建以合作共赢为核心的新型国际关系、打造人类命运共同体仍是世界人民共同的期盼。因此,新挑战下蕴含着新机遇。我国应加大创新力度,加快核心技术的研究,实现基础研究和前沿技术的多点突破;同时秉承科技合作的观念,与他国开展密切的交流,实施国际创新战略,在国际上取得更大话语权。中国正在实现从制造大国向创新大国的蜕变。

3. 意识形态安全问题

近年来,中国经济实力的迅速提升,在国际上话语权的迅速扩大,引起了某些国家的警惕,它们采取手段对中国进行打压,意识形态攻击就是其中的一种。

面对此类攻击,我们应高举中国特色社会主义伟大旗帜,发出中国之声。在国内,扎实推进思想政治教育进课堂,推进党史学习教育,坚定人民政治立场,提高人民政治站位,防御国外意识形态攻击;同时在国际上,通过分享中国国家治理经验、发展模式与传统文化等,让各国认同中国的理念与文化,为人类命运共同体的建设做出贡献。

二、新发展理念实践信息交互

(一)新发展理念实践信息交互概念

信息交互指信息发出与接收的过程。新发展理念实践的顺利运行离不开各领域的信息交互。新发展理念实践信息交互即在实践新发展理念的过程中,对各时段、各地点实践所获取的信息进行收集分析反馈,达到通过跨时间、跨地点、跨领域实践的信息交流来促进提升整体的新发展理念实践的效果。信息交互的实现很大程度上是基于现代大数据技术与思维,基于区块链带来的庞大的数据存储与联系可能性。

(二)新发展理念实践信息交互特点

随着区块链应用的愈发成熟,在新发展理念实践中信息交互运用的先进性与重要性逐渐为人所知,其主要有以下特点。

1. 全面性

新发展理念实践中信息交互运用的一大特点就是全面性。由于大数据与区块链的运用,各个领域实践所产生的数据信息都能被收集,而不会由于时间的流逝、地域的偏远等而遗漏或灭失。

2. 启发性

实践信息交互中存在跨领域的交流。新兴与传统领域的碰撞,使曾经毫不相干的领域之间通过信息交互发生联系,这些交流会给传统的认知带来全新的启发。

新兴领域与传统领域的结合会给传统领域注入新的活力。如近年来在民生服务中采用的网上办理、APP办理以及现场自助办理,就是在互联网发展影响下进行的。由于互联网思维的普及,互联网领域与民生服务领域发生了信息交互,对民生服务如何更加便民、高效产生启发。实际上,"互联网+"理论就反映了互联网对各领域深刻的启发。

同时,由于信息交互更为便捷,原来没有发生过联系的领域也开始发生了交集,并对对方的发展产生启发。如近年来的生态城市建设中地理信息系统的运用。地理信息系统主要用于对地理环境进行研究,通过地理信息系统对城市相关基础要素进行分析归纳,将绿色、环保等因素更好地融入城市规划中,实现城市建设与生态环保统筹兼顾。通过城市相关基础要素与生态设计的信息交互,实现了构建生态城市的目标,这一点在以前没有相关技术进行信息交互的城市建设中是看不到的。

3. 参考性

新发展理念实践中的信息交互带来的二级数据信息是建立在对一级信息分析推理基础上的,很多时候不具备扎实的数据支撑和必然应然的因果关系,可为我们的下一步行动提供指引和参考,但不能作为决定性依据。而且由于新发展理念实践信息交互理念以及技术的应用未成熟,还处于尝试与探索阶段,在应用时应怀着严谨慎重的态度。

4. 多样性

新发展理念的信息交互实践由于其运用领域广泛,涉及的信息数据庞大,其交互种类必定具有多样性。如近几年基于新发展理念而备受重视的"生态+"视角与基于技术发展而流行的"互联网+"视角,都是不同领域通过信息交互碰撞出不同火花的范例。

多样性既指交互种类的多样性,又指交互方式的多样性。交互种类上,经济、生态、民生、医疗等领域都可借助四通八达的信息交流渠道与强大的信息整合分析能力进行信息交互,以达到促进各领域发展的目的。交互方式上,两个领域的交互结合并不都是处于完全相等的位置上的,更多的时候是一个领域给予另一个领域的发展一定的启发和思路,如 20 世纪产生的生态哲学这一流派,在前几年与翻译学相结合,诞生了生态翻译学这一理论,生态翻译学就是基于生态学遵循事物自然的内在结构而提出的、循环原作固有的生态结构进行翻译的一种理论。因此说,交互方式上,可以是双领域并重,也可以是一主一辅,或是仅仅借鉴其思想。

5. 综合性

综合性这一特点主要体现在领域之间信息交互后产生的结果,通过信息交互来促进发展,其影响往往是多方面的。如大数据与刑事侦查的结合,对刑事侦查的改变不是仅仅存在于抓捕犯罪嫌疑人环节,而是对犯罪预防阶段的可疑人员监控、犯罪发生后的嫌疑人发现与抓捕以及后续的罪犯教育和改造都产生很大影响。同时大数据对刑事侦查的思维与模式也产生了很大影响,如办案模式由"从案到人"变为"从人到案"、办案思维从因果性向相关性转变等。信息交互的影响是多方位、多层次的,不可能孤立单独影响。

(三)实现新发展理念实践信息交互的意义与影响

正确理解信息交互特点,利用信息交互对践行新发展理念有重大意义与影响。

1. 实现新发展理念实践信息交互对建设"创新"国家的意义与影响

信息交互理论中,创新是最重要的因素之一。首先,从技术上说,信息交互理论基于大数据思维与区块链等新兴事物,收集大量共享数据,对数据分析后反馈结论。其次,从思维上说,信息交互理论是现代共享理念的体现,信息交互的实现正是通过各种渠道存储于平台的数据整合分析后反馈给各领域,基于信息的交流互通才能对各领域产生影响。因此,信息交互理论本身就是创新的,对其在各领域的运用正是"创新"国家建设的象征。

而信息交互理论对个体、社会乃至国家的创新都有极大的促进作用。信息交互理论拓宽了领域之间互相影响的渠道与互相影响的方式,为科技创新打开了技术创新思路并提供平台支撑。

科技创新中很重要的一环是平台搭建,许多城市推进的创新园区建设就为创新提供了良好的环境。而信息交互有助于平台的搭建,可以为创新提供人才、技术等交流的渠道,增加信息流通。同时,科技创新中技术的进步也需要信息交互的帮助。信息交互可以通过信息的收集、整合、分析得出新的结论,为创新的技术进步提供帮助。

2. 实现新发展理念实践信息交互对建设"协调"国家的意义与影响

"协调"即和谐一致,配合得当。"协调"国家即指国家经济、政治、文化、民生、生态等领域协同发展,各个领域发展彼此促进、互相支持。各个领域不同时期的发展有重点、层次的区分,但不会牺牲一个领域的发展来成就另一领域。

首先,新发展理念实践信息交互的实现有利于实现各个领域的协同发展。信息交互可以促进各领域的信息交流,增加交流与反馈的频次与效率,使各领域间了解更加充分,对如何协同合作更加明晰。

其次,"协调"发展并不是指所有时间以完全相同的力度来发展每个领域,而是有重点、有突出的发展。如经济发展与生态维持之间的关系,改革开放后初期,我国以经济发展为重点,大力发展工业,对生态的保护相对优先级不高。但是在我国经济有了巨大发展,要从高速增长转为高质量发展的当下，生态保护就得到了充分重视，强调经济发展必须在维护、恢复生态的前提下，并将大量资源投入生态修复中。在这两个时期，生态与经济的发展就是有重点区分的，而这也是为了能"集中力量办大事"，达到更好的效果。及时进行信息交互，有利于做出更加全面理性的决策，决定本阶段的发展重点和发展力度，同时保证两者都不会因为彼此的发展而被搁置牺牲，以此达到协调发展的目的。

3.实现新发展理念实践信息交互对建设"绿色"国家的意义与影响

进行"绿色"国家的建设，从源头上来说，就是更少地使用不可再生能源，尽量使用清洁能源；从结果上来说，就是更少地制造对环境有害的排放物，更少地造成不可分解的排放物。

首先，在绿色建设的源头上，通过收集分析各种能源信息对各种能源实现目标任务的效果和对环境会造成的负担进行综合性评估，来选择最能同时实现目标与绿色建设的能源以及使用量等。其次，在绿色建设的结果上，对排放物的排放情况进行监控，及时反馈排放物对环境造成的负担等，选择对环境负担最小的排放方式。通过及时的信息交互，权衡选择使用效果最好、造成环境负担最小的能源与使用方式，同时采用对环境造成压力最小的排放方式等，促进"绿色"国家的建设。

另外，信息交互理论的运用对"绿色"技术的发展也起到重要作用。2021年5月，我国首个绿色技术中心落地浙江，其将围绕节能环保产业、清洁生产产业、清洁能源产业、生态环境产业、基础设施绿色升级等国家绿色技术推广目录进行技术攻关，结合开展绿色技术示范推广、优化绿色技术创新环境及产业链等形式，加快绿色技术"引进来"和"走出去"。在技术攻关领域，信息交互理论将会帮助其更全面收集信息、分析数据，助力攻关。

4. 实现新发展理念实践信息交互对建设"开放"国家的意义与影响

"开放"国家的建设一向是我国工作中的重点，改革开放是当代中国最鲜明的特色，是我们党在新的历史时期最鲜明的旗帜。而在我国对外开放、融入经济全球化的进程中，信息交互也起到了重要作用。在与外国进行周边交流的过程中，采用信息交互可以更便捷、更有效率地传递双方的意思，更有利于推动国家间的友好合作。

5. 实现新发展理念实践信息交互对建设"共享"国家的意义与影响

新发展理念实践中的信息交互的实现正是基于各平台信息的共享，各平台让自己所储存的信息成为人人可触及的，才可以促进信息交流互通。因此，信息交互本身就是建设"共享"国家的体现。

另外，从"共享"一词的含义可看出，共享强调主体的广泛性，"共享"国家需要全民参与社会治理，而信息交互的实现正是给广大群众提供提出意见的平台与渠道。通过专门的平台来收集群众的意见，并将意见反馈至相应机关部门，有关部门在处理完毕后将结果告知相关群众，以此达到全民参与治理的目的。同时，共享也强调成果惠及全体人民，成果惠及人民群众的过程中，信息交互仍是不可缺少的一环。通过信息交互，及时地把其能获得的权利与利益告知民众，让民众可以真正将手中权利用起来，而不是让权利仅仅留在纸上，让民众更好地参与到社会的建设中来。

(四)新发展理念实践信息交互发展前景

1. 新发展理念实践信息交互在实现高质量发展方面的发展前景

数字信息已然成为当代社会重要的生产要素，并且在一定程度上对资源配置、要素重组等起着重要作用。进入新时代以来，转变发展方式,提升发展的平衡性、充分性,提高发展质量是关键,更是重点,信息数据的真实性、全面性,信息交互的充分性、有效性在很大程度上决定着经济社会各行业领域建设发展的成效及质量。

2.新发展理念实践信息交互在构建大循环、双循环结构方面的发展前景

党的十九届五中全会进一步提出了构建以国内大循环为主体、国内国际双循环相互促进的新发展格局的总体策略和发展思路。信息交互与共享是国内大循环结构有效构建、顺利运行的重要基础,也是有效推动国内国际双循环结构体系化建设,并且发挥出真实性、实质性作用的根本基础。信息交互与共享的真实性、有效程度直接决定了大循环、双循环结构的科学建成、有效运行,更是相互促进的新发展格局取得实质性成效的重要因素。

3.新发展理念实践信息交互在构建人类命运共同体方面的发展前景

人类命运共同体思想,是对马克思"人是类存在物"思想的进一步深化与发展,系统超越了地理上国家形式和区域边界、文明上国家制度和精神文化的限定以及种族肤色的区别,是全新的文明观念、全球普适的发展观念。面对共同的世界性发展难题、全球发展的不平衡及治理困境等,信息交互和共享在很大程度上有助于人类命运共同体全面生成,且不断通过系列具体实践中的交流合作共赢等,增进信任、提升信赖、凝聚合力。

(五)新发展理念实践信息交互路径架构

2019年10月24日,在中央政治局第十八次集体学习时,习近平总书记强调,"把区块链作为核心技术自主创新的重要突破口""加快

推动区块链技术和产业创新发展"①。我国社会发展的不平衡不充分不仅体现在区域、城乡等方面,还体现在物质文明与精神文明等方面,反映了整体与局部之间的矛盾关系以及事物内部各组成部分之间的矛盾关系。基于区块链共识机制及给予参与者之间信息真实性、互动对称性的原则,信息交互及共享有助于整体与局部、内部各组成部分之间的信息对称性,并展开有效真实的互动,在互动中形成共识、凝聚合力、推动发展。

区块链是一个信息技术领域的术语。从本质上讲,它是一个共享数据库,存储于其中的数据或信息,具有不可篡改、全程留痕、可以追溯、公开透明、集体维护等特征。② 基于这些特征,区块链奠定了坚实的"信任"基础,创造了可靠的"合作"机制,具有广阔的运用前景。③

一是进一步扩大信息化基础设施建设,加快推进代码化。健全和完善现有信息化设施,扩大信息化基础设施建设,加快数字化、代码化进程。二是加快公共区块链建设。根据具体公共性事务分类,加快建设公共区块链,明确管理主体及部门,更广泛地吸纳用户,建立反馈机制。三是加快建立具有时间戳的链式区块结构。以代码记账形式既固定了任何行为的历史时间,确保过程的真实性,防篡改,又以链、区、块进行事物、事件等在点、线、面上的关系集成。四是加快构建分布式节点的共识机制。在错综复杂的社会事务运行、海量的个体行为实践过程中采取广泛散点分布方式,并在具体事物发展、机制运行、经济贸易等方面实现共识的凝聚和达成。五是智慧运用强大共识算力和灵活可编程的智能合约。科学有序整合现有各类运算能力,系统增强信息设备互联运用能力,突出代码化所带来的交

① 张悦.区块链技术在企业档案管理中的应用研究[J].区域治理,2021(17):218-219.
② 李峰.了解二维码,走进区块链——谈结构三维码未来发展趋势[J].中国品牌与防伪,2020(7):58-61.
③ 王喻春,刘军.浅析区块链技术对会计行业的影响[J].经济与社会发展研究,2020(27):212-213.

流、合作、贸易等透明度,灵活调整智能合约,提高履约率,提升信用,降低风险。

第三节　区块链虚拟思维对新发展理念实践信息交互的实现

一、新发展理念实践信息交互实现的条件

新发展理念实践信息交互的实现必然是存在于一定的基础之上的,作为大数据时代的产物,首先需要的就是现代大数据技术,基于此而产生的庞大的数据存储与联系,使得信息的便捷交互成为可能。除此以外,还需要诸如安全可靠的交互方式、高效的回馈机制等。但当前新发展理念实践信息交互还处于一个较为初级的阶段,存在着新生事物伴生的问题和矛盾。当新机遇来临时,发展也将随之而来。

(一)目前新发展理念实践信息交互的不足之处

适逢大数据时代,新发展理念实践的信息交互享有前所未有的便利,各个领域实践所产生的数据信息都能被收集,新兴领域与传统领域的结合给传统领域注入新的活力,交互方式也存在多样性。

新生事物总是存在矛盾和问题的,新发展理念实践信息交互虽然具有全面性的特点,能收集各个领域实践所产生的数据信息,但也正如互联网的发展一样,随之而来的是铺天盖地、真假不一的各色信息,信息的可信度以及价值都将被打上问号,辨别真假也成了最令人头疼的问题。新发展理念实践信息交互的全面性虽然给了交互者更多的选择,但也对其辨别能力提出了要求。我国尚未推出专供新发展理念实践信息交互的平台,这也使得各地各部门在交流时效率存在问题,不能在专门的平台上一对多查找自己所需要的信息,只能通

过一对一的方式询问自己所需的信息，无疑是不够便捷高效的。此外，没有回馈机制，也使得他人在搜寻有效信息时存在一定的困难。

无论在什么时候什么方面，始终绕不开的就是安全问题，新发展理念涉及我国政治经济等多个领域，但缺乏行之有效的安全保障机制，倘若信息被别有用心之人收集窃取，甚至会影响到国家政治经济等多个领域的安全。安全保障机制的缺失带来信息交互时的缺乏安全感，不能确定是否会因为消息外泄而承担责任，这也使得交互者们在信息交互时或多或少有所保留。

（二）新发展理念实践信息交互发展所面临的新机遇

区块链思维的发展和虚拟现实技术的发展给新发展理念实践信息交互的发展带来了新的机遇。综上已知，区块链是一种在对等网络环境下，通过透明和可信规则构建起的不可伪造、不可篡改和可追溯的块链式数据结构。[①] 不可伪造和不可篡改保证了信息来源的可信度，加密的数据传输储存保证了信息交互的安全性，区块链思维的信赖规则也能很好地解决第三方机构衍生的泄密等问题，不仅能有效解决上述的辨别信息可靠度问题、效率问题和安全问题，更可以让新发展理念实践信息交互整体迈上一个新的台阶，平等、可靠、有效。

信息交互始终只停留在理论层面，真正落实还需实践。以往的信息交互，需要靠一次又一次的实践去将信息与实际相结合，稍微有一点偏差都有可能导致不可挽回的后果，试错成本较高；虚拟现实技术的诞生，给了新发展理念实践低成本的试错机会，虚拟现实技术多感知性、交互性、构想性和沉浸感的特点，让用户能通过仿真技术，完全沉浸在计算机生成的虚拟环境中，并与环境进行自然交互。[②] 算法

---

① 张甲.基于区块链技术的高职院校点对点教学模式研究与应用[J].陕西教育高教,2021(6):59-60.

② 张瑞杰,孙雨擎.创意思维在虚拟现实游戏设计中的应用[J].工业设计,2021(5):119-120.

是准确的，既可以减去人工产生的偏差，又可以迅速将信息组合起来，寻找到最贴合实际的实践方法，不仅节约了资本，更是节省了时间与人力。

将两者结合起来，用区块链虚拟思维去指导新发展理念实践信息交互，是新发展理念实践信息交互发展在区块链思维逐渐走入人们视野时面临的最大机遇与挑战。

二、区块链虚拟思维的发展前景

区块链思维包括分布式思维、代码式思维、共识性思维，是将一部分人的利益绑定后，大家在利益共同体中贡献自己价值的共赢、去中心化的思维。虚拟思维不仅是具备虚拟技术感知性、交互性、沉浸感等特点的分析与解决问题的通用思维，也是在现有条件的基础上畅想、运用技术大胆构建模拟未来的思维。简单说来，两者相结合就是在区块链思维去中心化等特点的影响下得到有利的资源，运用技术，大胆利用虚拟现实技术进行设想，寻求共赢和利益最大化。大数据时代在给生活带来便捷的同时也给信息的安全性带来隐患，第三方机构介入产生的问题也催动了人们对于去中心化的渴望，虚拟现实技术的发展也为未来的构建提供了快速通道。区块链虚拟思维应运而生，将使人们的思维方式产生翻天覆地的改变。

（一）区块链虚拟思维的发展优势

区块链虚拟思维不仅是一种寻求有利信息指导理论的思维，更是一种敢于突破现有条件，利用大数据算出最佳实践方案的思维；不仅高效利己，又能为他人提供参考，实现共赢。

如上所述，区块链虚拟思维与以往其他所有思维存在本质上的区别，以往的思维只是指导行动的，无法直接越过行动过程得到最终的答案；而区块链虚拟思维在通过安全高效的智能合约保障信息的情况下,又结合虚拟现实技术模拟出行动过程,只需在虚拟现实中与数据进行碰撞,省去了漫长低效的人工试错过程。世界发展日新月异,时间是最珍贵的,区块链虚拟思维的发展无疑为人类与时间的赛跑添加了脚力、创造了动力。

区块链虚拟思维内涵丰富,但合约、共赢、可感知是最重要的。区块链神奇的地方就在于它的思维,它可以将"信任"完全去除,却又能实现真正的信任。人类纷争的本质就是共识的流失,而人类社会发展的本质则是共识的凝聚和达成。如今的各种国际矛盾也是源于不同经济体之间缺乏利益共识。[①] 区块链就是以共识为基石来构建的,在这个世界上,只有达成共识才能开启交易,形成社群。区块链虚拟思维克服了中心化给人类带来的负面影响,减少了第三方机构的介入,让交互变得安全高效,同时虚拟现实技术的运用又能提高交互者的沉浸感,使交互变得真实可感知。它在数据理性的基础上给人类提供了感性的认知,给人类安全感和体验感,这便是区块链虚拟思维所具有的其他思维不可比拟的优越性。

(二)区块链虚拟思维对实际实践的重要影响

区块链虚拟思维的优越性之一就是它不仅能收集信息为实践提供方向,还能通过虚拟技术跳过人力试错环节,直接为实践提供合适的方法。由此可见,区块链虚拟思维能通过它特有的"智能合约"方式建立起一个没有第三方机构介入的安全可信的交互平台,在这里双方直接进行交流,且信息相对真实可靠,交互者亦可以通过虚拟技术提升自己交互时的感知性,虚拟技术可以将信息以 3D 的形式展现在交互者面前,将各类要素交织在一起,便于交互者选取于自己有用的信息,为实践收集足够的数据信息,收集实在有用的信息。

---

① 张耘堂.区块链与实体经济深度融合对企业经营的影响研究[J].时代经贸,2021 (11):71-76.

此外,虚拟现实技术也让人们不用担心试错成本问题,在虚拟现实里,算法起到最主要的作用,人工会有误差,但是算法是准确的,可以精确地推算出答案,甚至可以构想未来。例如,模拟训练作为军事与航天工业中的一个重要课题,为虚拟现实技术提供了宽阔的应用前景。20世纪80年代至今,美国国防部高级研究计划局一直致力于研究被称为SIMNET的虚拟战场系统,该系统可联结200多台模拟器,为坦克协同训练提供条件。另外,可通过虚拟现实技术模拟零重力环境,以此代替非标准的水下训练宇航员的方式。虚拟现实技术的发展是人类的福音,传统的实践被浓缩到小小的一方天地中,用眼睛就可以一小时体验不同的人生,体验完成现实中或许一年也无法完成的事,预测到事情的进展,重新定义了实践的意义。

区块链虚拟思维在知和行两方面影响实践,比起以往任何一种单一的形式都来得高效,或许会改变未来人们行为的方式。

三、区块链虚拟思维在新发展理念实践体系中的应用

回顾近代以来世界发展历程,可以清楚看到,一个国家和民族的创新能力,从根本上影响甚至决定国家和民族的前途命运。虽然现今我国经济总量跃居世界第二,但大而不强的问题相当突出,这主要体现为国家的创新能力不强。创新是一个复杂的社会系统工程,涉及科技、经济等社会多个领域,但创新又是一个需要不断试错的过程,试错成本的高低,也直接影响到创新能力的高低。从上述部分可以看出,利用区块链虚拟思维可以减少实践的试错成本。以公安部门为例,在传统的犯罪现场勘查过程中,由于受到证据保存的影响,一般允许对原始现场进行勘查的次数不会太多,因为每一次的勘查都会面临着变动原始现场、破坏证据的可能性;但是随着增强现实技术在公安侦查中的应用,案发现场只需通过第一次的固定,即可借助增强现实技术,实现无数次的重返现场,寻找可疑证据。增强现实技

术的应用,是对公安工作的巨大创新,区块链虚拟思维为创新的腾飞插上了双翼。

协调是持续健康发展的内在要求,其根本目的是要增强我国发展的整体性、协调性。但协调的背后需要信息的大量交互,区块链虚拟思维正好可以为信息的高效安全交互提供条件。例如,利用区块链虚拟思维搭建而成的"政府服务链",打通了政府之间、部门之间、政府与民众之间的壁垒,实现了政务数据跨区域、跨层级、跨部门共同维护和利用,消灭了"信息孤岛",促进了业务的协同办理。虽然跨区域之间的协调较同区域部门之间的协调来得复杂,但区块链虚拟思维可以化繁为简,以公式的形式来固定交流模式,打造高效便捷的信息交流渠道,为协调发展带来福音。

信息交互的安全性对于开放和共享理念来说尤为重要,新发展理念是相互贯通、相互促进的有机整体,统一于"四个全面"战略布局和"五位一体"总体布局中。区块链虚拟思维在新发展理念实践体系中的应用不止以上提到的几点,更大有可为。

(一)区块链虚拟思维对新发展理念实践信息交互路径架构之"创新"路径架构的影响

在新发展理念中,创新被置于首位,并以创新作为第一动力引领发展。把创新置于首位,是走新时代中国特色自主创新道路、解决社会发展的第一动力问题的必然选择。[①] 创新发展注重的是解决发展动力问题。这是基于我国目前创新能力不强,科技发展水平总体不高,科技对经济社会发展的支撑能力不足,科技对经济增长的贡献率远低于发达国家水平这一国情所提出的。

创新发展理念集中展现了马克思主义辩证唯物主义的本质,表

---

① 刘淑文.新发展理念的时代方位和传承创新[J].山东社会科学,2021(6):188-192.

明了发展的实质是新的事物代替旧的事物,因此创新是推动时代发展的重要条件和基本前提。[①]

　　而区块链虚拟思维对新发展理念实践信息"创新"的构建,离不开区块链虚拟思维自身的概念和特点。区块链虚拟思维指区块链技术和区块链平台处理问题的通用思想和方法,其创新点主要为去中心化处理和构建新信任机制。区块链虚拟思维具有颠覆性是因为它从技术底层解决了互联网技术发展中的"数据孤岛"、数据确权、数据安全保存与传输等信息时代重组信息的难题,可以为信息的整合、处理、分析提供新的社会化组织合作模式,由此能建立起新的信任模式。从对"人"以及人所建立的"组织平台"与"制度"的信任转化为对"数学算法"的信任,对客观、科学的信任,从而为构建更为可靠的合作信任机制奠定了技术基础。[②]

　　如何根据区块链虚拟思维推动创新有效有序地进行? 笔者认为需要更富有弹性与更高水平解决经济发展问题。原有的以政府为中心的行政治理机制必须进行相应变革和创新,以适应这种多样化、技术信任主导的互动模式。主要体现在以下三方面:(1)采用"去中心化"的方法解决"中心化"所固有的容量不足、成本高企、效率低下和信任度低等问题。(2)采用经济手段(付费服务、工作证明等)构建去中心化环境下的信任机制。(3)充分利用现有技术、网络和业务平台的能力(证书管理、云存储、云计算、大数据等)。去中心化是分布式的自然演进,去中心化并不意味着不要中心化的东西。区块链虚拟思维具有一定的普适性,有助于促进物联网业务与网络的持续演进。

---

　　① 余宇新,章玉贵.区块链为国家治理体系与治理能力现代化提供技术支撑[J].上海经济研究,2020(1):86-94.
　　② 余宇新,章玉贵.区块链为国家治理体系与治理能力现代化提供技术支撑[J].上海经济研究,2020(1):86-94.

(二)区块链虚拟思维对新发展理念实践信息交互路径架构之"协调"路径架构的影响

协调发展注重的是解决发展不平衡问题。我国目前发展不协调这一长期存在的问题,在区域、城乡、经济和社会、物质文明和精神文明、经济建设和国防建设等关系上表现得更为突出。在经济发展水平落后的情况下,主要任务是要跑得快,但取得一定成绩后,就要注意调整关系,注重发展的整体效能,否则"木桶效应"就会愈加显现,一系列社会矛盾会不断加深。

面对目前我国区域或城乡的发展差距、不同群体或个体的收入分配差距,以及不同层级政府的财政失衡等各类发展失衡问题,尤其需要通过区块链技术和区块链虚拟思维,展开有效的调整和协调。

目前的协调发展是通过政府的协调机制进行统筹规划和分配协调。而面对将来信息数据量更大的数字化时代,政府职能的转变是协调的关键点,要求政府利用区块链虚拟思维适应信息深化发展要求,推动社会管理模式的现代化。信息化时代,信息技术对个体的技术赋能较工业时代更为明显。不论是个体还是组织,由于有了虚拟现实技术的应用,因而具备了以往所没有的影响力和能力。因此,需要在国家治理体系中对不同利益相关者采取平等对待的方式,否则国家治理成本和风险都会提高。而在区块链系统中,政府部门的主导地位转变为系统中的关键特殊节点,与其他参与主体趋向平等。即政府在国家治理体系中由原来的主导者、管理者转变为积极的协调者、服务提供者,打造治理资源共享共建平台,借助智能合约创建智能化治理模式,并向精准化、服务化方向发展。由之前的政府协调治理转变为网络服务器主导的治理。随着区块链在政务领域逐渐广泛运用,分布式架构和信息互动方式的改变,会促使政府组织结构由层级架构逐渐扁平化,其治理及政府服务过程也将透明化,能有效提高政府治理效能。政府组织扁平化意味着政府传统职能中部分职能交由市场机制或社群机制来完成,意味着参与的多元化治理主体平等化,政府部门将不再是中心化的支配角色。①

(三)区块链虚拟思维对新发展理念实践信息交互路径架构之"开放"路径架构的影响

党的十八大以来,我国改革开放持续深入。在过去,"开放"更多注重的是引进外资进行充分利用,接受并主动适应世界政治经济秩序(即非主动开放),更多涉及鼓励外商投资和发展。而目前新发展理念中的"开放"是逐步走向世界舞台并充分利用世界舞台传递出中国声音。开放发展注重的是解决发展内外联动问题。

目前我国存在的问题不是要不要对外开放,而是如何提高对外开放的质量和发展的内外联动性。我国对外开放水平总体上还不够高,利用国内国际两个市场、两种资源的能力还不够强,应对国际经贸摩擦、争取国际经济话语权的能力还比较弱,运用国际经贸规则的本领也不够强,需要加快提升。

区块链的发展和成熟使得"开放"路径的架构也发生了改变。区块链由于具有相对较为独立的共识机制和私密独特的算法,在货币方面的应用可以视为包含所有记录的公共账簿(过去此公共账簿由国家管理并记录,但并不一定全面)。从国家治理层面来看,区块链虚拟思维应用于国家治理,可以构建更高效率、更低成本的治理共识机制,一切数据和信息可以通过公共的平台进行共享。客观共识的区块链技术平台的建立,其客观性和平等性可以重新构建新的信任机制,使得社会治理体系与诚信体系发生变化,将管理模式从过去的政府管理转变为区块链网络治理,可以减少国家政治意识形态矛盾和冲突导致的"不开放"现象。在区块链承载的社会合作模式中,参

---

① 余宇新,章玉贵.区块链为国家治理体系与治理能力现代化提供技术支撑[J].上海经济研究,2020(1):86-94.

与者相对过去更为平等,自主性更强,自组织特点更明显。区块链应用下的这种合作模式变革,导致国家、市场、社会的职能范围或三者的边界产生了变化。市场化机制作用进一步加强,社会自主性提升,国家治理方式无需完全依赖于行政治理,并促使激活市场、激活社会的新治理模式产生使之制度化、系统化。通过区块链促使行政机制、市场机制和社群机制形成互动式治理。①

(四)区块链虚拟思维对新发展理念实践信息交互路径架构之"共享"路径架构的影响

共享发展理念,深化发展了"以人为本"理念。从共享发展所囊括的内容来看,民生领域更加宽广,包括增加公共服务供给、实施脱贫攻坚工程、提高教育质量、促进就业创业、缩小收入差距、建立更加公平更可持续的社会保障制度等。

共享发展注重的是解决社会公平正义问题。我国经济发展的"蛋糕"不断做大,但分配不公问题比较突出,收入差距、城乡区域公共服务水平差距较大。在共享改革发展成果上,无论是实际情况还是制度设计,都还有不完善的地方。而借助区块链技术和区块链虚拟思维则可以有效地改进和完善。

区块链本质是一个分布式共享系统,包括账本分布式共享、数据分布式存储、交易分布式记录、参与者分布式协作、系统分布式维护,"共享"所带来的革命性变化,就是系统内的数据存储、交易验证、信息传输过程全部是对等的、分布式的、公开透明的,共享的数据被同步运行在所有参与网络的节点中,任何人无法篡改、销毁账本,因为没有人可以同时控制所有的网络节点。这种体现为"公正性"的技术优势,使得区块链虚拟思维在金融、保险、知识产权、慈善公益等领域

①　余宇新,章玉贵.区块链为国家治理体系与治理能力现代化提供技术支撑[J].上海经济研究,2020(1):86-94.

都具有广泛深入的应用价值。具体到共享经济当中,也能够为形成以用户体验为核心的信用体系提供根本保障。

从经济体系上来看,共享经济是借助信息技术高效利用闲置资源的新兴商业模式,具有自动计算和匹配供需关系、社交化经济关系、开放式信用评价体系的特征。区块链式共享金融成为助推金融稳定的重要尝试。区块链技术与规则的探索可以推动社会信用体系的完善,对于难以进入传统金融体系来积累信用的主体来说,介入共享金融实践可以为其创建金融信用基础。

区块链虚拟思维助推的共享金融模式,强调的是金融与实体的共赢发展,包括使多数主体充分享受经济增长与金融发展的成果;金融机构促进实体部门规模和结构的完善;避免内部结构失衡和金融创新的失控;解决好金融部门与实体部门之间的分配问题;减少行政性干预,强调市场化运行机制和自律环境优化。在全新的共享金融理念的引导下,现代金融发展将从"脱实向虚"转向"以实为主、以虚为辅"。

四、区块链虚拟思维对新发展理念实践体系形成的影响

(一)区块链虚拟思维对实现高质量发展方面的影响

区块链是新一代信息技术的重要组成部分,是分布式账本技术、加密算法、智能合约等多种技术集成的新型数据库软件,通过数据透明、不可篡改、可追溯,有望解决网络空间的信任和安全问题,推动互联网从传递信息向传递价值变革,重构信息产业体系。

《中华人民共和国国民经济和社会发展第十四个五年规划和2035年远景目标纲要》提出"以联盟链为重点发展区块链服务平台和金融科技、供应链管理、政务服务等领域应用方案"等要求。未来,

区块链的角色日益重要。我国经济目前正处于从中等收入走向高收入的关键挑战和转折点上，未来 10 年中国经济面临的挑战是巨大的。区块链作为提供行业经济信用的基础设施，是推动中国经济未来 10 年发展中不可或缺的科技变革力量。由于受到区块链节点监管以及高能耗的约束，我国当前着重发展的是联盟链，大规模的标准化公有链发展还需时日。低能耗的绿色区块链是未来的发展方向，对于我国大数据产业来说，提供能源经济的实体可以尝试向提供信用经济的实体转变，跟上时代发展步伐。应凭借区块链与我国能源、气候、人口特征等各方面契合的特点，以信用产品服务为我国的营商环境优化提供基础保障，以信用创新机制为我国经济的高质量发展提供转化动能，最终为实现中华民族的伟大复兴加油助力。区块链虚拟思维对于推动经济高质量发展也具有重要的意义。如今，以信息化和信息产业发展水平为重要特征的综合国力竞争日趋激烈，区块链作为实现数字经济与实体经济融合发展的新动力，已成为世界先进国家驱动经济发展的重要力量。目前，区块链在我国制造业上的具体应用，主要体现在以下四个方面：一是利用区块链为智能制造产品研发与制造业商业模式创新提供新动力，通过点对点的证明机制，去掉中介环节，解决产业中信任与效率问题，为用户带来新的价值体验。二是利用区块链为供应链金融提供新动力，让金融信息不再成为孤岛，解决中小企业融资难的传统问题。三是区块链与大数据、物联网、人工智能相结合，为工业大数据赋能，为构建可信工业互联网提供新动力。四是对区块链与物联网进行深度融合，实现产品溯源，为全社会的信用体系构建以及食品等需溯源监管行业的发展提供新动力。[①]

---

① 李博.草原文化艺术化转化的路径[J].实践(思想理论版),2020(2):53-54.

(二)区块链虚拟思维对实现双循环结构的影响

当前经济形势仍然复杂严峻,不确定性较大,中国遇到的很多中长期的问题,必须从持久战的角度加以认识,加快形成以国内大循环为主体、国内国际双循环相互促进的新发展格局。

消费和投资,是我国经济双循环的两个主要方向,科技领域的国产替代,又是内循环的重中之重。这其实是前几年供给侧结构性改革、扩大内需和中国制造这三个话题的延续。内循环可以通过企业的链改,把通证的激励机制融入企业的发展,打破单一的合伙人机制,努力为更多的人带来新的财富收入,源源不断地为企业发展注入新的动力。

区块链所带来的信任成本的降低将极大推动国内各生产要素的有序流动,与实体经济在更广范围、更深层次、更高水平深度融合,进一步激发并护航数字经济的高速发展。区块链作为新基建的成员之一,通过透明和可信规则,构建不可伪造、不可篡改和可追溯的块链式数据结构,在信任自治机制中发挥了重要作用,对互联网底层逻辑进行了革新,构建了以计算存储为核心的未来信息技术基础设施,成为新一代基础设施中的"基础设施"。

在复杂严峻的内外部形势下,当前中国经济双循环势在必行,面临着生产关系重构、生产要素重新定义、业态重建的新时代发展格局。目前,全球正迈入信息时代,以区块链、5G、物联网为代表的新一代信息技术可通过赋能传统产业,以信息化、智能化为杠杆培育新的经济增长点。从外部局势来看,推进新基建是在数字经济浪潮中的关键举动。而从内部发展来看,短期内新基建正在成为稳投资和稳增长的重要突破口。目前,区块链已广泛用于民生领域中,通过"区块链＋"为实体经济换道超车注入新动能,在教育、就业、养老、精准脱贫、医疗健康、商品防伪、食品安全、公益、社会救助等领域发挥重要作用。

第五章　区块链系统思维与新发展理念实践场域建构

第一节　区块链系统思维

一、系统论

系统论认为,组成系统的各要素固然重要,但更重要的是其之间相互联系、相互作用的关系,这是一种着眼点位关系而非要素的思维方式。关系被切断,整个系统也将失去其价值。系统论的任务之一为调整要素与要素之间的关系,使系统达到所优化的目标,发挥其价值及使用价值。区块链系统思维,是一种基于要素之间关系的思维方式。

系统论是研究系统的结构、特点、行为、动态、原则、规律以及系统间的联系,并对其功能进行数学描述的新兴学科。从一般系统论的角度出发,通常把系统定义为由若干要素以一定的结构形式联结构成的具有某种功能的有机整体,其核心思想是系统的整体观念。系统中的各要素都有其作用,且并不是孤立的,其中任何一个要素都不能脱离系统独立存在,各要素之间相互关联。例如,大自然这个生态系统中的任何要素(即物种)都有其作用,任何一个要素的消失都会对这个系统造成影响,而其中的任何一个要素都无法单独存在。

一般系统论的创始人贝塔朗菲将其分为狭义与广义两种,狭义系统论着重对系统本身进行分析研究,广义系统论则是对一类相关的系统科学进行理性分析研究。其中包括三个方面的内容:系统的科学、数学系统论;系统技术,涉及控制论、信息论、运筹学和系统工程等领域;系统哲学,包括系统的本体论、认识论、价值论等方面的内容。

二、区块链系统

(一)区块链系统要素之节点

要素是按照一定的关系、秩序组成系统的若干部分,并发挥着特定的功能。在区块链系统中,其要素为节点,区块链系统中的各个系统均由不计其数的节点共同构成。一般来说,在区块链基础架构模型中,区块链系统可分为数据层、网络层、共识层、激励层、合约层和应用层六个子系统,六个子系统又分别由若干个节点要素组成。

如果说数据、网络和共识三个层次作为区块链底层虚拟机制分别承担数据表示、数据传播和数据验证功能的话,合约层则是建立在区块链虚拟机制之上的商业逻辑和算法,是实现区块链系统灵活编程和操作数据的基础。区块链的应用场景和应用模式大致可归纳为数字货币、数据存储、数据鉴证、金融交易、资产管理和选举投票等六个应用场景和公共链、联盟链、私有链三个应用模式。

(二)区块链系统关系之链

关系即"相互联系、相互作用",是系统中看不见的联系各要素之间的若干条无形的线。在区块链系统中,关系就浓缩为"链"。在确定一个区块链系统之后,其各个组成部分即节点以及各个子系统都是确定的,关系的作用就是将各个节点更好地联系起来使其共同构成的子系统运转良好,在整个区块链系统中发挥作用;同时联系各个子系统使区块链这个"复杂巨系统"的作用及价值最大化。以数据层和网络层为例,数据经过数据层会形成相应的数据区块,当数据区块经过网络层时,其中的节点会对数据进行验证,仅当数据通过大部分节点验证后,才能被记入区块链。再以网络层中的验证机制为例,网络层中的数据验证机制,在节点接收到其他节点发来的数据后,会验证其有效性,若该数据无效则会将其废弃,确保其不会影响其他有效数据的转发,同时避免一定程度上的资源浪费;若数据有效,则会通过网络层中的数据传播机制继续转发至下一节点进行验证。这就是区块链系统中数据层与网络层两个子系统以及网络层各节点之间的"链"。从系统性思维的角度出发,着眼于"链"而非节点,"链"真正地将区块链系统这一复杂巨系统中的所有要素联系在一起,各要素之间如果没有产生"链",整个区块链系统也将毫无价值。

(三)区块链系统目标之共识

根据《新华字典》,"共识"指一个社会不同阶层、不同利益的人所寻求的共同认识、价值、理想。区块链系统具有去中化的特点,其中的各要素(节点)是分散开的,而共识机制很好地维护了区块链系统的运作顺序以及其公平性,同时通过奖惩维护了整个区块链系统的稳定运行。区块链使各节点高效地针对区块数据的有效性达成共识。在区块链系统的共识层中,以比特币系统中的工作量证明机制为例。[①] 比特币系统中,矿工基于自身来共同解决挖矿这一问题,挖矿即为矿工的共识。工作量证明机制是一种验证型共识算法,也是一种经济对策,通过让用户进行大量的运算达成工作量证明从而获

---

① 陈诗雨.区块链共识机制仿真框架的设计与实现[D].沈阳:沈阳师范大学,2020.

得奖励,而篡改运算结果的成本极高,难以实现。区块链系统中各子系统也有各自的目标(共识),例如数据层为形成数据区块,网络层为验证区块中数据的有效性。区块链发展的最终目标(共识)——价值互联网,这是现阶段的互联网无法实现的,在价值互联网中用户对自己所创造的各类事物拥有知识产权,可以个人对个人直接进行销售,目前人们在网上分享的只是原件"副本"拷贝,只起到传播信息的作用。

区块链系统"共识"着眼于信息价值的传输,而在多种信息价值中,更着眼于创新价值。在区块链中人们上传的音视频资源、文章等更多地作为一种价值点对点地进行价值传播而不是简单的信息传播。

(四)区块链系统环境之互联网

互联网是区块链发展的大环境,区块链并不是下一代互联网,两者之间有着本质的区别。

其一,互联网解决的是信息传输问题,而区块链则解决价值传输问题。互联网为信息传输提供媒介,有许多"中间商",互联网并不会分配价值,更多时候就是共享信息;而区块链可以实现信息的点对点传输,不需要"中间商"。其二,区块链解决的是人类高效协作的问题,这可以很好地解决信用问题。其三,区块链是对传统的公司体制的颠覆;区块链有一种激励机制,通证为其纽带,推动人们自发协作,朝着共同的目标(共识)前进。

互联网是分布式网络,区块链是分散式网络。相较于互联网,区块链是一种全新的记录信息的方式,不需要"中间商"来存储信息,而是把信息存储在每个终端设备节点,相同信息存储在不同设备的所有节点中,也称为对等网络,因此区块链并不会被少数巨头公司所垄断。在互联网中,信息很容易被复制,其价值就会被稀释,目前互联网上的大部分信息被过度复制,进而导致其价值被严重稀释。

关于区块链与互联网之间的关系有三种：第一，是创新关系。互联网为区块链奠定了坚实的硬件基础。区块链是在互联网现有基础上的再发展，区块链会简化互联网现有的复杂运行环境。第二，是平行关系。两者之间以数据为桥梁相互对接，在区块链中，数据价值不会被少数巨头公司所垄断，将回归个人。区块链的出现不代表互联网消失，互联网世界提供的大量的数据，在区块链系统中进行严格的格式化验证以进入到区块链世界，再通过一系列技术成为若干数字身份，实现两个世界的交互。第三，是镜像关系。区块链与互联网之间有很强的对比性。前者是价值的运输协议，后者是信息的运输协议，它们对价值和信息的处理方式完全不同。区块链在一定程度上增加了信息的创新价值。区块链在全面继承互联网硬件基础及现有成果的基础上，提取其核心能力加入基础设施层面。可以简单地将互联网看作区块链系统中数据层的数据来源，以形成若干带有时间戳的数据区块。

用"链"将区块链这一复杂巨系统中的各子系统、各子系统中的各节点联系在一起，共同构成了完善的区块链思维。

三、区块链系统思维的内涵

区块链系统思维是基于区块链的系统结构、形态以及运行模式，进而衍生出的一种具有整体性、结构性、立体性、动态性、综合性等特征的逻辑抽象思维。区块链系统思维以系统论方法为基础，指导系统运行实践，对带动城乡发展、促进产业升级、推动国家进步有非常重要的指引作用。我国地域辽阔，资源分布不均匀，经济发展不平衡的问题突出，因此发展和如何发展仍然是两大重点问题。各要素的分离整合、个体发展与共同发展需要科学理论的指导，因此阐释区块链系统思维对指导科学发展具有重要意义。

区块链系统的六个子系统及其若干个节点要素、结构组成、机制算法、原理规则等共同组成了一个整体，并且相互间形成结构性体系，产生动态性的相互关系和作用，既有区块状关系、网状联系，还有链式、条线的连接，形成了纵横双向立体关联的复杂巨系统，其整体性实践功能有效发挥，要求任何一个子系统都必须服从于整个系统的运行模式、规则，形成具有整体性、综合性的形态。

　　区块链系统思维与一般系统思维一样，其核心思想中突出了系统的整体观念，但在实践过程中，因为区块链具有去中化的特点，各要素（节点）是分散开的，其运行方式更为扁平，且验证机制、共识机制作为基本运行机制，更好地保证了复杂巨系统运行的公平性，更为充分地以技术形式赋予了各主体间的实质性平等地位，这种模式或者说其所展现的思维，为现有经济社会发展带来了基于一般系统思维之上的具有更为扁平化、立体性、公平性、对等性的思维方式和实践模式。

第二节　新发展理念实践场域

一、场域理论

　　一般认为，场域理论是当代国际著名的社会大师皮埃尔·布迪厄社会学思想体系中的核心理论之一，是实践社会学的重要组成内容。布迪厄的场域理论以"场域、资本、惯习"三个核心概念展开。随着场域理论的兴起，不同领域都致力于通过场域理论阐释本领域的发展，对本领域进行解构和建构。在西方话语体系中，场域是具有独立时空的社会体系、客观关系的特征结构、充满斗争的矛盾形态、确定边界的社会系统，并且"只有在一个场域的关系中，一种资本才得以存在并且发挥作用"①,对权力结构、资源配置、人员组织、运行规则等进行控制,实现场域内所有行为主体自觉与不自觉的"共谋"式发展,并以"惯习"继承和发展的模式植入到整个场域体系中。

在西方话语体系中,场域独立及运行的关键在于客观关系构成的权力结构,行为主体在场域中的位置或者说权力来源,都直接与"资本"占有的数量及程度相关,是"经济资本、社会资本、文化资本、符号资本"的综合体。"这种资本赋予了某种支配场域的权力,赋予了某种支配那些体现在物质或身体上的生产或再生产工具(这些工具的分配就构成了场域结构本身)的权力,并赋予了某种支配那些确定场域日常运作的常规和规则以及从中产生利润的权力"②,是典型的资本逻辑实践形式。资本最大化意味着权力最大化,人与人、人与自然之间的关系即残酷的资本关系,以相互斗争的形式获得和占据资本。这无形之间与资本主义本质不谋而合,或者说,是西方社会历史塑造、演变的产物,凸显了"资本关系"的核心地位。

中国历经数千年文明发展,有着自身独特的民族气质,并在人口、地理面积、经济总量以及文化形态上都为全球人类的进步发展做出了极为重要的贡献。中国特色社会主义场域的向度,明确是以实现人民自身解放、人民改造世界、推进人类文明为目标,以"共同价值观"为根本,以人民共同事业为基础,以科学的社会分工为基本关系,构建形成的全社会合作共赢、协作发展的体系,是多元区域发展共同组成的社会演进系统,共识发展、共建社会、共治形态、共赢格局和共享成果是系列建设实践的逻辑起点和落脚点。在中国,"资本"是人民的发展手段,是服务于全社会共同进步的发展要素。"惯习"是牢牢植根于中国特色社会主义伟大实践中的中华民族和中国人民的根

---

① 布迪厄,华康德.实践与反思:反思社会学导引[M].李猛,李康,译.北京:中央编译出版社,1998.

② 布迪厄,华康德.实践与反思:反思社会学导引[M].李猛,李康,译.北京:中央编译出版社,1998.

本的共同意识、理念、价值系统,既是对千年东方文明历史所孕育的中华优秀传统文化的传承和发展,又是对党领导下的中国革命、建设、改革所创生的革命文化的接续和创造,更加是对社会主义先进文化的弘扬和推动。

中国社会流变深刻地演绎着中国这方热土的兴衰和蝶变。沧海桑田,波澜迭起,在中国共产党的领导下,中华民族和中国人民以自身独有的特质,构筑起了"站起来,富起来,强起来"的中华民族伟大的复兴进程。对于中国社会而言,中国以极强的主体性、独立性、时代性、开放性、实践性开拓着中国发展道路,不断实现中国的发展目标。中国的人民主体性、民族独立性、发展时代性、文化开放性、建设实践性是中国特色社会主义场域的根本特征,凸显的是根本立场、道路方向、实践路径、价值目标的内在统一。

二、新发展理念实践的现状分析

党的十八大以来,习近平总书记提出了"创新、协调、绿色、开放、共享"的新发展理念。实践证明,新发展理念是破解发展难题、厚植发展优势的创新型发展理念。习近平总书记指出"新发展理念是一个系统的理论体系,回答了关于发展的目的、动力、方式、路径等一系列理论和实践问题,阐明了我们党关于发展的政治立场、价值导向、发展模式、发展道路等重大政治问题"①。

(一)新发展理念形成的客观依据

1.顺应时代潮流的具体表现

21世纪以来,各国制定自己发展战略的重要考虑因素已经变成

---

① 习近平.深入学习坚决贯彻党的十九届五中全会精神 确保全面建设社会主义现代化国家开好局[N].人民日报,2021-01-12(1).

了确保环境可持续、彻底消除极端贫困和饥饿、进一步发展开放国际合作以及普及基础教育、医疗设施,联合国也在发展问题上迈入了新议程。联合国早在 2000 年就制定了"联合国千年发展目标",目的是帮助全世界人民脱离贫困,提高生活质量水平。它的制定和发展标志着人类发展共识的形成,即追求全社会稳定可持续发展和公平公正发展是所有国家的发展战略目标。2014 年,联合国秘书长潘基文发表《2030 年享有尊严之路:消除贫穷,改变所有人的生活,保护地球》综合报告,要求各成员国在追求可持续发展的同时,对全世界范围内贫困、基础教育、医疗设施等问题做出回应,并且着重关注了发展不平衡、世界和平与发展、可持续性消费、生态和谐、社会公正等方面的问题。此外,该报告还提供了一体化的六项基本因素,以构建和强化可持续发展议程,确保展现成员国表达的雄心和愿景,并在国家层面变成现实。这一新阶段不再是单一独立的领域和个体发展问题,而是涉及多领域、多维度的共同协调发展问题,更加重视全人类发展,而不是单一国家或地区的发展。

新发展理念毫无疑问是现阶段最契合联合国发展目标的发展战略,是针对我国发展中存在的突出矛盾和问题提出来的,是在总结汲取国内外深刻发展经验教训、深刻分析国内外发展大势,综合了现阶段经济社会重大发展成果基础上形成的。

2. 国家发展需要

我国社会主要矛盾已经转化为人民日益增长的美好生活需要和不平衡不充分的发展之间的矛盾,我国经济发展已经由高速增长阶段转向高质量发展阶段。这是全局性的发展战略,也是历史跨越式的转变。当前我国不平衡不充分的发展现状依然突出,发展中的矛盾和问题主要体现在发展质量上。满足人民日益增长的美好生活需要,实现从规模速度型粗放增长转向质量效率型集约增长,从要素投资驱动转向创新驱动,从"有没有"到"好不好",这些都要求我们坚持问题导向,认真贯彻落实新发展理念,切实解决发展不平衡不充分的问题,真正实现高质量发展。新发展理念在解决"怎样发展"的问题上,注重发展的连续性、系统性和整体性,从五大方面协同推进。

第一,通过创新发展来优化经济发展动力机制。创新发展理念不单单是指狭义上的"科技创新",更包括宏观范围内理论本身的创新,制度、文化和宏观调控各方面的创新发展。在强调发展速度的同时,也要强调发展效益。第二,通过协调发展促使各主体之间相互适应,避免相互掣肘。协调发展理念不仅仅是强调部分与部分之间的静态协调,也包括整体与部分之间的协调整合,强调的是全局和整体中多方位、多维度、多层次的静态协调和结构优化。协调发展重在"全面",必须着眼于整体实力提升,拓宽发展领域,在强化薄弱领域中增强发展后劲。协调发展是对"发展＝经济增长"观念的扬弃,既客观地肯定了经济增长在发展中的作用,又对经济发展与其他领域发展做了阐释,全面推进中国现代化建设中各项关系的协调发展。第三,绿色发展着重解决人与自然环境的关系问题,是坚持可持续发展的必要条件,推广生产、消费可持续方式,加快建设资源节约型、环境友好型社会,形成人与自然和谐共处的现代化发展格局。第四,通过开放发展形成开放新格局。开放是国家繁荣发展的必由之路,特别是在经济发展新常态下,开放发展需要成为一种新理念,处理好内外联动问题,"引进来""走出去"并重,引资和引技引智并举,注重推进高水平双向开放,积极参与国际经济合作和公共产品供给,提高我国在全球经济治理中的制度性话语权,构建广泛的利益共同体。第五,共享发展理念赋予了发展理念、发展过程、发展动力、发展性质新内涵,是中国特色社会主义的本质要求、共同富裕发展目标的体现。共享发展需要关注人民的根本需求,增加对医疗、教育、就业等领域的公共产品供给,实现社会的公平正义。在"为谁发展"的问题上,新发展理念发展的动力不是具体的个人,而是广大的人民群众,是为了广大人民群众的利益而发展。中国提出来的新发展理念为世界消除贫困和促进发展提供了有效的解决方案,为实现全世界人类共同利益提供了公平、公正的发展观。

(二)我国内部因素发展现状

在国务院印发的《"十四五"国家信息化规划》中,区块链作为数字关键核心技术,是打牢数字技术创新能力根基重点突破和集中攻关的核心技术和环节。随着《"十三五"国家信息化规划》顺利实施,区块链已经有了很大的发展,越来越多的行业、企业已经开始将传统业务上链,寻求改革。比如,在社会管理领域,区块链应用于档案管理、专利保护;在物联网领域,区块链支持物品溯源和防伪;交易清算结算、私募等金融服务领域运用了区块链低交易成本的特点;在社交通信领域、共享租赁经济领域运用了区块链全球联通的特点。区块链的应用彻底革新了现有价值传播体系。根据赛迪(青岛)区块链研究院的统计,截至 2020 年 6 月,经工商部门登记注册的区块链相关企业就有 4 万余家,具有投入产出的区块链企业共 303 家,主要聚集在国家中心城市群,如京津冀、长三角、珠三角等地。就目前我国区块链产业来说,主要以金融应用、解决方案、BaaS 平台居多,其次是供应链应用、数据服务、媒体社区和基础协议,信息安全、智能合约等方面比较少,且"区块链＋供应链"金融尚处于落地初期阶段。随着区块链的不断成熟,各类产业链、机制都将趋于完善。

在政策性条件方面,我国的区块链政策环境持续利好发展。一是国家统筹布局,加快推动区块链技术和产业创新发展。在《中华人民共和国国民经济和社会发展第十四个五年规划和 2035 年远景目标纲要》中,区块链首次被纳入国家五年规划中,在"加快数字发展,建设数字中国"篇章中,区块链被列为"十四五"时期七大数字经济重点产业之一。2021 年 6 月,工业和信息化部、中央网络安全和信息化委员会办公室联合发布《关于加快推动区块链技术应用和产业发展的指导意见》,明确到 2025 年,区块链产业综合实力达到世界先进水平,产业初具规模。培育三至五家具有国际竞争力的骨干企业和一批创新引领型企业,打造三至五个区块链产业发展集聚区。到2030年,培育形成若干具有国际领先水平的企业和产业集群。虽然目前还未正式出台区块链技术应用相关的法律法规,但是仅2020年,我国关于区块链技术的政策文件累计就有200多份,可以看出国家对区块链技术的应用与发展较为支持,正在积极推进区块链产业建设,支持技术应用落地。二是多省(区、市)出台区块链专项扶持政策,如京津冀、长三角、珠三角等地区已经连续发布了有关数字经济发展长期目标的政策文件。北京、河北、江苏等省市已率先发布关于推动区块链产业发展的政策,设定各地区块链产业发展目标,统筹促进当地产业生态合理健康发展。

(三)外部因素发展现状

2008年,中本聪提出基于参与者工作证明的点对点支付交易系统,区块链概念由此而生。随后,作为一种数字技术,区块链对各国,乃至全球的数字经济发展产生了巨大的影响,全球区块链企业数量快速增长。美国、日本和欧盟等采取了不同措施来推动区块链的发展,不断将区块链上升为国家重要发展战略,大力推动区块链技术研发和应用推广。国际商业机器公司、微软等IT巨头纷纷布局,高盛、摩根大通等金融巨头纷纷推出区块链产品,并围绕区块链在各领域的应用进行研发和投资并购。

(四)新发展理念实践尚存在的问题

1.创新发展问题

知识经济时代的来临,知识资本化加快,各国都在加快拓展创新发展的新空间。从近10年来全球创新指数来看,中国在创新方面有了很大提高。2020年,世界知识产权组织发布的《2020年全球创新指数报告》显示,中国在全球创新指数榜单中排在第 14 名,中国有 17 个科技集群进入全球科技集群百强,数量仅次于美国,排在世界第二位。但是在制度、文化、科技以及理论方面的创新略有不足。

(1)科技创新能力不足。我国科技创新能力不足,特别是在基础性核心科技领域。我国技术密集型产业的创新能力有待提高,在一些高科技领域行业,由于对发达国家科技的依赖性较大,基础性科技研发消耗高收益少等特征,我国在一些高科技领域缺少核心基础性技术。"中兴事件""华为事件",以及各种进口计算机软件导致涉密信息泄露事件,都在给我们敲响警钟,基础性核心科技的缺失会影响到我们生活的各个行业,严重影响国家的国际科技竞争力。此外,我国在基础研究上投入不足。截至 2019 年,我国总体研发投入仅达到 GDP 的 2.23%,约 22143.6 亿元。而基础研究投入仅占总研究投入的 6%,投入严重偏低,源头性创新不足,颠覆性创新不足。国外研究机构普遍认为,中国的创新能力更多地停留在效率创新、服务创新、应用创新领域,缺少基础研究领域的创新。如此看来,中国企业虽然具备了良好的服务和效率,但是最核心最基础的技术还是掌握在发达国家的手里,关键性的创新技术长期受制于人必然会导致我国在国际科技竞争中处于不利地位。

(2)文化创新意识相对不足。改革开放以来,中国经济得到了快速发展,但是中国文化并没有像经济发展一样得到飞跃式发展。主要在于传统文化没有与现代文化有效地结合起来,没有实现与时俱进。拓展文化创新思路,增强文化创新发展意识,开创具有中国风格、中国精神的现代化文化仍需我们努力。

2. 协调发展问题

协调和平衡是相对的概念,历史上许多国家因为发展失调、失衡导致陷入"中等收入陷阱"泥潭中数十年。经济的快速发展离不开各方面因素的协调配合。"十四五"时期,我国面临复杂变化的环境,面对百年未有之大变局,必须协调好各方面、各层次之间的问题,使各部分可以有效协调形成发展合力。目前我国存在的发展不平衡问题包括以下两个。

(1)区域发展不平衡。2000年,东部、西部、中部,以及东北地区的GDP占全国比重分别为53.44%、17.51%、19.15%和9.90%,到2020年分别为51.75%、17.10%、25.76%和5.03%。在这段时间里,东部经济占比有所下降,但还是占全国GDP一半以上,中部地区占比有所上升,东北地区经济占比下滑严重,南北地区经济差异扩大成为引人关注的新区域差距问题。

(2)物质文化与精神文化不平衡。近年来,我国物质文化高速发展,人民的物质生活得到了显著提高,同时人民对精神文化有了更多的要求,两者之间存在显著的不平衡问题。因此,我们要继续坚持和完善协调发展理念,在总结各国发展经验的基础上,结合现实国情,认识发展规律,来补齐我国发展短板。

3.绿色发展问题

长期以来,我国各地政府把GDP增长看成衡量政绩的唯一标准,忽视了对环境的保护和可持续发展,导致我国在宣传绿色发展理念和践行绿色发展理念之间存在着一定差距。为了保持经济快速发展,各地出现了许多破坏生态环境的事件,与可持续发展理念背道而驰。

(1)我国绿色发展面临产业结构处于国际价值链中低端问题。制造业处于全球产业价值链中低端层次,具有能源消耗高、碳排放量大等特点。与其他制造业强国相比,我国制造业位于产业链前端、价值链中低端,高新技术产业、新兴战略产业发展较慢,产业技术含量不高和产业层次较低制约产业转型升级。碳排放量较低的第三产业整体竞争力不高。虽然我国大数据、云计算等高新技术迅速发展,但是我国商务服务业、金融服务业、教育培训服务业等现代服务业所具有的潜力没有完全发挥出来。2020年,我国货物贸易顺差为37096亿元,但服务贸易逆差为6926亿元,这说明我国虽然在贸易方面取得了巨大进步,成为世界第一贸易大国,但在服务贸易领域存在着巨大缺口,我国服务贸易连续20年逆差证明了我国服务业整体欠缺国际竞争力。

(2)绿色发展面临以煤炭为主的高碳能源结构问题。随着我国经济的迅速发展,能源消耗居高不下,碳排放总量一直居世界高位。根据有关计算,2019年我国二氧化碳排放总量高达101.7亿吨,远高于排名第二的美国(52.8亿吨)。近年来,虽然我国加大了能源调整力度,煤炭能源消费在我国一次性能源消费结构中有所下降,但是在2020年依然占能源消费结构的56.8%,主体能源地位没有变,二氧化碳排放总量的增加,势必会影响到我国经济可持续健康发展。

4. 开放发展问题

对外开放政策的实施,为我国经济发展带来了"奇迹"。但是由于开放时间短,加之国际格局不稳定性,出现开放体制不完善、布局不协调等问题。目前,世界多极化局势加剧了国际格局的变动,世界经济不振,保护主义抬头,且随着第三世界国家世界影响力加大,西方发达国家在国际社会的影响力相对减弱,国际关系矛盾加剧。例如,美国主导的"亚太再平衡"战略加剧了亚太国家之间的政治紧张局势。中国国际地位不断提升,如何开展国际合作,如何推进开放、包容以及取得国际合作,有效处理与邻国的政治关系等问题,都是开放进程中需要解决的问题。

5. 共享发展问题

共享是中国特色社会主义的本质要求。改革开放初提出的允许一部分人通过辛勤劳动从而先富起来的政策,就是希望能够通过先富带动后富,最终实现全社会的共同富裕。随着经济飞速发展,社会各方面问题日益显著,共享发展理念如何在社会各领域得到较好的体现，是一个亟待解决的问题。我国是幅员辽阔、地形复杂、人口众多的发展中国家，长期存在收入差距大等问题。数据显示，2000年后，我国基尼系数长时间超过国际标准线0.4%的标准。如何利用共享发展理念优化分配机制，增强人们获得感都是需要考虑的问题。

第三节　区块链系统思维对新发展理念实践场域的建构

场域作为宏观及中观层次的社会演进阶段性架构和运行形态，在很大程度上决定着社会演进的方向、路径、模式，并且深刻地影响着微观层面的组织以及个体的理念思维、行为实践，同时对社会的价值取向以及文化塑造有着重要的作用。场域演变规律需要深刻把握其主动力演变规律、社会关系演进规律以及客观存在条件与主观能动性相适应的原则。区块链系统思维通过运用系统论，并结合区块链理论、技术应用的实践及效果，对新发展理念的综合实践在社会体系、客观关系、矛盾形态、具体边界等方面展开解构，并就新发展理念实践场域建构展开研析。

一、新发展理念实践场域建构原则

（一）总体性与层次性相统一

新发展理念实践场域建构以总体性和层次性相统一为根本原则。总体性源自新时代中国特色社会主义建设的总体性，并以总体性统摄中国社会建设发展，始终坚持全方位、开创性，深层次、根本性，统筹推进"五位一体"总体布局，协调推进"四个全面"战略布局，以"四个伟大"社会实践，全面推进新时代中国特色社会主义建设，紧紧围绕富强民主文明和谐美丽的理论和实践重大内涵，系统建成社会主义现代化强国,实现中华民族伟大复兴的中国梦。层次性在于在新时代中国特色社会主义建设的总体性支配下,全社会各个民族、部门、地方、领域的多元发展和创新实践,并以多元化、阶段性、层次化的建设发展不断充实和展开新时代中国特色社会主义建设的全面深度实践。

(二)现实性与理想性相统一

新发展理念实践场域建构要始终坚持"以人民为中心"的发展思想,始终沿着全面建设社会主义现代化国家的方向,立足现实需要,直面解决问题,逐步实现现实性与理想性相统一。从历史、现实、未来三个维度不断继承、创新、发展,坚持以我们正在做的事情为中心,既要从中国的具体实际出发推动中国社会全面发展,又要在牢牢把握共产主义这个根本理想的同时,注重从时代转换中不断创造现实基础,丰富实践手段和路径,既要指引中国特色社会主义的进一步完善和发展,逐步建成社会主义现代化强国,又要为全世界人类共同发展提供中国智慧和中国方案。

(三)理论性与实践性相统一

新发展理念实践场域建构要始终坚持马克思主义伟大真理,始终高举中国特色社会主义伟大旗帜,始终实践马克思主义中国化在人类发展认识和规律把握上的伟大飞跃。在坚持和发展中国特色社会主义伟大实践中,要牢牢把握马克思主义这个根本内核,坚持运用辩证唯物主义和历史唯物主义,坚持解放思想、实事求是、与时俱进、求真务实,一切从实际出发,着眼解决新时代改革开放和社会主义现代化建设的实际问题,不断回答中国之问、世界之问、人民之问、时代之问,做出符合中国实际和时代要求的正确回答,得出符合客观规律的科学认识,形成与时俱进的理论成果,更好指导中国实践。坚持以习近平新时代中国特色社会主义思想的广阔视野和科学理论体系,把握好习近平新时代中国特色社会主义思想的世界观和方法论,坚持好、运用好贯穿其中的立场观点方法,继续推进实践基础上的理论创新,紧紧围绕新时代坚持和发展什么样的中国特色社会主义、怎样坚持和发展中国特色社会主义,建设什么样的社会主义现代化强国、怎样建设社会主义现代化强国,建设什么样的长期执政的马克思主义政党、怎样建设长期执政的马克思主义政党等重大时代课题展开深化认识、把握和实践,系统展开新时代中国特色社会主义建设伟大进程。

(四)包容性与原则性相统一

新发展理念实践场域建构要始终牢牢把握共产党的执政规律、社会主义建设规律、人类社会发展规律,紧紧围绕"十个明确""十四个坚持",统筹实现包容性和原则性相统一。既要以中国历史和中华文明为根基,充分挖掘和继承,又要系统借鉴和学习一切可以促进中国社会发展的积极文明,充分尊重世界文明的多元性和多样性,致力于人类命运共同体的全面构建。重点要从历史与现实演进相贯通的脉络中、从中国与世界发展相融合的互动中、从中华民族复兴与人类命运共同体构建相统一的实践中,彰显中国价值与中华文明的高度,进一步实现中国梦与世界梦的内在统一。

二、新发展理念实践场域建构的逻辑

(一)以加快构建新发展格局,着力推动高质量发展为根本价值目标

党的二十大报告在中强调,必须完整、准确、全面贯彻新发展理念,坚持社会主义市场经济改革方向,坚持高水平对外开放,加快构建以国内大循环为主体、国内国际双循环相互促进的新发展格局。

这就决定了新发展理念实践场域建构要以加快构建新发展格局,着力推动高质量发展为根本价值目标,明确的目标决定着总体性实践的维度和方向,统摄新时代中国特色社会主义的建设发展。聚焦社会主义市场经济改革方向,高水平对外开放,深刻认识和把握好国内国外两个大局,紧紧围绕国内大循环主体、国内国际双循环互促的新发展格局展开实践场域建构。

(二)以习近平新时代中国特色社会主义思想为根本理论内核

新发展理念是习近平新时代中国特色社会主义思想的重要组成部分,是马克思主义中国化在人类社会发展规律认识和把握上新的飞跃,具有鲜明的时代性、人民性、理论性、实践性、引领性。新时代中国特色社会主义事业建设发展以习近平新时代中国特色社会主义思想为指导,统摄中国发展全局,以新发展理念的具体实践及成效为世界提供中国关于经济社会发展、人类事业建设的中国智慧、中国方案。新发展理念实践场域建构是完整、准确、全面贯彻新发展理念的现实基础与体系支撑,毫无疑问,新发展理念实践场域建构必须始终以习近平新时代中国特色社会主义思想为根本理论内核,特别是要以马克思主义中国化在人类社会发展规律上认识和把握上的新飞跃指导和深化对实践场域建构的再认识、把握,进而为实践场域的再建构提供更为深刻、科学的理论支撑。

(三)以系统生成新发展理念实践新场域提升成效

新发展理念实践新场域建构有着其历史使命和价值追求,以历史唯物主义为根本方法,深刻把握新时代中国社会主要矛盾特征和形态,以系统观为指引,结合区块链系统思维,特别是深度结合区块链理论、技术应用的实践及效果,在发展实践层面上,突出系统的整体观念,生成更为扁平化、立体性、公平性、对等性的实践场域,进一步创新协调,发展生产力、变革生产方式,以生态技术为基础,打造绿色技术体系,以产业转型升级为根本,实现发展成果的开放共享。

1.系统生成要素个体,因地制宜发展实践场域

要素存在个体特异性,众多城市与乡村的各要素,有其独有的发展历史以及环境特点,因此点块状的个体需要根据自身需求,并结合实际,进行相应的发展。地方、区域、个体等发展对于整体社会而言无疑是非常重要的,中国是一个幅员辽阔的国家,辩证做好普遍性与特色性相统一,因地制宜发挥地方、区域、个体等发展特色,站稳人民立场,尊重人民首创精神,特别注重各要素发展需求,既要有自上而下的政策指引和倾斜,鼓励创新创造,又要充分尊重自下而上的发展诉求,回应各方诉求,善于从特殊实践中总结经验、做法,发掘规律、提升认识,激活全社会创新创造潜力,促进社会生产力再解放发展,提升全社会生产力发展水平。

2.系统生成区域、城乡间和行业、领域间发展要素,统筹协调实践场域

区域与城乡、行业与领域都是整个社会系统的重要组成部分,发展的协调性、平衡性决定着全社会发展的总体形态。区域间、城乡间、行业间、领域间的发展充分、平衡,关键在于系列发展要素流动、组合、配置、运行等的有效性、科学性、合理性。统筹发展要素,关键在于从全社会发展系统视角出发,全面把握发展要素真实的总量,在总量摸清摸透的基础上,展开自上而下的总体布局和规划,下好先手棋。在要素流动、组合、配置上,既遵循总方向、总目标,又各有侧重,统筹好整体与局部、系统与要素有机融合的关系,理顺机制、优化模式,发挥好政策层面宏观调控作用,协调推进区域、城乡、行业、领域间发展要素全域、有序流动,加强流动的实质性效果建设,进而优化现有资源配置结构及运行形态,在确保总体性效果实现的基础上,注重要素、系统间的相互关系,特别是要素、系统有机产生新"物理、化学"反应,产生新质,推进整个社会发展系统动态升级。

3.系统生成和谐共生发展实践场域

自然人化是世界历史进程中极为鲜明的特征,是人类社会进步发展的一个重要标志,因此,自然、社会、人关系的科学妥善处理十分重要。毫无疑问,自然是人类赖以生存和发展的根本基础,自然作为提供和承载人类活动的物质基础,有着其边界和限度。和谐共生的发展实践场域强调的是自然、社会、人相互关系及作用的适度性,既指向人类实践本身,也指向人类实践的思维、理念、思路以及价值追求等。共识是人类最大的智慧,推进全人类发展共识的系统生成十分重要。在人类实践中,新发展理念既推动绿色发展理念、发展方式实践,又明确人作为"类"本质存在的共同性、互助性要求,还明确提出了开放共享发展成果的目标价值追求。和谐共生发展的实践场域建构,关键在于社会实践主体间、主客体间,即自然、社会、人相互间作用的科学可持续性,这里不仅指现实当下,更具有时空性,即历史纵向的主体、客体自身关系、定位,空间横向的主体、客体关系、定位,以及对于未来主客体实践关系的调整,其根本目标在于促使人类社会系统在全域、全方位、全过程实践中各大小子系统、要素之间形成共识、凝聚合力、共建共享。

第六章 区块链混沌思维与新发展理念实践秩序规范

第一节 区块链混沌思维

一、区块链混沌思维概述

(一)什么是混沌思维

谈及区块链混沌思维,我们需要先了解什么是混沌思维。混沌思维是一种思维方式,是 20 世纪 70 年代兴起的一大科学技术思想,是一种解决大量复杂问题与整体的、系统性的动态问题的良好工具,也是未来研究社会领域、经济领域以及尖端科技领域与基础物理的重要帮手。在科学技术领域,"混沌"这个词表达的是在一个确定的非线性系统中,系统对系统运行的初始条件变化表现出极高的敏感性,从而导致即使初始条件的变化极其微小,也会随着时间推移使系统运行的结果表现出极大的差异性与不可预测性,这是与以往通过线性系统来研究问题不同的另一种思维理念。不过,值得注意的是,混沌系统并非单纯的无序状态,而是无序与有序的有机统一体,尽管一个混沌的系统的输出在宏观上表现出无序性,但在微观上其内部依然在有序地运行,即系统内部变量互相影响变化着,同时变量中的更微观的变量也在互相影响与变化,这些变量都是在有序地运行着的,由此可以简单来说,无数微观的有序变量构成了一个宏观的无序系统,这就是所谓的混沌系统。正因混沌是微观与宏观的有机统一,所以概括来说,混沌思维也就是一种既关注局部又着眼整体的思维。

混沌理论有四大特点,分别是内随机性、敏感性、分维性和普适性。

(1)混沌理论的内随机性。内随机性是指系统在混沌状态中是由系统内部的随机性因素产生的不规则行为。[①] 例如,一个混沌状态的数学模型系统,即使控制的变量与系统初始状态都是确定的,该系统的行为依然是不确定的,并且在系统输出值或系统内的计算运行上表现出一种随机性,这种随机性并非来自外部给定变量或其他影响,而是自发地产生于系统内部,那么,这个数学模型系统便具有内随机性。

(2)混沌理论的敏感性。敏感性,即混沌系统对于系统的初值是具有高度敏感性的,初值的变化不管有多微小,在系统的运行中都会表现出巨大的差值。这种敏感性非常类似所谓的"蝴蝶效应",即小小的变化可能引起巨大的反应。

(3)混沌理论的分维性。分维性是指混沌系统可以在几何形态分维度来思考与描述,也就是说一个混沌系统可以分成许多不同层次的系统来分析,且并非互相独立的系统,而是反复重叠,高维包含低维的复合系统,在对一个混沌系统进行观察分析时,在以一个分析标准来分析时,可以发现其内部包含一个低维系统,并且在更换标准

---

① 吕涛.基于混沌理论的图书馆管理创新[J].农业图书情况学刊,2016(4):167-169.

对该低维系统进行分析时,又可以发现一个更低维的系统,如此反复,直到分析到该混沌系统的底层运行逻辑或者最小分析标准为止。

(4)混沌理论的普适性。普适性的含义是指系统处于混沌状态时,其表现出来的外部特征或是宏观特征具有普适意义,这些特征并不会因为不同系统的不同运行细节而差异巨大,相反,不同混沌系统所表现出来的特征大多具有相似性或趋同性,不过这里并非指具体数值的相似,而是统计分析上的趋势趋同。

(二)什么是区块链混沌思维

区块链混沌思维,顾名思义,是在区块链发展模式之下的混沌思维,是区块链思维的一个分支,是混沌思维在区块链模式下的新发展、新理念,是如今区块链技术高速发展的重要助力,也是支持区块链发展模式进行创新发展的重要思想。值得一提的是,混沌思维作为一种科学的、新生的、有重要科研运用价值的思维,能在科学技术领域、经济金融领域等各学术领域发挥重要作用,产生重大价值,区块链混沌思维则是一种在区块链发展条件下,专门为区块链等互联网技术服务的新生思维。自 21 世纪以来,互联网技术作为高新技术发展与基础项目建设在我国高速发展,取得了许多举世瞩目的成就,近年来,区块链在我国的快速发展,带动了许多相关产业,数字经济发展速度大大提高,是互联网高端技术发展的基石之一。在区块链高速发展、蒸蒸日上的背景之下,互联网技术与区块链思维结合,产生的便是为区块链技术服务的区块链混沌思维。

区块链思维提供了一种解构与重构的工具。区块链解构了组织的存在,去中心化组织大量存在,进而形成分布式的节点社会,再到网格式的块链社会,直到分散型组织的奇点,最终重构出一种失控的反脆弱系统。失控在一个系统中失去了中心化的控制,但结果并不是涣散混乱的,反而形成自治组织,是一个反脆弱的秩序存在。混沌中存在秩序,这种秩序是区块链原理与规则在维持的,区块链思维会成为混沌型社会的基础逻辑，并成为打开混沌世界的一把钥匙。所以区块链混沌思维并不是一片混乱，而是有序和无序的统一，是"乱中有治"，是决定论系统自身产生出来的随机性。①

1. 区块链混沌思维特点

区块链混沌思维具有许多重要的研究价值，这使得其与其他思维方式略有不同。

一是区块链混沌思维特点之互联网依赖性。区块链混沌思维最大也是最有别于其他思维方式的特点，便是区块链混沌思维对互联网技术基础建设的高度依赖性。前面提到过，区块链混沌思维是区块链发展模式之下的一种思维方式，而区块链技术的发展也离不开互联网硬件与软件技术的研发，同时，区块链混沌思维在区块链技术发展之下诞生时也反过来助推区块链技术乃至其他互联网技术的发展，所以区块链混沌思维是一种带有互联网依赖性的思维方式。如果没有互联网基础设施建设，先不谈区块链混沌思维的运用，连区块链技术的建设都无从谈起。同时，如果要谈论区块链混沌思维对于其他学术领域、应用领域的指导，也必须是在区块链技术发达、互联网建设完成度高的情况下才能实现，因为区块链混沌思维是从区块链技术中诞生的，只有在区块链技术发展完善，区块链混沌思维发展成熟之后，才能考虑其对其他领域的指导与应用问题。所以，现阶段的区块链混沌思维是离不开互联网技术的高度完善的，这便是区块链混沌思维特殊的互联网依赖性。

二是区块链混沌思维特点之创新性。区块链混沌思维的又一特点便是创新性。区块链混沌思维是新时代科技强国方针下基于区块链技术愈发成熟、数字经济蓬勃发展的背景，通过区块链技术与科学研究领域混沌思维的有机结合所诞生的对区块链技术新发展理念起

---

① 潘柄至，杨辉.论混沌思维[J].柳州师专学报，1997(2):67-70.

指导作用的新型创新思维,是顺应时代潮流发展、紧跟创新科技步伐的新生力量。区块链混沌思维作为一种新生思维,不仅是为了推动区块链技术高速发展、其创新性的特点也是推动区块链技术高质量发展,高效率变革的重要因素。创新是技术发展与变革活的灵魂,是灵活运用科学技术,高效提高生产力的基石。① 区块链混沌思维的创新性对于区块链技术发展中新发展理念的全面贯彻、新发展格局的高效构建具有良好的指导性与应用性。

三是区块链混沌思维特点之混沌性。区块链混沌思维作为区块链思维与混沌思维的有机结合,其带有的混沌性是十分值得研究的。值得一提的是,这里的区块链混沌思维的混沌性指的并不是混沌本身,而是指混沌与有序对立统一的特性,是研究区块链技术发展模式下的有序与混沌、局部与整体,是静态系统到动态系统、线性思维到非线性思维的重大突破,既立足整体又着眼局部的对立统一的结合点。如果说,区块链混沌思维的互联网依赖性是其重要载体,创新性是活的灵魂,那么区块链混沌思维的混沌性便是其核心力量,是利用区块链混沌思维解决问题时的关键点与基准点。

2.区块链混沌思维的发展历史概述

区块链混沌思维是一种结合了区块链思维与混沌思维的新生事物,但其本质上与混沌思维依然有很强的关联性,所以,区块链混沌思维与混沌理论的发展是密不可分的。

如果说要了解并认识区块链混沌思维的发展,那么了解混沌思维的发展历史便是不可或缺的。混沌理论作为一种非线性科学,其发展最早可以追溯到 19 世纪末,法国物理学家和天文学家庞卡莱在对保守系统天体力学进行研究时,发现一些确定的动力学方程会具

---

① 赵徽.农业科技创新成果转化引领产业升级研究——以山西省太原市为例[J].山西农经,2021(3):26-27.

有一些不确定的解,这其实就是一种混沌现象。[1] 1954年,苏联数学家柯尔莫戈罗夫提出了卡姆理论,阐述了不仅发散系统中有混沌现象,保守系统中也有混沌现象。这一定理在混沌理论的发展中具有十分重要的历史意义[2]。1963年,美国气象学家罗伦兹提出了混沌理论,并在1972年正式提出蝴蝶效应,这对气象研究工作与混沌学发展来说无疑是具有历史意义的里程碑。1975年,华裔美籍学者李天岩与其导师提出的李—约克定理,详细地描述了混沌系统的数学特征,从此,"混沌"一词便成为非线性动力学中的学术术语。1979年,美国物理学家费根鲍姆将混沌学研究从定性分析推进到了定量分析阶段,并揭示了混沌的普适性,成为混沌理论研究的又一里程碑。在20世纪末,许多科研领域都陆续发现了混沌现象,许多科学家开始共同探讨这个问题,随着计算机技术的发展,混沌理论的发展水平逐渐提高,许多理论都在逐渐完善。

混沌理论发展的同时,也为自然科学与社会人文领域做出具有较高研究价值的贡献,此处简述几个经典应用价值。

混沌理论在气象学中的应用。气象学作为一项研究自然为人类做出贡献的科学,本身就十分具有理论价值与应用价值,同时,气象学在发展中已无法用传统的线性思维去做进一步研究与更精密的解释,这也是气象学家罗伦兹研究气象学时所遇到的问题,而混沌理论的引入则在一定程度上改变了该状况。对于局部天气来说,可以通过各种测量手段获取数据并应用线性思维分析,但当研究全球规模的大气现象时,这样的研究方法便显得有些乏力。而混沌理论的发展恰好可以满足对大范围大规模气象研究的理论支撑与应用需要。

混沌理论在交通系统中的应用。混沌理论同样可以应用于交通

① 林司淼.混沌同步采样控制方法研究及在保密通信中的应用[D].沈阳:东北大学,2011.

② 卢军.一种混沌跳频通信系统的设计研究[D].杭州:杭州电子科技大学,2012.

领域的研究。① 对于道路交通系统来说,混沌理论的研究能够对交通流量的宏观调控起到重要作用,从单独一辆车到整条道路上的车流,再到连接全国的道路交通系统,运用混沌理论可以很好地起到协助研究交通拥堵问题的作用,利用混沌理论立足整体又着眼局部的思想,对道路方面、车流方面以及其他交通要素方面等进行多方面考量,多方面综合改革,对道路交通系统的有序运行、缓解当今的交通拥堵问题起到关键作用。同理,不仅是道路交通问题,其他诸如航空、海运以及铁路等交通系统都可以进行类似的研究。不过,对于这类问题的解决,一定需要计算能力高度发达的计算机以及精密而全面的算法程序作为物质基础,没有这类物质基础进行大量繁杂且高数量级与高精密级的计算,至今所建立的绝大多数数理理论均为空谈而无法投入实际应用中。

混沌理论在互联网中的运用。混沌理论对于互联网的研究也有重大意义。② 这里所述的互联网是在其物质基础成形能够支持其在人类社会中存在并稳定运行的互联网,考虑到国内外网络技术发展差异,此处以2016年后至今的人类社会互联网为讨论对象。在2016年之前,国内互联网处于基础建设的发展期,不仅网络环境管理混乱,各种相应法律法规也没有颁布实施,同时网络技术基础建设没有完全成形,只有一些较发达地区能够方便地使用互联网与计算机,其他诸如农村地区还没有大范围普及互联网。但是,截至2021年6月,我国互联网普及率已达71.6%,已经形成了足够完备的互联网环境,可以进行相关的理论研究。对于混沌理论来说,互联网的社会环境是一个很好的研究素材,通过互联网可以研究网民的新闻关注点与兴趣爱好等与个人有关的内容,同时通过对比大数据可以掌握互

---

① 伍自力.城市交通流混沌建模方法研究[D].江门:五邑大学,2008.
② 吕涛.基于混沌理论的图书馆管理创新[J].农业图书情报学刊,2016(4):167-169.

联网环境的社会舆情,利用混沌理论的核心思想可以发现互联网环境与网民思潮的演变,这一点对于社会舆论研究有着关键性作用。

第二节 新发展理念实践秩序规范

一、新发展理念实践秩序规范简述

党的十八届五中全会提出了"创新、协调、绿色、开放、共享"的新发展理念,这是在总结我国发展实践的基础上对于科学认识发展问题的深化,同时我们也需要建立相应完善的实践秩序规范,这具有重要的理论与现实意义。[①]

(一)新发展理念之创新

把创新摆在第一位,是因为创新是引领发展的第一动力。从历史的角度来看,近几百年来人类科技发展迅速,尤其是世界上发生了重大科学革命:英国的第一次产业革命,使得英国成为世界霸主;之后的第二次产业革命,又使得美国赶超了英国成为世界第一。[②] 并且改革开放的经验也告诉我们,坚持创新发展是我们应对发展环境变化、增强发展动力、把握发展主动权,更好引领新常态的根本之策。古代的中国出现了各种发明创造,"四大发明"给世界带来了重大的影响,在 16 世纪以前我国一直处于世界领先地位,这也能够证明中华民族是富有创造力的民族,但是近代以来我国错失了多次科技和产业革命带来的红利。当今世界,经济社会发展越来越依赖于理论、

---

① 胡必亮.用发展新理念引领发展新实践[J].理论导报,2015(10):16-17.
② 熊春霞.坚持创新在现代化建设全局中的核心地位[J].实践(思想理论版),2021(4):14-15.

制度、科技、文化等领域的创新,国际竞争新优势也越来越体现在创新能力上。[①] 哪个国家的创新能力强,哪个国家就能有发展的主动权。如今科技的发展越发迅速,并且颠覆性的技术不断出现,对于科技成果的转化也不断加快,专利技术的垄断也越发严峻,人才、专利、标准也都成为战略资源而被争抢。虽然我国经济总量已位居世界第二,但是创新还是我们的软肋,大而不强的问题显著,寻求创新就是寻求发展,就是谋求未来。坚持创新发展,既要坚持全面系统的观点,又要抓住关键,以重要领域和关键环节的突破带动全局,全面提高自主创新能力,推进人才发展体制和政治创新,实施更加开放的人才引进策略。想要发展创新,就需要建立一个能够激励创造和容忍错误的平台,通过制度和政策来保证创新能有一个良好的平台基础,鼓励人们积极去探索,加强对知识产权的保护,一方面是对创新的认可,另一方面是对人们创新的奖励。

(二)新发展理念之协调

增强发展的整体协调性,要坚持唯物辩证法,事物是普遍联系的,事物及事物的各要素相互影响、相互制约,整个世界是相互联系的整体,也是相互作用的系统。把握事物就要从客观事物的内在联系出发,去认识并处理问题。对于协调发展,中国共产党有许多的经验,比如邓小平在改革开放的不同时期,提出了一系列的"两手抓"战略方案,以及胡锦涛提出的全面协调可持续发展,都是在强调和体现协调发展的重要性。协调总的来说就是又要做到抓重点和优势的地方,又要将短板补齐,是两点论和重点论的统一。只抓重点就会使短板更短,甚至成为阻碍发展的一大原因,而全方面不分差别地抓又会导致发挥不出优势,只有发展的优势和短板两者之间相辅相成,才能

---

① 司晓宏.文化、教育与民族创新——兼析近代以来中华民族创造力衰微的原因[J].陕西师范大学学报(哲学社会科学版),2002(A2):70-75.

实现高水平的发展。现在,中国还是处在向高收入国家迈进的阶段,发展不平衡的问题较为突出,也存在许多发展中不可避免的矛盾,发展的协调性也就要求做到补齐短板,增强发展的动力和冲劲。发挥我国的发展优势同时要加强区域之间的协作,缩小不同地区之间的经济差距。物质文明和精神文明同样需要两手抓。人类有自身的社会属性,其拥有精神需求和物质需求,但在长期的发展中我国精神层面的发展还有所欠缺。仅仅依靠物质的发展,精神活动得不到发展,依旧难以与和谐美丽的社会目标相适应,要极力避免出现物质富足但是精神萎靡的状况。

(三)新发展理念之绿色

坚持绿色发展,做到人与自然和谐相处,要解决人与自然和谐共生的问题,人类的生产生活必须顺应自然,否则必然会受到大自然的惩罚,这是任何国家都无法避免的问题。历史上为了发展而不顾环境的例子有很多,如日本将工业废水排入人们的饮用水中,导致许多人汞中毒的历史告诉我们,如果只看经济效益而忽略了环境保护,那么最终还是需要人类自己承担苦果。人的欲望和自然资源之间存在着矛盾,只要是生产,就必然消耗自然资源,但是我们要尽量通过效率更高、产生环境危害更小的方式来尽可能减缓双方之间的矛盾。绿色发展是要建立在生态环境容量和资源承载力的约束条件下,以绿色循环作为主要的方式。全球气候的变化也在不断警醒人类,国际上也不断提出二氧化碳气体的排放需要得到控制,中国的节能减排受到了国际压力,倡导绿色发展不仅仅是为了中国的环境,同时也是对于国际责任的承担。尤其是改革开放以来,我国的经济取得举世瞩目的成绩,但是依然要看到,存在大量的环境问题,这都是人民需要解决的问题。"绿水青山就是金山银山",在生态环境的问题上不能松懈,保护环境就是为了更好地发展,就是为了更好地提高人民生活的水平,同时也是为了自己的子孙后代依旧能够健康生活。在环境保护方面要坚持大局观、长远观、整体观，推动形成绿色的发展方式，[①]让中国的环境更美，人民的生活水平更高，走向生态文明的新时代。

(四)新发展理念之开放

改革开放以来，我国经济水平快速提高，人民生活越发富足，发展成果很大一部分得益于改革开放，只有顺应时代的潮流，才能不被时代所淘汰，这也是近代中国屈辱的历史给我们深刻的经验教训。历史告诉我们，想要国家富强，就必须主动顺应经济全球化的潮流，坚持对外开放。[②] 在改革开放的初期，对于西方国家占优的世界格局，我们依旧走出了一条属于自己的大道。通过这几十年的发展，中国的国际地位不断提升，国际话语权越来越重，只要我们积极顺应世界发展的潮流，我们也能够成为引航员，同时不断壮大自身的实力。如今，机遇和挑战并存，西方国家在经济、科技等方面的领先地位仍没有变，对于世界规则制定权力的争夺依旧十分激烈，我们国家经济大而不强的问题越发突出，面对的矛盾和挑战是前所未有的，但是发展的环境也十分严峻，我们要积极做好迎接风险和挑战的准备。开放也是增强国家话语权的一个必然过程，只有积极建构世界体系，才能强化国家对于规则的制定权。

(五)新发展理念之共享

发展的成果由人民共享，共享理念的实质就是以人民为中心的发展思想，体现为逐步实现共同富裕的要求。[③] 古代人们就已经提出了实现大同社会的美好愿景，但是目前，我国还处于社会主义初级阶

---

　　① 沈跃跃.坚持以习近平生态文明思想为指导 依法推动打好污染防治攻坚战——在全国人大环境与资源保护工作座谈会上的讲话[J].中国人大,2020(15):9-12.

　　② 曹华.以扩大开放促进经济高质量发展[J].经济研究导刊,2020(19):5-7.

　　③ 胡必亮.深入理解新发展理念,这些论述历久弥新[J].理论导报,2019(5):7.

段,要朝着实现共同富裕的目标大步前进。共享发展理念包括全民共享、全面共享、共建共享和渐进共享四个方面的内涵,要充分发挥民主和群众的创造性、积极性,不断推进社会主义事业的前进,在实践中不断取得成果。发展的本质特征指的是全面发展,而不是单一发展。二战后,众多国家一味追求经济发展却忽视了对财富进行合理分配,造成了社会分配不均等严重后果,反而阻碍了发展。虽然20世纪70年代后各国开始关注这一问题并有所行动,但效果并不是很明显,这也促使联合国提出了新发展观。我国也遇到过这样的发展困境,在党的十一届三中全会提出改革开放的20多年后,胡锦涛提出科学发展观,平衡财富创造和财富分配之间的关系、经济发展与社会发展之间的关系、城市发展与乡村发展之间的关系等,从而极大地缓解收入与分配不均等的不公平现象。[①] 贫穷不是社会主义,同时严重的贫富分化也不是社会主义,作为社会主义国家,我国在社会经济效益的分配上还不能做到完全均等。要使社会成员的收益同他的付出与贡献相匹配,做到共享发展,造福人民。发展是为了人民,而不是将一部分人的享受建立在其他人的辛苦劳作之上,这与中国共产党的初心和使命是相违背的。因此要建立社会保障制度,保障人民的基本受教育权、医疗权,同时将人民在发展中享受到的利益和生活满意度作为重要指标,来衡量人民在发展中的生活进步,让发展服务于广大人民,增强民众的发展积极性和社会和谐,凝聚全社会的力量,向着共产主义前进。

二、新发展理念实践秩序规范的实现

引导区块链发展需要让"两只手"都发挥作用,取得好的协同效果。提出好的发展理念固然重要,但要使好的理念具体落实到发展

---

① 胡必亮.用发展新理念引领发展新实践[J].理论导报,2015(10):16-17.

实践秩序规范中，并不是一件容易的事。在区块链领域，我国尚未发展成熟，仍需不断进行尝试和改进。引导区块链的发展，首要的是建立起一套完善的制度体系和秩序规范，才能使新发展理念得到有效落实。在百年未有之大变局的背景下，区块链技术的发展被提高到国家战略的高度。但是，根据近年来区块链行业的发展情况，要想认真领会和落实习近平总书记重要讲话精神，按照"中国区块链发展纲领"推动区块链技术的发展，需要推动区块链技术与新发展理念的深度结合，厘清区块链技术本质，认清区块链技术发展现状与挑战，做到区块链技术在实践中遵守秩序规范，积极而理性地推进区块链技术与产业发展，抢占数字经济时代中国国际竞争的又一战略制高点。[①]

第三节　区块链混沌思维对新发展理念实践秩序规范的建构

一、新发展理念实践秩序规范现状

(一)新发展理念实践秩序规范现状概述

新发展理念在国家治理体系和治理能力现代化中发挥重要的引领作用，是我国经济高质量发展的科学指导。[②] 经过长期的努力，我国的社会主义建设走上了新阶段，踏上了新的历史定位，中国特色社会主义进入了新时代。

---

① 林州波.链接万物 创新融合 加速推进区块链技术产业发展[J].上海信息化,2020(2):8-14.

② 沈建波.以新发展理念引领和推动国家治理现代化[J].学校党建与思想教育,2020(19):28-33.

　　牢固树立并切实贯彻新发展理念,是关系我国发展全局的一场深刻变革,攸关"十三五"乃至更长时期我国发展思路、发展方式和发展着力点,是我们党认识把握发展规律的再深化和新飞跃,丰富发展了中国特色社会主义理论宝库,成为全面建成小康社会的行动指南、实现"两个一百年"奋斗目标的思想指引。我们可以明确新发展理念对于新时代中国特色社会主义发展的重大意义,以"创新、协调、绿色、开放、共享"构建我国新发展理念实践秩序的目标和规范。

　　历史和实践表明,发展的实践是一个不断变化的过程,发展的形势不会止步不前,发展的理念也不会一成不变。党的十八届五中全会以来,面对国内外形势的巨变、国家发展的新形势、新机遇和新挑战,以习近平同志为核心的党中央以深邃的历史眼光和开阔的国际视野,准确把握时代趋势,结合新发展理念,为中国人民交出了一份较为满意的经济社会发展答卷。

(二)新发展理念实践秩序规范的关键所在

　　直面问题是树立新发展理念的逻辑起点。[①] 马克思曾说过:"问题就是公开的、无畏的、左右一切个人的时代声音。"历经改革开放40多年的高速发展,中国正面临着一系列不平衡、不充分、不协调和不可持续等发展问题,突出表现在城乡区域差距大、创新动力不足、产业比重悬殊、物质和精神文明不协调等问题上。因此,统筹考虑新发展理念对实践秩序的规范作用,找出新发展理念实践秩序规范现状的不足,并以解决实际问题为契机,优化和丰富理论内涵,对于处理好局部和全局、当前和长远、理论与实践的关系,着力推动区域和城乡协调发展、物质文明和精神文明共同进步有重大意义。

　　规范新发展理念实践秩序,关键在抓牢"创新"这个关乎经济社会发展的"牛鼻子"。创新是引领发展的第一动力,是综合国力提升

---

　　① 王增福.从问题导向把握新发展理念[N].光明日报,2021-02-22(11).

的重要源泉。中国早在 2010 年，GDP 总量就已超越日本，跃居世界第二，即成为当今世界第二大经济体。然而，大而不强问题突出，尤其是在近些年激烈的国际竞争下，核心技术被"卡脖子"的现象时常发生。规范创新发展理念，要坚持两点论和重点论相统一，坚持全局和部分的统一，以重点领域和关键环节的突破带动全局。同时，要辩证、发展、全面地看待创新这一发展理念，创新对象不仅可以是技术、外观设计，还可以是人才创新、制度创新等；明确创新的目的是解决发展的动力问题，而非为了"创新"而创新，守正创新是发展理念的初心。

规范协调发展实践秩序，关键在于牢牢把握中国特色社会主义事业总体布局，正确处理发展中的各种重大关系，增强发展协调性、整体性和可持续性。落实协调发展理念，就要加快健全城乡发展一体化体制机制，健全农村基础设施投入长效机制，推动城镇公共服务向农村延伸，提高社会主义新农村建设水平，[1]努力实现城乡协调发展；要塑造要素有序自由流动、主体功能约束有效、基本公共服务均等、资源环境可承载的区域协调发展新格局，努力实现区域整体平衡发展；要以协调推进"四个全面"、实现"五位一体"的总体发展布局，协调推进物质文明和精神文明建设，促进经济社会协调发展，促进新型工业化、信息化、城镇化、农业现代化同步发展，在增强国家硬实力的同时注重提升国家软实力，不断增强发展整体性、协调性和可持续性，努力在协调发展中拓宽发展空间，在加强薄弱领域中增强发展后劲，尽快形成协调发展、平衡发展的新格局。

规范协调绿色发展实践秩序，就要解决好人与自然和谐共生问题。环境就是民生，青山就是美丽，蓝天也是幸福，"绿水青山就是金山银山"；保护环境就是保护生产力，改善环境就是发展生产力。首

---

① 石建勋.践行新理念 引领新发展—如何落实新发展理念[N].经济日报,2017-01-13(11).

先,正确的环境保护观念是规范绿色发展实践秩序的重要思想前提。在生态环境保护和经济社会发展的平衡上,需要我们树立大局观,用发展的、长远的、辩证的眼光看待和分析这个问题,形成对绿色发展理念的正确认识,既要摒弃生态保护和经济发展相悖,并将二者对立的错误观点和做法,也要避免将两者混为一谈,以粗放发展经济之实掩生态保护之虚。其次,要加快传统经济发展方式转变,克服滞后性的固有弊端。长期以来,中国的经济发展方式呈现高投入低产出、高消耗低收益、高速度低质量的特点,虽然在改革开放的 40 多年里,我们有许多新观点、新思想、新理念,但是传统的增长方式却依旧占据重要位置。"船大难掉头",克服传统发展方式的惯性固然困难,因而更要在转变模式上下苦功。最后,绿色发展要借助创新力量,提高绿色发展的效率质量。经济发展由粗放转向集约,需要强大的技术开发能力和完善的产业体系支撑。绿色发展要同创新发展理念相结合,以创新促绿色发展,以环境保护推动创新能力提升。

规范开放发展实践秩序,要主动顺应经济全球化潮流。开放是新时期中国经济蓬勃发展的重要经验和方向,改革开放的实践告诉我们,想要发展壮大,就要坚持对外开放,兼包人类改造社会所创造发挥的主观能动成果,充分利用开放窗口学习有益经验。一直以来,对外开放及经济全球化的主要推手是美国等西方国家,然而近些年,随着贸易保护主义和逆全球化思潮兴起,中国成为世界上推动贸易和投资自由化便利化的最大棋手。这启示我们不仅要在对外开放中发展自身,更要在推动经济全球化过程中注重把握国际形势,引领世界发展潮流。同时,在坚持大胆开放的基础上,不能忽视所存在的风险挑战。对外开放是一把双刃剑,外国资本和人员的渗入,相较于有利因素而言,是更为深层次的风险,要建立健全开放法律制度,保障开放发展实践秩序的运行安全。

规范共享理念实践秩序,就是守好"共同富裕"发展目标的群众性评价标准。共享理念实质就是坚持以人民为中心的发展思想,体现的是逐步实现共同富裕的要求。落实共享发展理念,首先要解决指导思想问题。满足人民群众不断增长的经济、政治、文化、社会、生态环境改善等各种需求,这样才能充分调动人民群众的积极性、主动性、创造性,举全民之力推进中国特色社会主义事业,不断把"蛋糕"做大,才能不断增强发展动力,增进人民团结,朝着共同富裕方向稳步前进。落实共享发展理念,关键在于完善制度,充分保障和发挥人民群众在各方面应该享有的基本权利,把不断做大的"蛋糕"分好。

二、区块链混沌思维的建构作用

区块链混沌思维作为一种在区块链发展条件下,专门为区块链技术等互联网技术服务的新生思维和创新思维,对于实现区块链技术本身的价值意义重大。然而,作为一种思维形式,区块链混沌思维本身并非为了解决区块链某一具体问题而产生的,其本质是服务于区块链技术体系的一种思考方式和方法论指导。因此,我们不应该狭义地将区块链混沌思维归于区块链的认识论,而要跳出思维桎梏,将其放眼于社会发展的其他方面。

我们要把区块链作为核心技术自主创新的重要突破口,明确主攻方向,加大投入力度,着力攻克一批关键核心技术,加快推动区块链技术和产业创新发展。区块链技术作为一种重要的核心技术将在今后的经济社会发展中发挥作用,这也启示着我们开拓、发展区块链思维模式的重要性。在新发展理念实践过程中,区块链混沌思维可以其内随机性、敏感性、分维性和普适性的固有特性,以其混沌性、创新性等思维特点,发挥独特的思维优势,在一定的原则基础上,服务建构其实践秩序规范。

（一）区块链混沌思维在新发展理念实践秩序规范建构中的优势

在宇宙大爆炸的前一刻，世界的一切都虚无缥缈，没有中心，处于一种"混沌"状态，老子将其称为"无极"，并在《道德经》中写道："知其雄，守其雌，为天下溪；为天下溪，常德不离，复归于婴儿；知其白，守其黑，为天下式；为天下式，常德不忒，复归于无极。"庄子则提出混沌的思维方式对于将混沌理论应用于道德教育具有很大的启示，研究道德问题的思维方式不应该是线性的、知识性的，而应该是一种混沌思维。[①]

老庄的思考对本书阐述区块链混沌思维对于新发展理念实践秩序规范建构有诸多启发，而其中最为重要的一点就是其作为一种思维，对于发展的实践意义来说，更多的是一种思考范式。

综合交叉性思维方式，是区块链混沌思维为新发展理念实践秩序建构中的一项重要理念。

现实生活中，我们容易混淆"混沌"与"混沌思维"这两个概念，其实这两者的关系可以简略地用具象与抽象来区分开。"混沌"是一种状态，而"混沌思维"却是"一整套用以处理不能精确计算的数形问题"的思维范式，区块链混沌思维本身，由数学、计算机这两个核心思维共同组成，然而在其推广应用过程中，已与众多学科理念思维交叉融合，形成了新的思维方向——可以服务于新发展理念实践中。奇异吸引子是混沌理论中的基础概念和本质特征。在经济社会发展过程中，我们可以将其视作一个庞大的混沌系统，其中所需要的复杂学科体系和知识类别，就如同一个个"奇异吸引子"。我们无法断定或者给某一学科下一个定义，认为其只在社会发展的某一方面可以用

---

① 谭维智.混沌理论在道德教育中的运用[J].国家教育行政学院学报,2011(3):27-31.

到，因为混沌系统本身的不确定性使其用途不可预知。因此，这就启示着我们在新发展理念实践过程中，要不断树立综合交叉性的立体思维，统揽各个学科知识体系，为秩序规范的建构打下坚实的基础。

区块链混沌思维能为新发展理念实践秩序规范的建构提供思维解决方案。区块链混沌思维的基础构筑可以用"共识"来形容。一个区块链的形成、运行和解散可以理解为共识的达成、维持和瓦解。在此基础上，混沌秩序则表现了区块链在社会发展过程中的不规范性、非线性、不确定性、模糊性和复杂性等因素。随着近些年来混沌理论的发展，混沌思维广泛地应用在各种行业中，我们把经济社会发展看作一个区块链混沌思维的实践整体，把经济发展以及社会主体发展过程视作一个混沌系统，用区块链混沌思维解释经济社会发展中的发展理念偏失、发展不协调和不平衡等问题，并尝试用区块链混沌思维来分析变革发展方式，提出相对去中心化、扁平化管理等措施，为新发展理念实践提供解决方案。

区块链混沌思维为新发展理念实践秩序规范提供了崭新的认识方式。长久以来，人类对"是非对错"的探究从没有中断过。人们对某一复杂问题的把握始终渴望着有一对应的理论、规律或解释体系，确定性和精确性是人们的最终诉求。在以牛顿经典力学为核心的机械论科学诞生时，西方古典哲学对于精确性的追求可以说达到了新的高度。而直到马克思和恩格斯提出唯物辩证法，我们才逐渐有了明确的理论指引，用辩证而非绝对的观点思考和解决问题。因此，马克思主义唯物辩证法也为区块链混沌思维的应用提供了思考借鉴。区块链混沌思维将研究对象从具象的科学研究转向了复杂的理论、互动的系统。具体来说，区块链视域下的经济社会发展是一个混沌的实践系统，而对于发展来说并没有一个确定的发展范式。每个区块的经济社会发展都是独特的混沌系统，不管是城乡还是省际，抑或是国家间，又构成更高层次的混沌系统。每个混沌系统的发展变化都是不确定的，这就提示着政策制定者不能简单地将经济社会发展用数学模板的方式加以嵌套,用更为通俗的话来讲,要避免"教条主义"的错误。

(二)区块链混沌思维建构新发展理念实践秩序规范的原则

理论联系实际需要在一定条件下进行,这也就决定了观念在指导实践的过程中要遵循一定的原则。在区块链混沌思维指导建构新发展理念实践秩序规范的过程中,除了对思维本身的认识需要摈弃偏差部分,还要在一些原则的指引下来认识并付诸实践。

区块链混沌思维要跳出单纯的"区块链思维"和"比特币区块链思维"。

虽然区块链的兴起以及被世人所熟知,大多是因为中本聪所发明的比特币在市场掀起的浪潮,但我们必须认识到比特币只是区块链技术的一个具体应用,并不能代表区块链整体。举例来说,当区块链应用在比特币中时,去中心化程度往往和其效益高低呈正向关系。然而,当将区块链技术引入经济社会发展,或者社会治理改革中,过度地强调去中心化则是不理性、不实际的,否定中心化实际上是在否定我们自己的历史。[①] 片面地套用区块链思维违背了引入该技术的初衷,因此,区块链混沌思维对新发展理念的实践指导尤为重要。

三、区块链混沌思维下如何建构新发展理念实践秩序规范

区块链混沌思维下建构新发展理念实践秩序规范,是将区块链混沌思维运用到建构新发展理念实践秩序规范这一系统中,是一种新型的具有区块链属性的系统,是一种兼具新发展理念原有之意的规范。目的是在原来新发展理念基础之上,构建新型秩序,让其系统

---

① 孙德尔.区块链技术与区块链思维[J].内蒙古民族大学学报(社会科学版),2019(3):120-124.

可以自我发展、自我改善。

区块链混沌思维拥有区块链的诉求可靠性、公平性、规范性、想象性和价值性，也具有混沌思维的内随机性、敏感性、分维性、普适性。重新建构后的新发展理念实践秩序规范，将区块链混沌思维运用到其中，在思维的作用下能让这个新发展理念整体更加协调，换言之，新发展理念的具体内容之间相互区分、相互联系，新发展理念的具体实践相互作用、相互结合。发展理念的组成内部即是变量，它们的初始值在我们有意的作用下，不断扩大运行差值，产生更好的社会发展效益。

区块链混沌思维对新发展理念实践秩序规范构建的根本在于始终坚持和发展中国特色社会主义、始终坚持"人民中心"价值立场、始终坚持人类命运共同发展，以鲜明的根本目标、理论内核、精神架构和实践体系全面系统形成新发展理念实践秩序规范形态特征、形式内容、实践路径，以全面支撑和推动新时代中国特色社会主义建设发展。①

(一)区块链混沌思维建构实践秩序规范的方法论

区块链混沌思维建构新发展理念秩序规范方法论有五个维度的认识与操作技术路线内涵结构：第一，关注新发展理念门类分布式事项。一方面，是要充分认知新发展理念的门类是多部门学科的集合体；另一方面，是要充分认识新发展理念是基于对各个社会事实的分析而抽象、归纳和总结出的共有性、顶点性、原理性的知识理论话语体系。

第二，在新发展理念之点对点链接中发现新发展理念的原理。新发展理念之点对点链接中发现新发展理念的原理是指从部门新发展理念原理中生成新发展理念层级的大原理。用一个公式表示就

---

① 朱建一.论新时代中国特色社会主义"场域"建构[J].广西社会科学,2019(7):42-47.

是：从原理中生成新发展理念原理＝创新原理＋协调原理＋绿色原理＋开放原理＋共享原理→新发展理念原理。其中，基于事实的超越性建构，就成为其根本的认识论和方法论。

第三，始终寻求新发展理念共识，始终以问题为导向运用新发展理念。要善于和守候从分块或分类新发展理念中发现和揭示出新发展理念之道理体系。贯彻党的十九届五中全会精神，要继续把握好改革和发展的内在联系，深刻认识我国社会主要矛盾变化带来的新特征新要求，深刻认识错综复杂的国际环境带来的新矛盾新挑战，深刻认识全面深化改革的阶段性新特点新任务，紧扣贯彻新发展理念，推进高质量发展，构建新发展格局，紧盯解决突出问题，提高改革的战略性、前瞻性、针对性，使改革更好对接发展所需、基层所盼、民心所向，推动改革和发展深度融合、高效联动。

第四，获取新发展理念可靠性基础性知识理论，从既有新发展理念事实中建构出新发展理念学科恒定的学理或知识理论体系。

第五，以想象力建构规格来寻求新发展理念质性理论。也就是始终以"新发展理念不仅仅是这些"为出发点，不断开拓性建构新发展理念学理。

总之，新发展理念区块链研究方法论，是寻求对新发展理念根本性认识与信任和规格遵循的理论。它不仅在理论上具有促进人们主动获取新发展理念可靠性基础知识的价值，还是一种引领主动获取新发展理念实践秩序规范的逻辑方式、共识生成方式和新发展理念学术方式的理论。

(二)新发展理念实践秩序规范建构的行为方案

其一，着力于新发展理念实践秩序规范"视域内区块链"研究取向建构。新发展理念实践秩序规范内区块链研究取向建构，是指在新发展理念实践秩序规范内部找到和总结出共识性新发展理念内涵。例如：在新发展理念内部的各构成理念区块里寻求到明确的新发展理念实践秩序规范共识道理。

其二,着力于新发展理念实践秩序规范"视域外区块链"研究取向建构。新发展理念实践秩序规范外区块链研究取向建构,是指在新发展理念之间找到和总结出新发展理念实践秩序规范的共识内涵。例如:在"创新"与"共享"区块里寻求到明确的新发展理念实践秩序规范共识道理。

其三,着力于新发展理念实践秩序规范"理论正名价值区块链"研究取向建构。新发展理念实践秩序规范正名价值区块链研究取向建构,是指坚信新发展理念实践秩序规范始终存在而作为。如果没有新发展理念实践秩序规范存在,等于不存在新发展理念本体。那么,新发展理念文化之存在就成问题了。不仅如此,一旦有由新发展理念各种区块链拱卫形成的共识新发展理念实践秩序规范知识理论体系,便深刻证明新发展理念实践秩序规范存在的合法性、正当性、价值性与功能性。因此,现在不是再来讨论新发展理念实践秩序规范是否有没有或存在与否的问题,而是要集中精力讨论新发展理念实践秩序规范世界与体系丰厚的议题。

其四,突破新发展理念区块与区块之间的间隔而建构新发展理念实践秩序规范知识理论体系,始终以卓越胜过孤立单个新发展理念区块限制的方法获得建构完整的新发展理念实践秩序规范共有知识理论体系。这是为防止新发展理念实践秩序规范内形成各自为营的新发展理念区块。由此,也就可以深刻认知到新发展理念实践秩序规范具有不可替代的价值。①

(三)新发展理念实践秩序规范建构的前景

新发展理念实践秩序规范在区块论混沌思维构建下形成一个系

---

① 梁玖.艺术学理论学科的区块链研究建构方法论[J].民族艺术研究,2019(4):84-90.

统的新发展理念理论体系,回答了关于发展的目的、动力、方式、路径等一系列理论和实践问题,阐明了我们党关于发展的政治立场、价值导向、发展模式、发展道路等重大政治问题,推动经济发展必须坚持新发展理念。

在区块链混沌思维视域下新发展理念实践秩序规范的建构中,新发展理念秉持着、创新、协调、绿色、开放、共享等新理念,而区块链混沌思维作为新兴互联网技术,为新发展理念实践秩序规范提供了技术上的保证,让其能够体现真实内涵,追求理念的目标。

区块链混沌思维助力下建构的新发展理念实践秩序规范,在既有优势上新增了区块链作为一种新型的分布式数据存储技术具有的去中心化、点对点传输、共识机制、加密防伪和智能合约等技术优势。它面向的对象是整个中国社会乃至世界各国社会秩序理念的规范,在社会中的诸多领域都能够融会贯通,为之赋能。

例如基层社会治理领域,要推动社会治理重心向基层下移,向基层放权赋能。[①] 新发展理念实践秩序规范建构助力基层治理现代化,以区块链的共识机制完善基层民主协商制度,实现政府治理同社会调节、居民自治良性互动,建设人人有责、人人尽责、人人享有的社会治理共同体;以智能合约思维建立守信激励和失信惩戒等机制,将基层个体包括政府人员的诚信积分、诚信痕迹进行不可篡改的存证,用于诚信体系建设的内部绩效管理和诚信奖惩政策的兑现,不仅可以端正党风、政风,提高基层数据的可信性和安全性,而且能净化社会风气,产生巨大社会效益和经济效益。

在教育领域方面,我国经过 10 余年的学生综合素质评价探索,基础教育的育人方式和高校招生考试改革均有较大转变,但也存在综合素质评价效用不高、权责不清、客观公正不足、安全可靠性不强等问题。区块链混沌思维视域下建构新发展理念实践秩序规范要秉

---

① 黄莉.区块链思维赋能基层治理[J].红旗文稿,2020(24):29-31.

持公平公正理念,结合"创新"新发展理念和区块链技术等,构建和应用基于区块链的学生综合素质评价系统可在宏观治理层面支持弱中心化的评价联盟运行,在中观评价层面实现安全、可信、溯源的数据录入、评价实施、结果查询与应用等评价过程。[①]

这些都是区块链混沌思维视域下建构新发展理念实践秩序规范所能产生的效益,新发展理念实践秩序规范构建后依旧是以问题为导向,解决中国社会已有的难题,始终"坚持和发展中国特色社会主义"、始终坚持"人民中心"价值立场、始终坚持"人类命运共同"发展。

区块链混沌思维视域下建构新发展理念实践秩序规范是对人类经济社会发展规律的科学总结,顺应人类发展大势和时代潮流,契合我国经济社会发展新形势新问题,是引领新时代伟大实践的科学指引。

目前区块链思维和区块链技术依旧在国际上处于一个待开发的"热点"位置。树立和贯彻新发展理念,开发和创新区块链技术,构建新发展理念实践秩序规范,是我国发展占据时代制高点,维护和用好重要战略机遇期,在国际竞争中赢得优势、赢得主动的重要法宝。

---

① 郑旭东,杨现民.基于区块链技术的学生综合素质评价系统设计[J].现代远程教育研究,2020(1):23-32.

第七章　区块链思维视域下新发展理念实践体系及路径构建

第一节　新发展理念实践体系之基础设施系统

一、区块链思维视域下新发展理念实践体系之基础设施系统概述

(一)新发展理念实践体系研究背景

新发展理念的提出生动地诠释了党和国家的初心——为中国人民谋幸福,为中华民族谋复兴。坚持以人为本的发展思想,是不断改善民生,提高人民获得感、幸福感、安全感的根本初衷,解决人民日益增长的美好生活需要和不平衡不充分的发展之间的矛盾是党和国家发展的根本任务,满足人民对美好生活的期待是党和国家发展的出发点和落脚点。党的十八届五中全会提出了"创新、协调、绿色、开放、共享"的新发展理念。新发展理念符合我国社会主义初级阶段的

基本国情，顺应时代要求，对解决发展难题、增强发展动力具有重要的指导意义。[①]"创新、协调、绿色、开放、共享"的新发展理念指明了"十三五"乃至更长时期我国的发展方向，[②]以其独有的生命力，在我国蓬勃发展。

（二）新发展理念实践体系之基础设施系统的核心内涵

1.基础设施系统的内涵

为了更好地理解区块链思维视域下新发展理念实践体系之基础设施系统，需要了解何为基础设施系统。早期国内对基础设施的理解，实质上是指经济基础设施和社会基础设施的混合体。于光远主编的《经济大词典》中的解释是，基础设施是指为生产、流通等部门提供服务的各个部门和设施，包括运输、通信、动力、供水、仓库、文化、教育、科研以及公共服务设施。[③] 如今，基础设施的概念有了一定的延伸，广义的基础设施包括物质基础设施和制度基础设施。物质基础设施包括经济基础设施和社会基础设施，制度基础设施包括政治制度、经济制度、法律法规等统治、约束人民的上层建筑。[④] 本书所述的基础设施系统是指广义的基础设施。

2."新发展理念实践体系＋基础设施系统"的内涵

新发展理念实践体系之基础设施系统是指以贯彻新发展理念为核心，所构建的物质基础设施和制度基础设施相互联系、相互作用，形成的具有一定功能的整体，包括创新基础设施、协调基础设施、绿色基础设施、开放基础设施、共享基础设施五大部分。

区块链思维源自区块链技术。区块链技术是一种去中心化、去

---

① 李月.基于新发展理念下的共享发展研究[J].中国商论,2021(22):126-128.
② 周昊天.绿色经济背景下我国绿色贸易发展研究[J].中国经贸导刊,2019(26):15-17.
③ 于光远.经济大词典[M].上海:上海辞书出版社,1992.
④ 王霄琼.论传统产业与高新技术产业的互动[J].中州学刊,2017(8):29-34.

数据化、可追溯、不可篡改、公开透明的分布式数据库技术方案。为了更好地贯彻新发展理念,通过区块链思维打破新发展理念在具体实践中时间和空间的限制,对系列实践进行历史记录、分块整合、链化统筹,实现实践经验和方法的账本式、区块化、共享性交流互鉴。

本书将在区块链思维视域下,利用区块链思维的优势,探索如何优化子系统间的联系,更高效地发挥基础设施系统的作用,贯彻新发展理念。

(三)区块链思维视域下的基础设施系统对新发展理念实践的重要性和实际意义

3.区块链思维视域结合的作用机制概述

第一,区块链思维视域下的基础设施系统构建,有利于解决中介信用问题。这使基础设施构建与贯彻新发展理念有机结合,无须中介,有利于新发展理念实践体系的基础设施系统构建降低成本、提高效率,降低对方的信用风险,高效地推动新发展理念落实。区块链是一个链式分布式数据库。它的一个重大突破是基于密码学机制,而不是基于信用,解决了中介信用问题。将区块链思维视域运用到基础设施系统构建有助于推动新发展理念的实践。

第二,区块链思维视域下的基础设施系统构建,有利于工作的公开化、透明化,有利于发挥监督的作用,也有助于落实问责制度。区块链的去中心化存储、高度透明、不可篡改、[1]高度安全性等优势,将基础设施系统的运行透明化、公开化,便于发挥监督的作用,督促基础设施系统科学运转,防止出现失职渎职的情况。同时对于产生不良结果的情况,可以通过不可篡改、公开透明的信息,明确责任,落实问责制度。

第三,区块链思维视域下的基础设施系统构建有助于新发展理

---

① 杨露,杨波.基于第五利润源的超市逆向物流探究[J].物流科技,2018(41):56-58.

念先进实践经验、方法的探索和账本式、区块化、共享性交流互鉴。区块链分布式账本相对独立的特点,使基础设施系统的各个子系统和系统中的各个要素,既相互联系,又相对独立,充分发挥部分的能动性,有助于新发展理念先进实践经验的探索。将实践经验和方法账本化、区块化,便于与其他系统交流互鉴,贯彻新发展理念。

二、区块链思维在新发展理念实践体系之基础设施系统中的应用

(一)去中心化模式在新发展理念实践体系之基础设施系统中的应用

去中心化是区块链的一个重要特征。区块链的运行是通过点对点进行数据和价值的传输,不需要经过中心化处理环节,不受其控制。

区块链去中心化的特点具有两个显著优势:第一,增强了对突发状况的抵御能力,降低了中心化机构对整个系统的影响风险,加强了系统对外界变化的适应性。传统系统中一旦中央服务器出现故障,整个系统将面临瘫痪风险,而在基于区块链思维去中心化模式构建的系统中,即使若干节点发生故障,[①]对整个系统的影响也并不大,系统抵御突发状况的能力大大提升。例如,基于工作量证明机制的区块链的容错率高达 50%,只要有 50% 的记账节点正常,系统就能正常运转。

第二,打破了集权管理体制,给予各个子系统相对的独立性,能充分发挥各个部分的能动性和灵活性。传统系统由系统中央发出指令,各子系统贯彻执行,指令难以完全符合各子系统特性,易出现效

---

① 陈加友.基于区块链技术的去中心化自治组织:核心属性、理论解析与应用前景[J].改革,2021(3):134-143.

率低下、资源浪费等状况甚至产生不良后果。而去中心化模式能解决这一问题，让各部分在平等、自愿的环境中，实现特色发展。

去中心化模式对新发展理念之基础设施系统的构建与发展具有实际价值。去中心化模式通过行政资源、社会公共产品和服务的均衡分布，削弱了作为中心的主要大城市的资源中心地位，促进了区域平衡发展，推动经济可持续性发展，不仅能够有效缓解发展不平衡不充分问题，推动协调发展，还能有效缓解中心大城市的"城市病"①。去中心化模式已经在某些国家落实，其中最为典型的就是德国的去中心化城镇化基础设施系统。

德国采用了公共财政制度这一基础设施系统，实现资源配置去中心化。德国将去中心化模式与基础设施系统结合，实现行政资源与公共服务的地区间及城乡间等值分布，②形成了城市规模小、数量多、分布均衡的特点。其中最能体现德国去中心化模式发展特点的就是德国城市的人口变化情况，如今柏林的人口仍然与1910年的规模相当。③反观其他国家的大城市，在近100年来，人口增长了数倍的不在少数，城市化发展显著，地区发展极不平衡，存在许多发展不平衡所产生的问题。去中心化模式使德国的工业化和城镇化发展迅速推进，基础设施等值化分布有效地避免了城镇化导致的地区发展不平衡问题，以及包括我国在内的不少发展中国家面临的"城市病"问题。德国生动诠释了区块链思维下去中心化模式对贯彻新发展理念的积极作用。

在实践中，去中心化模式与基础设施系统的结合能科学分配社会资源，推动经济、社会、生态可持续发展，为贯彻新发展理念进一步

---

① 蒋尉.德国"去中心化"城镇化模式及借鉴[J].国家行政学院学报，2015(5)：113-116.

② 陈加友.基于区块链技术的去中心化自治组织：核心属性、理论解析与应用前景[J].改革，2021(3)：134-143.

③ 陈加友.基于区块链技术的去中心化自治组织：核心属性、理论解析与应用前景[J].改革，2021(3)：134-143.

提供动力。

（二）公开透明模式在新发展理念实践体系之基础设施系统中的应用

公开透明是区块链的一个重要特征。区块链的公开透明性大致包括结构的公开透明和数据的公开透明。每个区块链用户都能看到项目信息，并且每个区块中的数据以及交易信息都可查询，便于用户选择。区块链公开透明的模式，将每一个用户置于平等地位，保障了他们的知情权。

区块链思维公开透明模式在新发展理念基础设施系统构建中发挥了巨大作用。在新发展理念基础设施系统中，采用公开透明的模式，能够保障人民群众知情权，便于发挥监督的作用，督促基础设施系统高效运转。公开透明模式也有助于加强系统各部分的协作，提高工作效率，减少资源的浪费，符合社会主义初级阶段基本国情的需要。

"互联网＋"模式正是公开透明模式运用到基础设施系统的伟大实践。以"互联网＋政务"模式为例，该模式运用互联网和大数据技术，建立政务公开服务平台，让政府权力公开透明运行，办事流程简化，审批过程透明，推动政务工作规范化、服务化发展，贯彻"最多跑一次"理念，推动共享发展。该模式的创新突破了传统模式低效率的特点，推动创新发展，提高了新发展理念贯彻落实的效率，实现了行政审批效能与群众满意度的双赢。

"互联网＋"模式推动基础设施系统实现审批透明化、痕迹数据化，强化了监督作用，落实问责制度，推动了基础设施系统高效运转。同时凭借其公开透明的特点，新发展理念实践体系之基础设施系统的各个部分能更充分地交流互鉴，提高协作能力，减少资源浪费。

新发展理念实践体系之基础设施系统的构建应当更深入地贯彻公开透明模式，让更多信息在更多领域公开，便于各子系统更深入地了解对方，更充分地发挥系统统筹协作的作用，提高运转效率，推动新发展理念贯彻落实。

（三）分布式存储系统在新发展理念实践体系之基础设施系统中的应用

随着信息化时代的发展，互联网、大数据成为发展的重要推动力，越来越多信息被数据化，数据呈爆发式增长，全球数据总量已经达到难以想象的程度，其中80％左右为非结构化数据，数据如何有效储存与高效应用已成为当今时代的重要课题。而区块链中的分布式存储系统就很好地解决了这些问题。分布式存储系统是区块链技术的重要组成部分，通过部署存储软件，每个参与者不仅成为信息的接收者，还是信息的储存者，通过高速网络连接技术实现参与者间的互联，实时更新存储信息的模式。

分布式存储系统相对于传统存储系统有以下优势：第一，高资源利用率，低成本，能够有效地解决各个平台独立建设存储系统而导致大量基础设施重复建设的问题，实现多平台共享数据，避免数据孤岛，[①]有效地提高了数据的利用率，降低成本。第二，高效率，通过分级存储可以实现数据的高效存储和读取。第三，安全性，通过分布式存储系统能实现信息的异地备份，确保信息的储存安全，提高应对紧急情况的能力。

区块链思维分布式储存系统在新发展理念实践体系之基础设施系统中有着广泛的应用。以分布式气象大数据存储基础设施系统为例。此基础设施系统采用分布式存储系统构建数据库，实现对气象数据的统一管理和服务。在基础设施层主要包括存储数据的服务器集群和连接各服务器的交换机。在数据存储方面采用分布式存储技术构建气象数据存储系统，实现气象数据的分级管理和数据同步、数据迁移与清除等功能，实现分布式数据库的统一管理。

---

① 穆志纯.浅谈分布式存储系统架构设计[J].电子世界,2020(22):146-147.

分布式存储系统与气象基础设施系统结合,能有效满足人民群众对天气情况预先知情的需求,也能及时预知气象灾害的发生,保障人民群众权益,提高人民生活水平,让发展更好地普惠人民,推动共享发展;同时,有助于人们更及时地了解自然动态变化,推动人与自然和谐共生,贯彻绿色发展。

三、区块链思维视域下新发展理念实践体系基础设施系统的组成

(一)新发展理念实践体系之创新基础设施系统

1.创新基础设施系统发展现状

当今世界,经济社会发展越来越依赖于理论、制度、科技、文化等领域的创新,在国际竞争中,创新的作用越来越显著。在新发展理念中,创新处于首位,可见其重要性。随着国内经济循环和国际经济循环的不断深化,创新已经成为推动我国经济发展的第一动力,处于社会主义现代化建设的核心地位。

创新发展注重解决发展动力问题,目前我国创新能力不强,科技发展水平仍处于弱势地位,经济发展虽然迅速,但质量不够高。同时随着经济的迅速发展,发展动力不足这一问题渐渐显露。贯彻落实新发展理念中的创新发展,成为当今的首要任务。随着经济全球化和互联网大数据时代的到来,支撑全社会创新活动的创新基础设施条件越来越成为影响综合国力的重要因素。创新基础设施系统的建设正在成为国家创新体系建设的重要组成部分,[①]创新基础设施系统是为解决发展动力问题、贯彻创新发展理念而构建的基础设施系统。

---

① 于英杰,昌拉昌.基于省域尺度的中国创新基础设施对创新产出的影响分析[J].科技管理研究,2021(7):1-8.

目前中国正处于工业化城市向创新型城市转型阶段,创新基础设施系统对创新发展发挥着巨大作用。创新基础设施将创新资源集中,与周围创新环境相互作用,加强区域创新能力。创新基础设施系统的建设有利于创新产品的产出和创新效率的提高,在一定程度上促进城市创新资源的集聚,对产业集群与创新具有重大作用。创新基础设施是支撑科技研究、技术开发、产品研制的具有公共性的基础设施,是新发展理念在基础设施系统中可持续发展的动力源泉。创新基础设施具体包括通信、交通、能源等公共基础设施和仪器设备、行业信息、科学数据等专业基础设施,[①]例如专业孵化系统基础设施、科创园等。

2.创新基础设施系统存在的问题

我国是世界上最大的发展中国家,目前仍然处于并将长期处于社会主义初级阶段,发展不平衡不充分问题显著,科研起步较晚,创新基础设施系统与发达国家尚存在一定差距,具体体现在以下三个方面:一是部分产业高端创新基础设施建设相对不足。半导体、高端装备、生物医药、特种材料等战略产业对科技水平和仪器装备的要求极高,[②]缺乏核心技术、核心装备极大地阻碍了产业创新与突破。二是基础设施系统相对紊乱,系统整合有待加强。[③] 基础设施系统分工不明确,信息共享度不足,交流不便,难以有效地推动创新发展。三是基础设施利用率有待提升。一方面,高端人才不足,基础设施的运用不充分;另一方面,行业信息的分析利用等方面存在不足。

3.创新基础设施系统发展的新思路

(1)针对高端设施缺失痛点,通过"国外引进＋国产自研",营造

① 谭涛,周栋梁,陈婷,等.基于创新生态优化的基础设施建设模式研究[J].科技创新与应用,2020(19):39-40.

② 谭涛,周栋梁,陈婷,等.基于创新生态优化的基础设施建设模式研究[J].科技创新与应用,2020(19):39-40.

③ 谭涛,周栋梁,陈婷,等.基于创新生态优化的基础设施建设模式研究[J].科技创新与应用,2020(19):39-40.

良好环境。在国外引进方面,可以与国外产业深度融合,学习先进技术,引进先进装备及人才。在国产自研方面,我国可以通过创新制度基础设施,采用一些创新激励政策,通过财政补贴、科研攻坚等方式,支持国产自研,[①]营造创新之风。

(2)针对基础设施系统紊乱问题,运用区块链思维,通过"互联网+"模式,建立分布式账本,进行信息整合,实现信息共享,明确权责。运用区块链思维,实现政策、行业、基础设施间的信息整合,通过互联网大数据建立线上信息平台,整合行业法规、政策、各基础设施相关信息等,为各企业提供全面的信息,促进产业升级。[②]

(3)针对基础设施利用率不高问题,通过多元共享+深度服务,充分利用基础设施。通过互联网、大数据建立共享平台,对实践经验、技术装备等进行共享,提高基础设施资源的利用效率。

(二)新发展理念实践体系之协调基础设施系统

1.协调基础设施系统发展现状

城市基础设施系统是城市生产和发展的必备工程性基础设施,大致由五个子系统构成,即能源、给排水、交通、邮政通信以及环境,这五个子系统相互影响、相互作用,影响着城市的经济发展和人民的基本生活。在国家的政策和统筹安排下,我国协调基础设施系统不断发展,大致体现在以下三个方面。

(1)社会供需协调。伴随着城市化进程的推进,社会对基础设施系统的需求不断加大,我国对基础设施的投入也不断增加。

(2)区域间基础设施系统发展协调。我国仍然处于并将长期处于社会主义初级阶段,发展不平衡不充分问题十分显著。我国基础

---

① 谭涛,周栋梁,陈婷,等.基于创新生态优化的基础设施建设模式研究[J].科技创新与应用,2020(19):39-40.

② 谭涛,周栋梁,陈婷,等.基于创新生态优化的基础设施建设模式研究[J].科技创新与应用,2020(19):39-40.

设施系统的发展也呈现出不平衡问题,东西部差距显著。针对这一问题,国家出台了相关政策,在区域间进行引导,并通过财政支出来推动区域间基础设施系统协调发展,取得了一定成效。

(3)城乡基础设施系统协调发展。我国城乡发展不协调问题突出,国家通过财政支持和相关战略,如乡村振兴战略,推动城乡协调发展。

2.协调基础设施系统存在的问题

(1)区域间基础设施系统发展差距依然悬殊。尽管近几年来,在国家政策安排和统筹引导下,区域间的发展差距呈现缩小趋势,取得了一定成效,但区域间发展不平衡不充分问题依然存在。城市化发展,导致大量劳动力由不发达地区流向发达地区,欠发达地区的劳动力短缺,人口老龄化加剧,地区发展缓慢。由于区域间经济基础差距存在,欠发达地区科技发展水平落后,基础设施系统构建存在差距。

(2)同一区域内各基础设施子系统的结构失衡与供需失调。尽管基础设施系统的投入不断增加,但我国城市公共基础设施系统的供给仍难以满足社会的需求。暴雨后排水不畅、街道积水,城市交通堵塞,垃圾成堆,空气、噪声、水污染等问题普遍存在,各基础设施子系统发展情况与社会所需不协调,发展结构失衡。

(3)乡村基础设施系统与城市相比仍存在明显不足。城市的公共交通设施、公共教育设施、公共供电设施、公共卫生设施等基础设施齐全,性能优越。[①] 而反观中国广大农村,基础设施系统缺乏,公共交通设施、公共信息系统、农田水利设施等基础设施难以满足农村生活需要,生产基础条件差。

3.协调基础设施系统发展的新思路

(1)利用互联网、大数据技术构建交流互鉴平台。将基础设施系

---

① 曾广录.城乡公共基础设施投入不均的消费差距效应[J].消费经济,2011(4):36-40.

统构建中所产生的经验与当地地方特色联系,以数据化的形式保存在交流互鉴平台中,便于各个地区结合各地的特殊性高效地构建基础设施系统,在基础设施系统技术层面上达到各区域的协调。

（2）建立互助帮扶制度。将发达地区与欠发达地区、城市与农村相关联,先富带后富,相对发达地区为相对落后地区带去资源和技术上的帮助,欠发达地区为其提供开发空间和产业转移地,缓解基础设施系统压力,形成互补性帮扶,推动双方可持续性发展,实现双赢。

（三）新发展理念实践体系之绿色基础设施系统

1.绿色基础设施系统发展现状

绿色发展已成为新时代高质量发展的一个重要方向。在党的十九届五中全会上明确指出要将"推动绿色发展,促进人与自然和谐共生"上升到与市场经济、对外开放同等的战略地位,绿色发展已经成为影响中国发展的重要一环。[①] 在此大环境下,绿色基础设施系统的构建和完善显得十分重要。绿色基础设施系统的构建与运转有以下作用:一是推动社会、经济、生态可持续性发展,构建人与自然和谐共生关系。二是有助于缓解生态压力,保护生态环境。三是提高资源的利用率。绿色基础设施系统能够推动物质转化,"转废为宝",推动物质的良性循环,例如,沼气池基础设施。

2.绿色基础设施系统存在的问题

第一,"绿色"基础设施系统不够健全,效力有限,生态环境恶化。根据有关部门统计,我国环境破坏严重,以空气质量为例,目前,空气质量超标的城市仍占我国城市总数的40.1%。绿色基础设施破坏严重,植被覆盖率低,林地田地破坏严重,绿色基础设施系统仍需要大力构建,恢复植被,退耕还林,缓解生态压力。

---

① 孙兰生.践行新发展理念服务绿色发展战略[J].中国金融,2021(2):27-29.

第二,低水平的产业结构导致污染严重。我国是最大的发展中国家,处于工业化阶段,以粗放型高耗能第二产业为主。在经济迅速发展的同时,造成了严重的环境问题。过去几十年的高耗能工业,导致了严重的大气污染和水污染,雾霾、酸雨等灾害性天气频发,空气质量差;对煤矿等资源过度开采,同时对地表植被和土地造成严重破坏,加剧了水土流失和土地荒漠化进程。

3.绿色基础设施系统发展的新思路

第一,产业结构——绿色化转型。就我国的污染来源来看,高耗能产业的比重较大。因此我们要推动产业结构由低水平的高耗能产业向更高水平的绿色化低污染产业转型,从源头上解决污染,推动人与自然和谐共生。我国可以通过出台相关政策引导产业转型,通过财政支出帮助产业解决转型中遇到的困难,将绿色化融入产业生产的每一环节,以清洁高效的技术方法代替传统低效高污染的手段。

第二,绿色理念——深入人心。绿色理念是绿色发展的核心,掌握绿色理念,并将其内化于心、外化于行,是推动绿色发展的不竭动力之源。因此宣传绿色理念显得尤为重要。区块链思维能够帮助我们做好宣传工作。通过公开化分布式储存系统将"生态＋经济"模式产生的效应展示出来,让全体人民明白"绿水青山就是金山银山"的强大生命力,改变他们的价值观,从而推动绿色发展。

(四)新发展理念实践体系之开放基础设施系统

1.开放基础设施系统发展现状

党的十八大以来,中央加快构建开放型经济新体制,进一步降低了市场准入门槛。党的十八届五中全会上以习近平总书记为代表的中国共产党人准确判断世界大势,站在新的历史起点上,将开放发展作为新发展理念之一。党的十九大上提出"以'一带一路'建设为重点,坚持引进来,走出去并重"等重要指示。面对开放新局势,开放基础设施系统的构建和完善成为一项重要工作。随着经济的发展,开放基础设施系统逐步健全,开放物质基础设施系统不断完善,物流运输系统、信息传输系统等效率不断提高。同时,制度基础设施系统也不断完善,一项项政策陆续出台。开放基础设施系统的发展也取得了一定成效。开放基础设施的建设有利于我国经济顺应经济全球化趋势,更深层次地与世界经济融合,推动我国经济与世界经济接轨。"开放"基础设施系统的构建也有助于信息的互联互通、相互交流、相互借鉴,推动双方携手并进、共同发展、实现双赢。

2. 开放基础设施系统存在的问题

第一,开放基础设施还不够健全,开放环境相对较差,吸引外资和对外投资效益不高。我国开放基础设施系统构建相对较晚,相比于其他发达国家存在一定差距,仍未完全进入成熟期,且服务业对外开放水平低。同时,开放的制度基础设施系统还不够健全,相关法律制度未完善,对于投资者的权益保护不足,对投资者的吸引力亦不足。

第二,开放基础设施系统利用率不足,整体协作能力不高。各个基础设施系统之间的关联性差,信息沟通能力薄弱,审批烦琐,协作能力不足,各个环节运转效率不高。

3. 开放基础设施系统发展的新思路

第一,加强开放基础设施系统建设的针对性。通过对开放进程中存在问题的统计分析,发现基础设施系统中的不足,进行针对性整改,提高资源的利用率。

第二,利用互联网、大数据技术构建线上开放基础设施系统互联互通平台。利用区块链技术,分布式存储各子系统信息,通过线上传输共享,减少系统间信息传达环节,提高各系统协作运转效率。同时,通过线上平台打破时空局限,让各子系统协作更高效。

(五)新发展理念实践体系之共享基础设施系统

1.共享基础设施系统发展现状

从当今时代的发展方位和主要特征来看,共享发展已成为重要的发展理念。[①] 共享发展注重解决社会公平正义问题,让发展成果更好地惠及人民。共享基础设施系统则是在贯彻共享发展理念下构建的服务人民群众的公共性组织系统。随着我国国力发展,社会经济水平不断提高,党和政府愈发重视对人民群众权益的保障。2015年11月公布的《关于制定国民经济和社会发展第十三个五年规划的建议》中,强调坚持共享发展,着力增进人民福祉,既解释了发展的目的,又解释了发展的动力。国家在基本公共服务领域的投入不断增加,在科教文卫等共享基础设施的投入也不断增加。2009年,科教文卫支出16287.43亿元。到2013年,科教文卫支出已达31324.86亿元。人民群众的各项权益得到愈发有力的保障,以人民为中心的发展思想与共同富裕理念不断向前迈进。

2.共享基础设施系统存在的问题

一是共享权益不充分。我国共享基础设施系统保障的公民权益存在不充分现象。共享基础设施系统保障的权益不够广泛。

二是共享的保障不足,存在不公平现象。尽管我国对共享基础设施系统的投入逐年增加,但是在权益保障方面仍存在不足。以居民的受教育权为例,城乡居民的教育基础设施系统差距较大,农村贫困地区居民的受教育权无法得到很好的保障。[②] 此外,性别保障不平等,特别是农村贫困地区女童的受教育权时常被侵害。

---

① 魏志奇.共享发展作为新时代重大方略:意义与践行[J].中南大学学报,2020(6):10-21.

② 李志萍.论平等权的法律保护[J].北方经济,2008(21):75-76.

3.共享基础设施系统发展的新思路

一是完善法律制度，严惩不公平行为。通过立法完善法律制度，针对不公平现象出台相关举措，严厉打击。

二是建立线上共享平台，作为群众和政府沟通的桥梁与纽带。通过互联网技术广泛征求民众对共享发展的意见和建议，集思广益，共同推动共享发展建设；为居民举报不公平不正义现象提供平台。

第二节　新发展理念实践体系之路径架构系统

一、区块链思维视域下新发展理念实践体系路径架构系统的意义

区块链视域下新发展理念实践体系路径架构系统是指利用区块链的理念将新发展理念应用于实践的理论框架。新发展理念实践体系路径架构系统主要包括了如何将区块链的理念应用于新发展理念、新发展理念付诸实践的整体思路，以及未来如何发展创新新发展理念。

在区块链思维视域下构建新发展理念实践体系的路径架构系统具有重大理论和实践。新发展理念实践体系是应用于实践的，但是其理论意义亦不可忽视。理论来源于实践，理论也能为实践提供指导，让实践更具有科学性、规范性。通过研究新发展理念路径架构系统的理论，可以预知后续实践中可能存在的不足，进而研究出解决对策，准备预案，化解未来可能出现的问题。同时路径架构系统的理论研究还能够为今后的其他研究提供思路和方向上的指导。

路径架构系统构建的实践意义更是举足轻重。新发展理念本身就是为实现中国现阶段所需要的高质量发展所提出的理念，就是要付诸实践，促进中国经济社会的高质量发展，实现中国人民对美好生

活的需要。

本章重点不在探讨研究区块链的技术问题,而是将重点放在如何将区块链思维应用于新发展理念的实践上,将区块链的成熟技术成果应用于新发展理念的实践上。

新发展理念实践体系的路径架构整体上是按照基建先行、协同发展、辐射带动和全面高质量发展这四个步骤来进行的。基建先行,顾名思义就是要先做好基础设施建设,任何产业从低级向高级的发展都离不开基础设施建设。基础设施建设是新发展理念的基础,没有完备可靠的基础设施就无法在未来实现高质量发展。协同发展就是要利用好区块链技术实现地区间的密切合作。区块链的技术理念可以让区域间协作更加高效准确,实现区域间技术、人才、信息等的共享,从而缩小地区间的发展差距,进一步实现共同富裕。协同发展可以是一个区域内各省、市、县的协调合作,也可以是区域间的协调合作。辐射带动则是一个区域内的核心城市利用自己的区位优势带动周边欠发达地区发展,同时实现自身的产业升级,最终实现区域内的资源合理配置、科学可持续发展。最后一步就是全面高质量发展。在前几个阶段完成之时,为了能够继续维持经济发展,必须进入高质量发展阶段,这也是新发展理念的要求和目标。全面高质量发展阶段要在创新、协调、绿色、开放、共享上取得全方位的发展,方能取得更高质量的发展。

二、区块链思维视域下新发展理念实践体系路径构架系统的构建

(一)构建区块链思维视域下创新发展实践体系的路径架构系统

构建创新发展实践体系的路径架构系统,首先要培养创新型人才,其次要加强科技创新。在这些基础创新得到发展后,要实现更高

质量、高水平的创新，这就要求制度创新、理论创新、管理模式创新、品牌创新。同时还要提高科技创新成果转化率、科技进步贡献率，在自主技术研发领域要有更大突破，进而实现不被西方国家在核心技术上"卡脖子"的目标。

根据所构想的路径架构系统，创新发展也需要最先发展各方面创新的基建，如创新所需的科研机构、科研材料以及科研的理论基础等。20世纪我国之所以无法吸引大批人才，就是因为当时我国的科研基础较弱，现阶段我国的科研基础设施与美国等发达国家的差距仍然巨大，仍需优先发展科研基建。

在科研基建发展完备之时，就可以更好地吸收科研创新人才了。在以上步骤完成的基础上进一步利用区块链理念促进区域人才协调利用，实现创新人才资源的合理配置。再通过创新能力强的地区带动周边实力较弱的地区发展创新能力，从而提高区域整体创新能力。最后各地区就能利用自生优势，因地制宜，实现高质量创新发展。

（二）构建区块链思维视域下协调发展实践体系的路径架构系统

我国区域协调发展，是一条通过不断进行理论和实践探索而逐步完善的具有中国特色的多元渐进式区域发展道路。区内区际发展不平衡不充分仍是我国区域经济发展矛盾的主要方面，是实现区域协调发展所需攻破的最主要的堡垒。[①]

笔者在深入分析我国区域协调发展实践中存在的问题后，提出立足区域多元层次结构，精准制定发展目标和战略；加强区域多元开放联动，优化国土空间布局；健全区域多元协调机制，切实增进民生福祉等实现区域协调发展的有效路径。

实现区块链视域下的协调发展也可以按照以下路径来展开。让

---

① 安虎森，汤小银.新发展格局下实现区域协调发展的路径探析[J].南京社会科学,2021(8):29-37.

发达地区带动欠发达地区基建发展,待基建发展完备之时再让欠发达地区与发达地区协同发展,相互弥补各自在发展上的不足之处,共同促进区域经济的发展,以达到协调发展的目的。在各地区发展到一定水平时,就可以寻求区域之间的协同发展,实现全国性的高质量发展,更好地下好"全国一盘棋"。

(三)构建区块链思维视域下绿色发展实践体系的路径架构系统

我们要牢固树立"绿水青山就是金山银山"的理念,统筹山水林田湖草系统治理,优化国土空间开发格局,调整区域产业布局,发展清洁生产,推进绿色发展,打好蓝天、碧水、净土保卫战。要坚持不懈开展退耕还林还草,推进荒漠化、水土流失综合治理,推动黄河流域从过度干预、过度利用向自然修复、休养生息转变,提高流域生态环境质量。土地的健康,决定着水、粮食和气候的安全,关系到人类的未来。山水林田湖草是生命共同体,防沙治沙就是对整个生态系统的保护和修复。[①] 同时,绿色能源发展也至关重要。

现在我国绿色发展已经取得一定成效,实际上我国绿色发展已经在第三个阶段逐渐向第四个阶段转变的过程。在进入 20 世纪以来,我国在绿色发展上取得的成果颇丰:塞罕坝上,三代人的接力让一棵树成为一片林;中华民族的母亲河——黄河再次焕发生机;光、水、风、核等新型绿色能源利用率不断提高,碳排放量逐年减少;"绿色原则"也被写入了《民法典》,民事活动开始遵循节约资源、保护环境的原则。

我国要想实现高质量发展,绿色发展是关键一环。现阶段我国正在步入绿色发展的最后阶段,也就是向高质量绿色发展稳步前进的阶段。要实现绿色发展的高质量发展就要同时做好城市绿色发展和乡村绿色发展,同时做好农业为主的第一产业绿色发展、工业为主

---

① 布小林.携手防治荒漠 共谋人类福祉[J].内蒙古林业,2017(10):5.

的第二产业绿色发展以及服务业为主的第三产业绿色发展。实现乡村绿色发展需要合理科学利用耕地、山林、草原、河湖海等第一产业资源,走可持续发展道路;要规范工业在乡村的发展,同时合理开发旅游资源,避免第三产业过度消耗乡村自然资源。实现城市绿色发展需要更加科学合理地规划利用城市有限土地,避免土地资源浪费。同时,要将大型高污染企业迁出城市,减少城市超高楼房建设,增加城市绿植面积,增加新能源交通工具等。

(四)构建区块链维视域下开放发展实践体系的路径架构系统

开放发展注重的是解决发展内外联动问题。此处所说的内外联动问题既可以理解为国内与国外的联动,也可以理解为内陆地区与沿海地区的联动,也就是开放程度低的地区与开放程度高的地区的联动,从而以高开放带动低开放,促成一个全面开放、全方位开放的大棋局。2020年7月30日召开的中共中央政治局会议指出,当前经济形势仍然复杂严峻,不稳定性不确定性较大,我们遇到的很多问题是中长期的,必须从持久战的角度加以认识,加快形成以国内大循环为主体、国内国际双循环相互促进的新发展格局。

当前我国正面临着百年未有之大变局。在这种背景下,为了实现我国更可持续和更高质量的发展,党中央对我国未来经济发展路径做出了及时和重大的调整。党的十九届五中全会明确提出,要加快构建以国内大循环为主体、国内国际双循环相互促进的新发展格局。与此同时,在逆全球化的背景下,我国更应该有忧患意识,未雨绸缪,在对外开放的同时加快打造高质量的国内产业,促进国内各地区间的开放。

乡村振兴是国内大循环的基础,因此乡村振兴也是开放发展的重要途径。要通过全面实施乡村振兴战略,释放乡村地区消费力,从而推进国内大循环体系的建立。区块链技术与开放发展相结合可以更大程度地促进乡村振兴,促进国内大循环的发展,以此促进我国的开放发展。

而乡村振兴只是基础部分,要实现国内大循环的全面建成,深入实现开放发展,需要更加完备地构建路径架构系统。乡村振兴的具体路径是要先建立乡村基础设施,具体包括交通建设、物流建设、网络建设等。这些基础设施建设不仅是实现乡村振兴的首要步骤,也是实现国内大循环、开放发展的首要任务。在乡村基础设施建设完成后,城乡交流可以更加便捷,我国乡村的开放程度也会大大提升。

在城乡商品开放的基础上,推动信息开放,让乡村与城市能够实现信息交互。在这一环节中,区块链技术能发挥不可替代的作用。区块链的信息共享特点可以让城乡信息交流更加便捷,从而让我国各地居民足不出户就能了解到各地信息。

(五)构建区块链思维视域下共享发展实践体系的路径架构系统

区块链技术能保障数据的存储、认证、执行准确可靠,人工智能则基于数据做出决策、完成应用交互。区块链技术能够帮助各机构打破"数据孤岛",促进跨机构间数据的流动、共享及定价,形成一个自由开放的数据市场,实现全面智能。区块链的技术特点恰好满足了解决当今我国新发展格局中共享发展难题的条件。

共享发展主体目标追求的是人人享有、全民共享。全民共享发展成果是共享发展的目标,这是经济社会发展的根本性问题,是坚持人民主体地位、坚持以人民为中心思想的体现。全面性、均衡性是共享发展公平内涵的要求,要通过科学合理的分配,不断实现好、维护好、发展好最广大人民根本利益,使发展成果更多更公平惠及全体人民。人人参与、全民共建是全民共享的必要条件,共享是共建的最终目标。国家建设是全体人民共同的事业,国家发展过程也是全体人民共享成果的过程。逐步发展渐进共享之路是由我国国情决定的,渐进共享也是共同富裕的过程,是由低层次需求到高层次需求的动态过程。

以公平正义作为共享发展的根本原则,坚持公有制经济主体地位,为共享发展提供丰厚物质基础,强化共享发展意识,打造共享发展的精神家园,以人的全面发展为出发点和落脚点推进共享发展。[①]

新发展理念是一个整体。创新、协调、绿色、开放、共享是不可分割的整体,相互联系、相互贯通、相互促进,要一体坚持、一体贯彻,不能顾此失彼,也不能相互替代。孤立、静止、片面地理解或贯彻新发展理念,发展进程就会受到影响。同时,作为一个整体的新发展理念,在其实践中的路径架构问题上也是一个整体,也是相互联系、相互贯通、相互促进的。

第三节　新发展理念实践体系之信息数据系统

一、信息数据系统概述

(一)新发展理念实践体系对信息数据系统的要求

本书所说的信息数据系统,是指在新发展理念实践体系框架下以新型互联网技术为框架构建的信息数据系统。该系统首先是一个点面结合的系统,同时也是一个多部门共同合作、信息共享的系统。该系统是由以下部分组成的:组成各个终端的基层数据收集系统,汇聚各部门数据的大数据库系统,对数据进行分析整合、给出一定建议的分析系统以及反馈系统。反馈系统是将分析的结果通过调查研究后反馈给基层终端,然后由基层终端进行执行,从而对基层事件进行改善。

新发展理念是一个系统的、根据中国具体国情而诞生的发展理念,它将指引我们的发展。新发展理念为我们的实践提供了理论基

---

① 丁宇.共享发展理念的内涵及实现[J].新西部,2019(15):12,15.

础,我们也要通过努力将它与具体实践相结合,从而改善我们的实践。而信息数据系统的建立,其根本目的在于改善我们的实践,从而更好地为社会主义建设服务,更好地为人民服务。根据新发展理念,信息数据系统也是一个不断创新的系统,是一个协调各个部门,大局观念和全局意识下集中力量办事的系统,同时也是一个信息共享的系统。因此,新发展理念实践体系对于信息数据系统的要求是较高的,这个系统是需要不断与时俱进的,要根据具体实践进行变动。

(二)信息数据系统的概念与特点

信息数据系统是指在大数据背景下,以数据库为基础,以客户端、终端为衍生,通过分析数据调整当前制定的政策、计划,同时制定新的更加符合具体实践的政策。

信息数据系统的特点是根据其理论基础以及新发展理念的要求而来的。新发展理念要求信息数据系统是一个创新性、全面性、整体性、协调性的系统。创新性要求信息数据系统要根据具体实践不断更新、不断创新,与时俱进。全面性、整体性要求信息数据系统不仅仅是一个部门一个方面的系统,应该是一个涵盖多个方面、多个部门的系统,是一个在大局观念和全局意识下构建的系统,是一个可以将原本较为零散的各个部门联合起来,在一个共同的目标下团结协作的系统,其目的在于打破原先只顾眼前利益的情况,而建立一个具有长远目光、大局观念和全局意识的领导班子,从而进行全局战略规划,更好地建设新时代中国特色社会主义。协调性要求信息数据系统要协调各个部门之间的运作,要使各个部门拧成一条绳,力往一处使。由此可以看出,信息数据系统的创新性是使得信息数据系统不断与时俱进、不断发展的动力,而全面性、整体性使得信息数据系统不是"单打独斗",而是处于联系网之中。信息数据系统的协调性是信息数据系统全面性、整体性的基石,也是全面性、整体性的要求。因此,信息数据系统的特点环环相扣,密不可分。

新发展理念实践体系之信息数据系统与其他信息系统的最大不同之处在于,新发展理念实践体系信息数据系统是一个全面、整体的系统,是一个创新、协调的系统,是一个立于大局、谋划长远的系统,是一个服务于社会主义建设大局的系统。新发展理念实践体系信息数据系统与其他信息系统的不同之处在于信息数据系统是一个大系统。之所以说它是一个大系统,是因为信息数据系统建立于新发展理念的指导思想基础上,站在全局角度,通过各个部门基层具体实践的即时反馈,利用人工智能对于数据库数据的分析,得出结论,及时对制定的政策计划进行调整更改,同时为新政策的制定提供参考依据,进一步促进社会主义制度建设,更好地服务于中国特色社会主义建设。

二、新发展理念实践体系信息数据系统的基础

新发展理念实践体系信息数据系统的基础是在理论基础、硬件基础和实践基础的条件下得出的。

(一)理论基础

1.信息数据系统与新发展理念

信息数据系统作为新发展理念实践体系中的一环,其建设发展既为新发展理念所指引,也为新发展理念的实践提供支撑。进入21世纪后,互联网的迅速发展在促使我国快速走向信息化和现代化的同时,也使得我们原本的发展理念不再适应当前的发展实践,因此新发展理念应运而生。新发展理念是创新、协调、绿色、开放、共享的新发展理念,也就说明我们之前的发展在创新、协调、绿色、开放、共享等方面做得还不够好。

在之前的发展中,普遍存在一些问题:在创新方面,有部分人认为造不如买、买不如租,忽略了创新对于发展的巨大推动作用,也没

有看到在当今世界格局下,随着中国的发展,我国国际地位迅速提高,西方国家必然会想尽一切办法来遏制中国的发展。只有我们在技术上自给自足、不断创新,成为一个创新大国、创新强国,才能够不受制于人,更好地集中力量投入中国特色社会主义建设之中。要实现中华民族伟大复兴的中国梦,要建设社会主义现代化强国,必须依靠不断创新。因此,我们的信息数据系统也应该是不断与时俱进的系统,是创新的体现。

在协调方面,我国的发展应该是全国一盘棋。但在基层实践中我国也存在很多"只注重眼前利益,一届领导做一届事"的现象。这种现状是我国发展不够协调的结果。而在信息数据系统方面,目前我国在基层实践中存在一定的信息数据系统,但是这些信息数据系统基本上是服务于单独部门的,没有很好地联系起来。虽然出于各个部门的需求和保密的需要,目前的信息数据系统都是独立的,但是随着我们发展的需要,将各个部门联系起来,建立一个协调共享的信息数据系统,并不断更新及分析数据,对各部门的"航向"调整,及更好的基层实践服务具有重要参考价值。

在绿色方面,我们的发展不应该以牺牲环境为代价。因此,在信息数据系统方面,我们也要考虑到可持续发展的要求,制定一定的可持续发展指标,来更好地监督引导我们的基层实践。

在开放方面,我们的发展要面向全球、面向未来。因此,信息数据系统也应该吸取国外先进的信息数据系统理念思想和技术,我们所建立的新发展理念实践体系信息数据系统应当是一个立足于中国特色社会主义实践,对标国外先进技术理念,面向未来的系统,是一个兼容并蓄、精益求精的系统,是一个服务于社会主义建设、服务于人民的系统。

在共享方面,我们的共享发展注重的是解决社会公平正义问题,是要不断深化改革,最终实现提高人民生活水平、不断缩小贫富差异的总目标。需要更多地考虑当前我国的制度及数据系统问题,建设有针对性的信息数据系统,更好服务于我们的社会主义建设。

2.数据库思维与区域块理论

与新发展理念不同的是,数据库思维与区域块理论是利用联系的观点,针对系统建立的,将原本较为分散的各个部门通过数据系统紧密联系在一起。也就是说我们将基层实践视作最基础的终端,而数据则通过这些终端汇聚到数据库,并且在数据库进行数据分析决策之后通过数据链即时反映到终端,以指导和改善实践。在这个系统中,我们每一个人都是一个终端,都是数据的收集者,都是一个区块。我们每一个人都在这个系统之中,为了同一个目标而努力,从而更好地促进实践和发展。

(二)硬件基础

新发展理念实践体系信息数据系统的建立,需要一定的硬件基础,分别是数据库与数据云、接受并实时上传设备、执行计划技术设备和数据分析设备四个方面。

数据库和数据云是收集数据和进行分析的基础,因此,我们要拥有一个容量庞大的数据云以容纳大量的及时更新的数据,同时这个数据系统也要做好相应的保密工作,根据不同工作的具体需要进行不同的数据分类和数据提取。接受并实时上传设备作为我们信息数据系统信息的重要来源,拥有大量能够提取数据的设备,同时这些数据也要及时上传到数据库和数据云,以便于及时对数据进行分析和做出下一步的决策。接受并实时上传设备同时也应该是执行计划的技术设备。出于人力和成本的考虑,应该是"两块牌子一套班子",而作为信息的收集者,我们对于如何执行决策能够更好理解,能够更好、更及时完成任务,从而使得建设更符合具体情况。最重要的是数据分析设备,也就是大数据分析系统和人工智能设备。这些高端技术不仅能够在短时间内分析完庞大的数据量,还能够根据数据信息的对比,通过数学分析做出一定的结论判断,不仅方便我们更快更好地了解数据背后的含义,对于我们的决策还能够起到一定的参考作用。

(三)实践基础

新发展理念实践体系信息数据系统的实践基础有两个:一是基础实践汇总信息数据系统的运用实践基础,二是中国特色社会主义思想与实践相结合的实践基础。

在信息数据系统的运用实践基础方面,现代社会互联网大数据的发展使得我们在工作、学习、生活中必不可少地要与信息数据系统接触。同时在基础实践中,信息数据系统的运用也十分广泛,比如针对房东与租房人员管理的智能物业管理系统,不仅仅能够让人们足不出户收缴租金、水电费,方便人们的生活,也能够收集租房人员信息服务于公安工作。因此,随着科技的进步和发展的需要,我们的信息数据系统得以进一步萌芽发展,已经逐渐成为人们日常生活中必不可少的系统,拥有较为良好的系统建立、运用实践经验。

而在中国特色社会主义思想与实践相结合的实践基础方面,我们拥有更加良好的实践基础和更加充分的经验。新中国成立和发展的历程,就是中国特色社会主义思想与实践不断结合的过程,就是实践提出问题和要求,中国特色社会主义思想根据实践提出的问题和要求调整政策,改善具体实践,促进实践的发展,然后再由实践提出新的问题和要求的过程。在这一过程中,我们根据中国具体国情和基本矛盾的变化,不断调整"航向",通过改革来推动理论与实践的进一步统一。新发展理念的诞生也是出于人民日益增长的美好生活需要和不平衡不充分的发展之间的矛盾。我们不仅要发展,还要改善发展的方式,提高发展的质量。因此,在中国特色社会主义思想与实践相结合的实践基础方面,我们需要打好扎实的经验基础。

三、信息数据系统的运用前景

（一）战略规划方面

新发展理念实践体系信息数据系统的主要用途,就是通过大量的信息采集和数据分析,通过运用大数据以及人工智能计算,对我们所需要的数据进行分析,从而将基础实践第一时间反映到决策层,使得决策层能够根据具体实践的需要,对政策、计划进行调整,从而使得政策、计划更加符合基础具体实践,更好地体现、发挥制度优势,更好地服务于社会主义建设。

（二）基层运用方面

新发展理念实践体系信息数据系统,是将基层和决策层相联系的系统,当决策层将计划、政策传达给基层时,基层将具体实践通过系统反映给上级,其实就是基层与决策层的交流,这能够加深基层与决策层直接的联系,更好地发挥制度优势。同时,基层也可以将决策层与基层具体实践结合起来,更好地理解决策层的目的,从而更好地执行计划、政策,使得上下一条线、全国一盘棋,集中力量办大事。

（三）创新运用方面

新发展理念实践体系信息数据系统是新发展理念实践体系的重要组成部分,是创新的体现。新发展理念实践体系信息数据系统将原本相对较为分散的系统结合在一起,使得原先较为零散的部分化为一个实体,是将基层与决策层联系起来的系统,是信息数据系统创新的体现,能够激励我们在创新上加大力度,更好地提高创新能力。

第四节　新发展理念实践体系之秩序规范系统

一、区块链思维视域下新发展理念实践体系秩序规范系统概述

新发展理念在实际应用中以区块的模式促进社会健康发展。以数字经济为例,在新发展理念指导下,协同推进数字经济各环节、各部门、各领域等进一步协调合作,打破数据壁垒,形成数据合力,进而促进以传统方式发展的数字经济向创造性可持续方向健康发展。一是以创新突破数字经济核心技术;二是以协调促进数字经济要素合理配置;三是以绿色推动数字经济发展可持续发展;四是以开放推进数字经济高质量发展;五是以共享引导数字经济共建共用。

"没有规矩不成方圆。"按照《辞海》,"秩序指人或事物所在的位置,含有整齐守规则之意"。也就是说,任何一个产生并发展的行为模式以及规范都需要秩序规范来实现,这种规范可以是口头的,约定俗成的,例如乡规民约;也有可能是法定的成文的,用以规范人民生活秩序以及行为规范。

进入新时代以来,新发展阶段明确了我国发展的历史方位,贯彻新发展理念明确了我国现代化建设的指导原则,构建新发展格局明确了我国经济现代化的路径选择。习近平总书记在省部级主要领导干部学习贯彻党的十九届五中全会精神专题研讨班开班式上发表了重要讲话,科学判断了我国的发展现状及历史方位,提出完整、准确、全面贯彻新发展理念的战略要求,确保为全面建设社会主义现代化国家开好局、起好步。而如何实现、怎么实现成为规范的重点。区块链思维视域是指通过单个的存储单元记录一定时间内各区块节点的全部交流信息。换言之,指各区块间以随机散列方式完成链接,后一

个区块中包含前一个区块的哈希值。在应用中,区块链具体表现为在扩大信息交流中,各区块间相继连接的结果。也就说是区块链视域打破了传统单一的壁垒,那么就必须构建一定的新的秩序规范系统。

(一)区块链思维视域下新发展理念实践体系秩序规范系统的行为范式

行为范式本质上是一种理论体系和框架,在这种体系和框架内,该范式的理论、法则、定律都被人们普遍接受,也就是说是人们普遍接受并且参照的一个通用标准。这种理念也在开展科学研究、建立科学体系和运用科学思想的坐标、参照系与基本方式,及科学体系的基本模式、结构及功能中有充分的应用。库恩认为,范式是一种对本体论、认识论和方法论的基本承诺,是科学家集团共同接受的一组假说、理论、准则和方法的总和,这些在观念上构成了科学家的共同信念。

研究范式指的是一定事物在相关领域或约定俗成的一种规定。从区块链本身来说,因为区块链的信息交流量大,区块链具有匿名性和不可产出性,一旦其存储和传播的信息涉及敏感信息,后果将难以想象。对一个国家来说,如果将意识形态的传播以及内容的传播利用区块链来进行,那么其势必需要受到一定限制,否则内容上的安全漏洞可能会带来巨大的挑战和风险。

(二)区块链思维视域下新发展理念实践体系秩序规范系统的内涵

区块链本质上是一个去中心化的分布式存储数据库,通过有效连接各部分,打破了中心化机构授信模式,并采取数据协议、加密算法、共识机制,点对点地将信息传输到这个区块中的所有其他节点,进而设立一种去中心化、不可篡改、可验证安全性的数据库,构建一种新的信任体系。在新发展理念的应用中,就是在基层与基层之间建立信息联系,就是在现实应用中深刻认识新发展理念中蕴含的马克思主义基本原理、中华优秀传统文化及中国的革命、建设、改革实践科学成果,并逐步将其贯彻到经济社会发展全过程和各领域。[①]

(三)区块链思维视域下新发展理念实践体系秩序规范系统的基本应用

新发展理念实践要从基层做起,连接块与块形成连接点。要想新发展理念生根发芽,升华为一个普遍实践经验,各级领导干部必须有深刻的认识和积极的行动。习近平总书记从认识论和方法论两个维度,深刻阐述把新发展理念落到实处的方法路径。深刻学习贯彻习近平总书记重要讲话精神,关键就在于全面深化贯彻落实新发展理念,真正落实创新、协调、绿色、开放、共享式发展。

良好的精神状态是做好一切工作的重要前提。要实现落实好新理念、把握新常态,不是说不要作为,也不是说要放弃发展速度,而是要发挥自身主观能动性,创新发展模式,最终实现高质量可持续发展。当前干部队伍存在一定程度的不在状态、不善作为、不敢任事现象,那么蓝图再清晰、方向再明确,也难以把新理念转化为新成效。因此,让新理念落地生根、引领发展,迫切需要拿出奋发有为的状态、敢闯敢试的斗志、开拓进取的精神。

用新状态落实新理念,还要从认识论层面深学笃用。知之愈明,则行之愈笃。确立新发展理念,需要不断学、深入学、持久学,领会好、领会透。在时间与空间的审视中,在历史与现实的对照中,认识新发展理念的真理力量,使之变成改造客观世界的物质力量。用新状态落实新理念,就要从方法论层面创造性实践。落实新发展理念,

---

① 叶得盛.新发展理念的理论与实践[J].红旗文稿,2020(10):33-35.

需要落实主体责任、抓好贯彻执行,需要创新手段、守住底线。既要发挥改革的推动作用,积极探索、大胆试验,又要发挥法治的保障作用,注重运用法治思维和法治方式,既要积极主动、未雨绸缪,打好主动仗,又要见微知著、防微杜渐,做好应对任何矛盾风险挑战的准备。在深化改革中贯彻落实,在推进法治中稳步向前,在防范风险中不断完善。①

二、区块链思维视域下新发展理念实践体系秩序规范系统的发展状况

(一)区块链思维视域下创新发展理念体系研究

1. 区块链思维视域下创新发展理念体系简述

创新发展是对马克思主义生产力理论的发展。马克思主义政治经济学认为,人类社会的发展是由生产力与生产关系、经济基础与上层建筑两大矛盾来推动的,其中生产力在人类社会发展中起着关键的决定性作用。创新是引领发展的第一动力,创新就是生产力。从"科技创新是提高社会生产力和综合国力的战略支撑"到"必须把发展基点放在创新上",创新发展强调创新的核心作用,通过创新引领和驱动发展。

第一,整个人类历史就是一个不断创新、不断进步的过程。没有创新就没有人类的进步和未来。要实现社会发展,必须坚持优先发展的原则,如果不在发展生产上闯出新路,就很难适应新时代、新形势,无法掌握主动权。

第二,科学技术是第一生产力。科技创新能力越来越成为综合

① 用新状态贯彻落实新理念[N].人民日报,2016-01-24(4).

国力竞争的决定性因素,要从各部分发展中寻找机遇,深化科技改革。

第三,创新是一个民族进步的灵魂,是一个国家兴旺发达的不竭动力。提高民族创新意识,增强民族创新能力,关系到中华民族和整个社会主义事业的兴盛。① 政府在创新政策体系的设计中既要纠正市场失灵问题、引导企业创新,又要维护市场机制、避免政府失灵。创新政策从经济整体绩效提升方面入手,从产业政策引导、研发投入、环境管制、消费者保护、集群提升等方面系统地开展,逐渐形成直接或间接资助、需求激励、促进合作、创新服务在内的政策体系。

2.区块链视域下创新发展理念体系的秩序规范系统应用

中华优秀传统文化中的革故鼎新,是创新发展理念的源头活水。《周易》讲"穷则变,变则通,通则久",《诗经》云"周虽旧邦,其命维新",《大学》言"苟日新,日日新,又日新",都强调革故鼎新的作用。创新发展理念是对中华民族革故鼎新传统的继承和完善,充分体现了我们党崇尚创新的执政理念,激励中国共产党人在危机中育新机、于变局中开新局。

党中央关注未来产业发展,强调要瞄准人工智能、量子信息、集成电路、先进制造、生命健康、脑科学、生物育种、空天科技、深地深海等前沿领域,前瞻部署一批战略性、储备性技术研发项目。② 党的十九届五中全会和"十四五"规划纲要就前瞻谋划未来产业做出重大决策部署,明确提出要组织实施未来产业孵化与加速计划,谋划布局一批未来产业。

这就要求进一步集聚未来产业领域的大量顶尖科研人才和高端创新要素,在大力加强基础研究和技术科学研究的基础上,实现加快

---

① 于婷婷.论新发展理念的中华优秀传统文化意蕴[J].扬州教育学院学报,2021(2):39-43.

② 郝杰.民营企业要利用好今年政策窗口期[J].中国经济评论,2021(6):56-57.

推动一批事关国家未来竞争优势的重大前沿技术成果在国家高新区工程化、产业化。

（二）区块链视域下协调发展理念体系研究

1.区块链视域下协调发展理念体系简述

协调发展是对马克思主义唯物辩证法的运用。马克思主义唯物辩证法认为，事物是普遍联系的，发展的各要素之间相互联系、相互影响，构成了事物发展的有机整体。当各发展要素之间的不协调性持续积累，发展就会失去平衡而停滞不前。当前，我国发展不平衡。协调发展正是针对解决中国发展的不平衡问题。加强协调性，下好一盘棋，推动经济、政治、文化、社会、生态联动发展，才能使经济发展的速度与效益、先富与共富等各方面协调统一，才能有效解决地区差距、城乡差距、收入差距等发展不平衡问题。

协调思想之所以作为解决矛盾的主要原则与方法论，不但因为协调思想是现代系统哲学的主导思想及中国古代哲学的基本思想，还有如下两个原因：一是系统优化的产生源于系统能协调好本身存在的诸多矛盾关系；二是矛盾能积极稳妥地向好的方向转化，对立的矛盾双方的同一性起着主导作用。

2.区块链视域下协调发展理念体系的秩序规范系统应用

中华优秀传统文化中的"贵和尚中"，是协调发展理念的文化底蕴。儒家文化主张"贵和尚中""君子和而不同"，坚守中正、寻求适度，不偏不倚，无过之、无不及。协调发展理念，正是对中华传统"和"文化的凝练提升，要求我们在工作中注重系统性、整体性、协调性，平衡好物质文明和精神文明、经济和社会，以及各区域、各领域、城乡之间、部门之间的关系，实现均衡全面发展。

(三)区块链视域下绿色发展理念体系研究

1.区块链视域下绿色发展理念体系简述

绿色发展是对马克思主义生态文明观的传承。马克思主义生态文明观认为,人是自然界的一部分,自然界是我们人类赖以生长的基础,强调要选择实现人与自然和谐发展的生产方式和发展制度。绿色发展所秉持的"绿水青山就是金山银山"理念,旨在突出经济社会与资源环境的协调发展,推动形成绿色发展方式和生活方式,这是对马克思"人与自然关系""自然力也是生产力"生态文明观的继承和创新。①

中国共产党绿色发展思想始终坚持马克思主义理论的指导,坚守"人民至上"的核心立场,着力协调人口、资源、环境与经济发展的关系,致力实现"生产发展、生活富裕、生态良好"的可持续发展。回溯中国共产党绿色发展思想的演进历程,把握其内在的历史逻辑、现实逻辑、理论逻辑与实践逻辑,可以使我们从本质性维度深入到绿色发展的实体性内容中,进而助力我国实现生态文明的现代化强国目标。

2.区块链视域下绿色发展理念体系的秩序规范系统应用

中华优秀传统文化中的"天人合一",是绿色发展理念的思想来源。道家提倡"道法自然""天人合一""天地与我并生,而万物与我为一",指出人与自然是一个整体;儒家强调"仁民而爱物"的生态伦理智慧,做到取之以时、取之有度。传承"天人合一"传统思想、树立绿色发展理念,要求我们积极倡导践行绿色生产生活方式,转变经济发展方式,实现人与自然和谐共生,实现中华民族永续发展。

---

① 叶得盛.新发展理念的理论与实践[J].红旗文稿,2021(10):33-36.

(四)区块链视域下开放发展理念体系研究

1.区块链视域下开放发展理念体系简述

开放发展是对马克思主义世界市场论的拓展。随着生产力不断发展,生产合作必将从一国扩展到世界各国,促进世界市场的不断形成。开放是当代中国的鲜明标识,中国通过开放不仅发展了自己,也造福了世界,而开放发展所倡导的人类命运共同体意识,正是对马克思主义世界市场理论的创造性发展。[①]

中华民族向来都是一个亲仁善邻的民族,蕴含着开放思想。首先,中华民族向来追求与其他民族的和平相处。《尚书》中的“抚绥万方”,《司马法》中的“国虽大,好战必亡”,都体现了中华民族追求团结、追求与其他民族和平相处的思想。其次,中华民族注重与其他国家民族的文化交流。《论语》中提到的“四海之内皆兄弟也”,表达出中华民族对开放理念的追求与亲仁善邻的思想。此外,中国“四大发明”向世界的传播,促进了世界文明的发展;汉代张骞出使西域,为之后“丝绸之路”的形成奠定了基础;明代郑和下西洋,促进了我国与其他国家的文化交流。这都体现了中华民族与其他国家的互联互通与友好相处。

2.区块链视域下开放发展理念体系的秩序规范系统应用

中华传统文化中的“协和万邦”,是开放发展理念的传承。中国古代先哲主张讲信修睦、以和为贵、亲仁善邻、协和万邦。孔子提出“君子和而不同、小人同而不和”,孟子强调“仁者无敌”“达则兼济天下”,墨子主张“兼相爱”“爱无差”等。当前,我们奉行互利共赢的开放战略,在全球构建广泛的人类命运共同体,是国家繁荣发展的必由之路。

---

① 叶得盛.新发展理念的理论与实践[J].红旗文稿,2021(10):33-36.

马克思开放思想深刻揭示了社会开放发展的规律,厘清了逻辑链条,为我国的开放发展提供了重要的理论和实践价值。在马克思开放思想指导下,我国积极建立经济开放新格局,提升参与全球软实力,倡导打造人类命运共同体。

(五)区块链视域下共享发展理念体系研究

1.区块链视域下共享发展理念体系简述

共享发展是对马克思主义人民史观的升华。共享发展是马克思主义的本质要求,共产主义要消除的是阶级之间、城乡之间、脑力劳动和体力劳动之间的对立和差别,要实现的是每个人自由而全面的发展。共享发展体现了中国共产党对新时代社会发展规律的新认识,科学回答"发展为了谁、依靠谁,发展成果由谁共享"的时代课题,是马克思主义人民史观的时代升华。

以共享经济模式来说,当前,我国经济正处于新的发展时期,共享经济是我国经济由高速增长阶段转向高质量发展阶段的重要体现,是经济高质量发展新的支撑点和重要引擎。共享经济有力地促进着大众创业、万众创新,推进供给侧结构性改革,其发展符合新发展理念要求。[①]

2.区块链视域下共享发展理念体系的秩序规范系统应用

中华优秀传统文化中的"民为邦本",是共享发展理念的精神溯源。中国历朝历代的明君都推崇"以民为本",为百姓着想,护佑万民、救济苍生,出现政通人和、百业兴旺的盛世。我们提出的共享发展理念,就是对中华传统文化"民本"的现代阐释。

以上海的社区更新案例为例。上海的社区更新案例中,通过对部分交通空间的改造,在保留通过性的同时,增强其共享性与场所

---

① 叶得盛.新发展理念的理论与实践[J].红旗文稿,2021(10):33-36.

感,形成可供人驻留或共享使用的空间,成为"共享"在社区更新中的又一种表达。

第五节 新发展理念实践体系之场景建构系统

一、区块链思维视域下新发展理念实践体系场景建构系统概述

(一)场景建构系统的内涵

"场景"一词最初指的是戏剧、电影中的场面,而后逐步为社会学、传播学等学科所应用。现在,其描述的是人与周围景物关系的总和,包括最核心的场所、设施等硬要素,以及与此相关联的空间与氛围等软要素。场景并不是一个封闭的系统,而是一种非场所本身以及场所中事物的新兴生产力,需要根据实践的需要进行要素组合,从而实现对特定主体的有利影响。因此合适的场景建构将使制度、经济、行为、价值观念等要素,政府、市场、社会、民众等发展主体的连接更为紧密,促进发展进入新阶段。构建特定的场景,可以促进新发展理念向具体实践转化,为加快发展带来动力和契机。

结合特里·克拉克的场景理论,我们可以总结得出新发展理念实践体系场景的内容,主要包括以下五个要素:一是地理学概念上的社区,即一定的有边界和体量的地理空间;二是设施及其组合,即场景建设所需要的物质结构;三是多样性的人群,因场景关注聚集起的有差异化的个人特质的不同的人;四是前三者组合而成的实践活动与制度建设;五是前四者互动中体现的共同价值观。结合物质、活动、精神、制度等要素的场景建设,使新发展理念得以借助场景的力量快速转化为实践,并最终推动中国迈向高质量发展。

(二)新发展理念实践体系场景建构的需求变化

1.场景之间的弱连接到强连接

相对于传统的发展模式,新发展理念引导下的发展模式要求场景之间各个要素、场景与场景之间相互连接更加紧密,即实现由弱连接到强连接的转变。当前中国发展不平衡不充分的问题还比较多,从创新层面来看,传统发展模式受到时空的巨大束缚,形成发展新动力还需要突破发展的时空限制;从协调层面来看,当前中国的城乡区域发展还有一定差距,需要强化区域连接,促进区域协同发展,强调城乡一体;从绿色层面来看,绿色发展实际上就是人与自然之间物质交换的协调问题,人与自然、环境保护与经济发展之间联系密切;从开放层面来看,要加强国与国、国与地区之间的紧密联系,形成互惠共创的人类命运共同体;从共享层面来看,统筹经济社会发展需要增强人与人、人与社会之间的联系,倡导共建共享,形成民众参与式发展。

2.场景建构的低质量到高质量

新发展理念的一大突出特点就是倡导构建高质量的发展模式。近年来,随着我国发展步入新时代,发展也由注重数量增长转变为更加注重质量的提升,因此新发展理念实践体系场景建构也需要完成从低质量到高质量的转变。从创新维度看,创新是引领发展的第一动力,其本身即是实现高质量发展的主要力量;从协调维度看,协调是经济高质量发展的内在要求,高质量发展需要促进城乡、区域、产业之间的协调发展;从绿色维度看,绿色是实现经济高质量发展的先决条件;从开放维度看,开放是推进经济高质量发展的有效手段;从共享维度看,主要体现的是发展成果由人民共享。新发展理念的五大内涵都在要求着我们改变原有的低质量发展模式,构建更高质量的发展场景。

二、区块链思维在新发展理念实践场景中的应用

(一)区块链去中心的模式应用

去中心化是区块链技术的一大特点,也是区块链思维的一部分。在一个分布有众多节点的系统中,每个节点都具有高度自治的特征。节点之间彼此可以自由连接,形成新的连接单元。任何一个节点都可能成为阶段性中心,但不具备强制性的中心控制功能。节点与节点之间的影响,会通过网络形成非线性因果关系。这种开放式、扁平化、平等性的系统现象或结构,我们称为去中心化。

去中心化不是不要中心,而是要发挥各个节点的优势,提升各个节点的参与度和效率性。而去中心的逻辑思维应用到社会治理实践中,就是要发挥多元主体的协同治理功能,形成多维化的社会治理结构与发展网络。去中心的区块链思维与新发展理念的实践需求是不谋而合的。中国社会的传统治理与发展以政府行政控制为主,随着近年来新发展理念的提出才逐渐添加了市场化运作和基层自治的管理与发展模式。而要落实新发展理念,就要依靠多元主体的协同参与,畅通多元渠道。要改变原有的传统单主体考核模式,将上级考核与群众监督结合起来。

(二)区块链安全透明的特点应用

将区块链思维中安全透明的特点应用于新发展理念的现实实践中,有助于提高数据的真实性、监督的有效性和成效考核的精准性。区块链思维的应用将发展、管理等使用的资金的投入、分配和使用等环节透明化,能够加快建设问题溯源和主体问责的监督体制机制,解决发展资金分配的粗放化和效率低下等问题,其数据不可篡改性能防止虚假使用、冒用、挪用发展资源的情况发生。同时,区块链思维

中对数据的多维动态管控,增强了信息的安全性,也提升了对资源需求的精准识别能力,能减少资源浪费风险,提升整个新发展理念实践体系的安全透明程度,有利于建设起更加稳定可靠的发展场景。

(三)区块链联动互信的属性应用

联动互信是区块链技术的一大属性,将联动思维应用到新发展理念实践场景的建构中是十分有意义的。基于联动互信思维下的新发展场景要求每个发展主体与组织能够联动治理,驱动政策优势向发展效能的转化,发挥区域联动网络与发展主体的功能。联动互信思维将促进区域成员之间或其他主体之间的资源共享与学习,促进信息共享,提高区域公共资源分配效率,降低实践成本和风险。

三、新发展理念实践体系的场景建构思路

(一)创新驱动场景

区块链视域下新发展理念实践的创新驱动场景,就是要建立一个创新引领发展、创新培育动力的新场景。

1.创新驱动场景建设目前存在的问题

第一,相比于发达国家,我国的科技创新仍有差距。创新分为原创性的创新和集成式的创新。原创性的创新主要发端于基础研究,如基础科学领域,而集成式的创新主要偏向于实际应用领域,我国目前的创新以集成式的创新为主,原创性的创新还比较少。中国工程院院士徐匡迪在上海大学举行的"机械与运载工程科技 2035 发展战略"国际高端论坛做主旨报告时认为:"颠覆性技术,这种创新在目前的行政审批和评审制度下,是难以实现的。"我国目前对于基础性科研和科技创新体系的建设还不够,缺少系统的科技创新体系。而在

高端技术领域,我国的"卡脖子"技术较多,比如说大飞机的发动机技术、芯片行业的光刻机技术、制造业的精密机床技术等。如果无法突破这些技术难点,开发自主核心技术,会给我国的经济发展带来极大的制约和困难。

第二,科技成果的转化率较低。我国目前依旧缺乏技术转化市场,很多新兴技术得不到推广与转化,科研成果转化为生产力、商品的比例非常低,科技成果的评测转化体系没有得到完善,科技人员的社会地位与经济保障依旧有待提升。

第三,中国教育领域创新的缺失。在中国的教育中,应试教育降低了学生的自主思考能力、想象力和自主创新能力,高端知识和技术领域的人才稀缺。因此,中国的教育体系要不断改革,培育出大批具有创造力的人才,实现大众创业、万众创新,中国才可能成为一个真正的创新型国家。

2.创新驱动场景的建设思路

建构新发展理念实践下的创新驱动场景,可以从场景的要素角度进行分析与思考。

(1)设施及其组合——加大创新投入。美国商务部曾提出,判断高新技术产业的指标主要有两个:一是参与研究和开发的费用所占收入的比重,二是研发人员占总员工的比重。因此,建设创新驱动场景就要加大创新投入,重视新兴技术和设备对发展的重要性。[①]

(2)多样性的人群——培育人才。建设创新驱动场景最重要的是培育新型人才。知识创新,就是以大学为主体的创新。要提高学校教育质量,建立知识创新体系,让人才进入知识创新的研究中,瞄准国际关键的科学问题,突破原有科技瓶颈。学校要探索"学生探索为主,教师指导为辅"的教学方法,注重培养学生的独立思考和研究

---

① 徐田力.我国高新技术企业国际化程度影响因素分析[J].国际商务财会,2011(8):14,16.

能力,要加快新工科建设,推进基础科学改革创新,培养具有创新精神、全局视野和实践能力的复合型人才。同时,关注人才留存率,提升人才的待遇保障,减少人才对外单方面流动。发挥人力资源作用,有效调动科学家和技术人员的主动性、创造性。

(3)实践活动与制度建设——创新战略。加快建设创新型国家,坚持创新驱动发展战略、人才强国战略、科教兴国战略,提高科技创新在社会发展中的共享份额。加强科技基础研究,加快科技难题攻关。围绕质量强国、航天强国、网络强国、交通强国、数字中国、智慧社会等国家重大战略需求,加强应用基础研究。建设自主创新综合示范区和全面创新改革试点,以体制机制改革为重点,因地制宜地营造有利于创新的制度和政策环境。

(4)价值观——增强创新理念。在我国的某些地区,依旧存在着守旧而不进取的老观念,这阻碍着广大人民进行创新和创造。构建创新驱动场景,要着重将思想从墨守成规、因循守旧中解放出来,强化改革创新思维,构建创新引领、敢为人先的思想观念,改变原有的思维定式。

(二)协调发展场景

党的十九大报告明确指出,要建立更加有效的区域协调发展新机制。区块链视域下新发展理念实践的协调发展场景,就是要建立一个"统筹有力、竞争有序、绿色协调、共享共赢"的区域协调发展新机制,实现平衡充分的发展。

1.协调发展场景建设目前存在的问题

第一,区域间经济社会差距仍旧过大。尽管近几年来,在国家的政策安排和统筹调控下,我国的区域发展差距已经呈现缩小趋势,并且取得了一定的成效,但是区域发展不平衡的情况依旧存在。中西部地区的城市居民和农村居民的人均可支配收入依旧落后于东部地区,且差距明显。中西部地区青壮年劳动力大量外流并挤向东部地区,导致中西部地区发展动力不足,从而加剧了区域不平衡现象。欠发达地区的社会公共基础设施落后,加剧了地区经济不平衡。同时,中国所面临的城乡二元结构问题表明,城乡收入依旧存在差距。乡村基础资源配置不公平,基本公共服务提供面狭窄,基本公共措施与管理效率相较城市依旧偏低。

第二,资源开发压力增大。我国的经济发展面临着资源开发压力增大的严峻考验。在我国,资源依赖型城市现已进入资源枯竭期。由于资源的枯竭、经济的衰退,当地人才流失,大量居民迁居至东部沿海等发达城市定居,这些城市的发展难上加难,如果不改变这样的现状,就会使得协调发展进入瓶颈。这就要求资源依赖型城市加快产业转型升级,从资源依赖转向可持续发展。

2. 协调发展场景的建设思路

建构新发展理念实践下的协调发展场景,可以从场景的要素角度进行分析与思考。

(1)社区——缩小地区差异。目前,中国的区域发展不协调突出表现在"东强西弱""南强北弱"上。协调发展场景的核心应着重在缩小地区差异这一目标上。同时,城乡之间的发展差异也较为突出。追求地区之间经济发展差距的缩小,追求区域间比较优势分工协作一体化,应成为协调发展场景的构建新思路。

(2)实践活动与制度建设——健全区域发展协调机制。健全区域发展协调机制,要促进南北方、东西方、城乡之间的协调发展,要坚持西部大开发战略,坚持新型农村建设,坚持东北老工业基地振兴、中部崛起以及东部率先发展。同时根据不同区域的不同经济特点,构建因地制宜的协调发展子场景。

坚持中国特色的对口支援与帮扶政策,让发达地区帮助落后地区发展,先富带后富,进而实现共同富裕。同时完善对口支援帮扶政策,改变不合理的帮扶关系,让发达地区中经济更发达地区支援落后地区中条件更落后的地区,均衡帮扶负担,提高帮扶效能。在援助时,要注重方式方法,既要治标更要治本,从政策、技术、设备等多方面帮助落后地区尽早走出窘境,缩小区域之间的发展差距。

对于发展滞缓地区和老工业基地,要加快企业重构,突破技术难题,转型工业结构,重振生机活力。结合绿色生态场景,大力推动城市转型、生态转型和产业转型,开创一条老工业基地转型之路。以资金、人才、知识、技术、信息等新生产要素代替原有的矿产、人力、土地等旧生产要素,带动经济实现跨越式发展。

区域协调发展,要处理好政府与市场之间的关系,才能健全区域发展协调机制,要做到统筹有力、竞争有序、绿色协调、共享共赢。

(3)价值观——物质文明和精神文明并重。协调发展场景,不仅强调区域协调、城乡协调,也强调物质文明与精神文明并重。要针对不同的人群建构不同的文化场景,开发地方特色文化空间,包容多元文化表达,进行文化场所建设和文化氛围营造,让群众有条件和能力进行文化学习、享受精神生活、丰富精神世界。要大力宣传精神文明的重要性,鼓励人民大众重视学习,重视精神世界的满足,改变原有的只关注物质生活的狭隘观念,形成物质文明和精神文明并重的良好价值观念。

(三)绿色生态场景

绿色发展是以效率、和谐、持续为目标的经济增长和社会发展方式。新时期发展要以绿色发展为指导,建构具有多维性、可持续性的发展场景。

1. 绿色生态场景建设目前存在的问题

第一,我国的生态环境问题突出。绿色生态场景建设的核心在于建设一个人与自然、经济与自然可持续发展的,具有良好的循环性和再生性的发展场景。但是,我国经济之前的高速发展片面地追求GDP,忽略了环境的保护,造成了资源的过度浪费和环境的严重污染。

第二,我国的产业结构不合理。我国的工业化建设与发展,往往会伴随着环境的污染和资源的消耗。目前,我国的产业结构依旧处于一种低水准的状态,亟须转型升级。

就我国的农业产业结构现状来看,农业改革后,当前农业产业结构发展较为理想。但农村农业产出的质量仍然较低,农业生产资源综合利用程度不高,农业生产管理的粗放问题没有得到根本解决。粗放型经济发展与乡村生态环境保护冲突,导致其陷入了"致富"与"治污"的矛盾中。

就我国的工业产业结构现状来看,粗放型工业对资源的消耗依旧较大。在经济生产中产生的废水、废气和废物等废弃物每年都在以2000万吨的速度快速增长着。我国工业污染主要聚集在华中和华北地区,工业污染逐渐向全国蔓延,特别是广东、浙江等经济发达地区,极大地威胁着公众的生活健康。

2.绿色生态场景的建设思路

建构新发展理念实践下的绿色生态场景,可以从场景的要素角度进行分析与思考。

(1)社区——生态风景与人文景观的结合。构建绿色生态场景,就要把"生态"和"人文"结合起来,综合发挥各个不同地域空间的独特优势。我们可以将绿色生态场景分为三大类:绿色农村、绿色城市和原生山水。绿色农村子场景主要位于乡村、田野、渔场等农业地区,在这样的子场景中,我们要将农业和生态风景结合起来,依托原有农业基础,根据农业与自然生态的强链接特征,着力打造绿色乡村、绿色田野、绿色村落等。绿色城市子场景主要针对城市绿化、公园等公共空间,应利用人力构建绿色优美、人文气息浓厚的城市景观,建设生态街道、生态公园、城市绿道等。而原生山水子场景主要是原生态自然区域,需要着力于修复生态基础。将生态风景中的人为行动控制在合理的程度上,适度地开发生态风景旅游项目等。

(2)设施及其组合——绿色技术的应用。建设绿色发展场景,要通过生态技术、环保设备等的运用,促进生态循环,形成符合当下生产生活的场景体验。科技进步是发展的动力,同样也是产业升级和环境保护的动力。通过技术设备的创新来促进绿色生态场景的营造,就是要发展绿色工业、绿色农业,建设绿色城市和绿色乡村。依托绿色技术,淘汰落后产能,发展循环经济和低碳经济。

在工业方面,可以构建绿色产品设计标准,提高生产设备效率。使用瓦楞纸等环保原料代替原有的发泡塑料等原料,打造零件再利用和废品回收工程,将新能源技术、环保材料技术、生物技术、资源回收利用技术和污染治理等技术融合到工业产业中,建设新兴的绿色产业园。在农业方面,继续发展和推广精灌、滴灌技术,减少农业化肥使用,用轮种、休种等措施保障土地资源利用,大力开发原生态绿色食品加工,建设农产品销售的绿色通道,促进绿色农产品的发展。

(3)多样性的人群——多元主体的参与。建立区域环境联动治理场景就是要建立一个政府、社会、个人都有效参与的联动运行模式。政府应加大对环境破坏行为的执法力度,社会应形成绿色保护的良好风气,个人应加强环境保护意识并重视环保行为。

(4)实践活动与制度建设——可持续发展。在此类治理场景的建设中,联动机制的框架是"地基",不同地区主体之间的环境治理政策整合至关重要。实现可持续发展,建设绿色生态场景,要建立为可持续发展服务的联动机制。使得不同主体和成员可以共同参与到环境治理和经济发展中来。推动区域联动可持续发展战略,明确跨部门的职权,协调不同部门的工作职责,构建起组织管理、问责机制等一系列可持续发展联动框架,促进联动生态治理的责任融入多主体的共同行为中。

(5)价值观——绿色理念深入人心。"绿水青山就是金山银山",这是绿色价值观的生动体现,让生态和经济相辅相成,让自然与人类和谐共处,就是绿色理念的核心要义。建设绿色发展场景,就要提升全民的保护意识,对居民进行思想指导、普及宣传,最终使得绿色理念成为全民普适的价值观念。

(四)开放交流场景

开放注重的是解决发展内外联动问题,区块链视域下新发展理念实践的开放交流场景,就是要建立一个互利共赢、对外开放的场景。

1.开放交流场景建设目前存在的问题

第一,国际开放合作面临困难。目前,以美国为首的西方大国对我国开展了贸易战、科技战、舆论战等,企图抑制中国的开放与崛起。与此同时,我国也面临资源环境约束、进出口贸易额度变动过大等问题。在如此危机重重的国际局势中,中国的国际开放合作面临着一定困难。

第二,区域开放交流差距大。目前我国的外商投资和对外贸易高度集中在沿海地区,内陆地区则较为不发达,亟待培育新的开放型经济模式。内陆地区的经济外向度和开放度远低于沿海地区。经济外向度低长期制约着内陆地区经济的持续快速发展。2000—2020年,外贸依存度从未超过10%的省份主要是贵州、青海等两个内陆省份。由于受物流成本、资金、信息、人才等诸多因素制约,我国区域开放交流差距依旧较大。

2.开放交流场景的建设思路

建构新发展理念实践下的开放交流场景,可以从场景的要素角度进行分析与思考。

(1)社区——持续更大范围开放。要继续推进我国与世界各国、各地区更大范围、更宽领域、更深层次开放合作。要积极推动我国同世界各国之间的友好关系协作,积极推动管理、规则等制度型开放。拓展开放领域,缓解经贸摩擦,多空间推进与欧美等发达国家的经贸合作。

(2)实践活动与制度建设——统筹开放。要建立统筹开放体系,构建更为完善的区域协同开放体系。根据我国各省(区、市)的优势、资源、文化,创新开放发展,以产业发展来促进区域开放,推动高水平区域开放合作。要发挥好北京、上海、广州、深圳等高度开放型城市的开放优势和辐射带动作用,用好"一带一路"沿线铁路网、长江经济带建设,加强东部与西部地区的联系。

要以"一带一路"为重点,推动形成更高水平对外开放新局面。加强我国各省(区、市),特别是中西部地区与"一带一路"共建国家和世界各国之间的联系,从而带动中西部地区参与到合作共赢的双向贸易与投资中,提升其对外开放的质量和水平,拓展国际开放合作领域。推进我国各省(区、市),特别是中西部地区落实国家重大开放战略,紧抓开放机遇,建设更高水平开放型经济新体制,畅通国内国际双循环。

(3)价值观——加强开放理念。"落后就要挨打",这是近代中国的真实写照,而只有开放才能让中国拥有源源不断的发展动力,才能让中国富强进步、与时俱进,不被抛在时代潮流之后。现在的世界是开放的世界,中国的发展离不开世界,且对外开放也是我国的基本国策。但是国内还有一些人,故步自封,不愿让中国开放,与世界交流。所以,我们要宣传开放的观念,改变他们落后的想法,就要积极宣传开放带来的科技进步与经济发展,用事实来说话。

(五)共享合作场景

坚持共享发展,不仅仅要把"蛋糕"做大,更要把做大的"蛋糕"分好,让人民群众有更多获得感。区块链视域下新发展理念实践的共享合作场景,就是要建立一个共建共享的场景。

1.共享合作场景建设目前存在的问题

第一,收入差距依旧较大。清华大学社会科学学院首任院长李强在《"丁字型"社会结构与"结构紧张"》一文中认为,至少超过就业总人口的 84.1% 居于社会下层。贫困和地位低下的人占绝大多数,而中间阶层与上层都只占很小的比例。目前我国依旧存在着贫富差距大的问题。大部分人所占有的社会资源和财富较少,社会绝大部分的财富掌握在少数人手中,要做大中产阶级群体比重的目标任务依旧任重道远。如果收入存在巨大差距,那就表明社会流动存在风险,社会稳定性就会降低,因此这个问题亟待解决。

第二,公共基础保障不平衡。我国目前城乡区域发展和收入分配差距较大,民生保障存在弱项。乡村基础资源配置不公平,基本公共服务提供面狭窄,基本公共措施和管理效率与城市相比依旧偏低。同时,城市流动人口相对于常住人口来说,在教育、医疗等资源上还没有实现完全的均等共享,社会保障不过硬。

2.共享合作场景的建设思路

(1)设施及其组合——资源的合理配置。合理配置生产生活要素和公共资源,使广大人民群众能够公平地参与社会发展进程,共享社会建设成果。具体而言,一是要畅通要素的分配流动,引导各类要素参与发展;二是要合理配置公共资源,促进一体化建设。推动优质资源合理分配,促进各地区基本公共服务配置均衡,健全城乡一体的基本公共服务体系。

(2)多样性的人群——多元参与。要使各个成员获得共享的资源和服务,利用多级治理的方法,促进政府与个人的合作与交流,让基层群众可以建言献策,参与到决策和政策的落实监督中,从而降低实践的成本,提升实践的效能。

(3)实践活动与制度建设——共同富裕。消除贫困、改善民生、逐步实现共同富裕,是社会主义的本质要求,是我们党的重要使命。因此,党和政府需要继续坚持以人为本的思想观念,强调人人参与、人人尽力、人人享有,让人民群众共享发展成果,朝着共同富裕方向稳步前进。

参考文献

安虎生.新区域经济学[M].大连:东北财经大学出版社,2010.

奥尔森.集体行动的逻辑[M].陈郁,郭宇峰,李崇新,译.上海:上海人民出版社,1995.

编写组.党的二十大报告辅导读本[M].北京:人民出版社,2022.

编写组.党的十九大报告辅导读本[M].北京:人民出版社,2017.

巢乃鹏.国外区块链技术的政府实践与治理[J].人民论坛·学术前沿,2018(12):44-50.

陈家刚.协商民主:制度设计及实践探索[J].国家行政学院学报,2017(1):60-65.

陈凯.从共同体到联合体—马克思共同体思想研究[D].泉州:华侨大学,2017.

陈兆芬.列宁文化自觉思想研究[M].北京:人民出版社,2017.

邓小平.邓小平文选[M].2版.北京:人民出版社,1994.

范毅强.区块链技术的风险与伦理规约的路径研究[J].自然辩

证法研究,2019(2):53-57.

冯景源.唯物史观的形成和发展史纲要[M].北京:中央编译出版社,2014.

冯开甫,贾婷婷.五大发展理念是马克思主义实践历史观的当代体现[J].思想理论教育导刊,2016(8):27-31.

高优美.区块链技术风险的哲学研究[D].南昌:江西财经大学,2021.

高泽龙,吕艳.区块链思维[M].北京:北京邮电大学出版社,2021.

谷树忠,谢美娥.绿色转型发展[M].杭州:浙江大学出版社,2016.

顾海良.新发展理念与当代中国马克思主义经济学的意蕴[J].中国高校社会科学,2016(1):4-7.

国家行政学院编写组.中国新发展理念[M].北京:人民出版社,2016.

胡鞍钢.中国新理念:五大发展[M].杭州:浙江人民出版社,2016.

胡兆量.中国区域发展导论[M].北京:北京大学出版社,2000.

华为区块链技术开发团队.区块链技术及应用[M].北京:清华大学出版社,2019.

吉登斯.社会的构成:结构化理论纲要[M].李康,李猛,译.北京:中国人民大学出版社,2016.

贾康,苏京春.供给侧结构改革[M].北京:中信出版社,2016.

贾莉,闫小培.社会公平、利益分配与空间规划[J].城市规划,2015(9):9-15.

江泽民.江泽民文选[M].北京:人民出版社,2006.

瞿林东.唯物史观与中国历史学[M].上海:上海人民出版

社,2013.

克鲁格曼.地理和贸易[M].张兆杰,译.北京:北京大学出版社,1991.

李慎明.共同富裕与中国特色社会主义[M].北京:中国社会科学出版社,2011.

李伟.中国区块链发展报告[M].北京:社会科学文献出版社,2018.

李振.从五大发展理念看马克思主义发展理论的时代自觉[J].思想理论教育,2017(1):30-35.

李忠杰.中国共产党执政理论新体系[M].北京:人民出版社,2006.

梁伟,薄胜,刘小欧.区块链思维:从互联网到数字新经济的演进[M].北京:机械工业出版社,2020.

列宁.列宁选集[M].北京:人民出版社,2012.

刘德海.新发展理念研究丛书[M].南京:江苏人民出版社,2016.

刘珊珊,马志远.中国式分权与新发展理念语境中的标尺竞争[J].管理世界,2017(12):178-179.

刘世豪.区块链技术的社会风险研究[D].昆明:云南师范大学,2021.

刘武根,艾四林.论共享发展理念[J].思想理论教育导刊,2016(1):91-95.

刘行玉.地景制作、空间支配与国家转型:一座北方小城的地志学[M].北京:中国社会科学出版社,2019.

鲁言.话说新发展理念[M].北京:学习出版社,2016.

罗兹曼.中国的现代化[M].陶骅,等,译.上海:上海人民出版社,1989.

马克思,恩格斯.马克思恩格斯文集[M].北京:人民出版社,2009.

马克思,恩格斯.马克思恩格斯选集[M].北京:人民出版社,1995.

马肖.贪婪、混沌和治理[M].宋功德,译.北京:商务印书馆,2009.

毛泽东.毛泽东选集[M].北京:人民出版社,1991.

倪志安.马克思主义哲学方法论研究[M].北京:人民出版社,2007.

潘允康.中国民生问题中的结构性矛盾研究[M].北京:北京大学出版社,2015.

庞卓恒.唯物史观与历史科学[M].北京:高等教育出版社,2004.

人民日报社理论部."五大发展理念"解读[M].北京:人民出版社,2015.

任仲文.区块链:领导干部读本[M].北京:人民出版社,2018.

沈鑫,裴庆祺,刘雪峰.区块链技术综述[J].网络与信息安全学报,2016(11):11-20.

施晨晨.区块链视角下绿色发展新对策的研究[D].合肥:合肥工业大学,2021.

宋晓丹.新时代社会主要矛盾转化的唯物史观维度[J].学术探索,2018(5):39-43.

孙德尔.区块链技术与区块链思维[J].内蒙古民族大学学报(社会科学版),2019(3):120-124.

孙国茂.区块链技术的本质特征及其金融领域应用研究[J].理论学刊,2017(2):58-67.

孙琳.新发展理念与马克思主义发展观[J].理论探讨,2019(3):68-74.

唐滢.基于区块链的政府治理创新研究——以多中心治理为理

论工具[D].武汉:华中师范大学,2019.

陶泽元.从马克思主义人学视角看"五大发展"理念[J].学习论坛,2016(12):9-12.

田鹏颖.协调:从发展理念到方法论创新[J].中国特色社会主义研究,2016(3):18-23.

王怀超.社会发展理论研究[M].北京:中共中央党校出版社,2016.

王良健,蒋婷.我国农村环境质量的时空分异与农村经济发展的门槛效应——基于ESDA—GIS与门槛回归模型[J].农业现代化研究,2017(1):128-137.

王梦奎,李善同.中国地区社会经济发展不平衡问题研究[M].北京:商务印书馆,2000.

王仕存.基于区块链的分布式制造资源安全接入与优化配置方法研究[D].南京:南京航空航天大学,2021.

习近平.习近平谈治国理政:第一卷[M].2版.北京:外文出版社,2018.

习近平.习近平谈治国理政:第二卷[M].北京:外文出版社,2017.

习近平.习近平谈治国理政:第三卷[M].北京:外文出版社,2020.

习近平.习近平谈治国理政:第四卷[M].北京:外文出版社,2022.

许斗斗.技术的社会责任与生态使命[J].自然辩证法研究,2017(3):51-56.

薛腾飞.区块链应用若干问题研究[D].北京:北京邮电大学,2019.

颜晓峰.五大发展理念干部读本[M].北京:人民日报出版社,2016.

杨保华.区块链原理、设计与应用[M].北京:机械工业出版社,2017.

姚一钒.区块链视域的科学数据治理研究[D].哈尔滨:黑龙江大学,2021.

袁勇,王飞跃.区块链技术发展现状与展望[J].自动化学报,2016(4):481-494.

曾诗钦,霍如,黄韬,等.区块链技术研究综述:原理、进展与应用[J].通信学报,2020(1):134-151.

张成岗.区块链时代:技术发展、社会变革及风险挑战[J].人民论坛·学术前沿,2018(12):33-43.

张亮,刘百祥,张如意,等.区块链技术综述[J].计算机工程,2019(5):1-12.

章建赛.基于区块链技术的信用治理研究[D].北京:北京邮电大学,2021.

支伯川.基于区块链的跨组织边界资源共享系统设计与实现[D].南京:东南大学,2021.

中共中央文献研究室.邓小平年谱[M].北京:中央文献出版社,2004.

中共中央文献研究室.科学发展观重要论述摘编[M].北京:中央文献出版社,2008.

中共中央宣传部理论局.新发展理念研究[M].北京:学习出版社,2017.

中共中央组织部干部教育局.领航中国[M].北京:党建出版社,2016.

邹轶君.区块链发展态势及应对策略研究[D].北京:北京邮电大学,2021.

Alesina A, Cukierman A. The politics of ambiguity [J]. Quarterly Journal of Economics,1990,105(4):829-850.

Andoni M,RobuV,Flynn D,et al. Blockchain technology in the energy sector: A systematic review of challenges and opportunities [J]. Renewable and Sustainable Energy Reviews, 2019 (100): 143-174.

Boyd C,Carr C. Fair Client Puzzles from the Bitcoin Blockchain [M]. New York: Springer International Publishing,2016.

Davidson E. Letter[J]. New Scientist, 2015, 228 (3043): 52-52.

de Leon D C, StalickA Q, JillepalliA A, et al. Blockchain: Properties and misconceptions[J]. Asia Pacific Journal of Innovation and Entrepreneurship,2017,11(3):286-300.

EARS Committee Members. Final report: The second enhancing access to the radio spectrum workshop[EB/OL]. (2015-10-19)[2022-03-10]. https://www. nsf. gov/mps/ast/2015_ears_workshop_final_report. pdf.

Gervais A, Karame G O, Wust K, et al. On the security and performance of proof of work blockchains[EB/OL]. (2016-10-24)[2022-03-10]. https://dl. acm. org/doi/abs/10. 1145/2976749. 2978341.

JaeShup O,Ilho S. A case study on business model innovations using blockchain: Focusing on financial institutions[J]. Asia Pacific Journal of Innovation and Entrepreneurship,2017,11(3):335-344.

King S, Nadal S. PPCoin: Peer-to-peer crypto-currency with proof-of-stake [EB/OL]. (2012-08-19) [2022-03-10]. https://peercoin. net/assets/paper/peercoin-paper. pdf.

Kraft D. Difficulty control for blockchain-based consensus systems[J]. Peer-to-Peer Networking and Applications,2016,9(2): 397-413.

Lamport L, Shostak R, Peasn M. The byzatine generals

problem[J]. ACM Transcations on Programming Languages and Systems,1982,4(3):382-401.

Mark A, Tariq P. Five things regulators should know about blockchain (and three myths to forget)[J]. The Electricity Journal, 2018,31(9):20-23.

Pazaitis A, De Filippi P, Kostakis V. Blockchain and value systems in the sharing economy: The illustrative case of Backfeed [J]. Technological Forecasting & Social Change,2017,125(C): 105-115.

Queiroz M M,Wamba S F. Blockchain adoption challenges in supply chain: An empirical investigation of the main drivers in India and the USA[J]. International Journal of Information Management, 2019(46):70-82.

Rakner L, Wang V. Governance assessments and the Paris declaration[EB/OL]. (2011-08-11)[2022-03-10]. https://www. undp. org/publications/governance-assessments-and-paris-declaration.

Satoshi N. Bitcoin: A peer-to-peer electronic cash system[J]. Consulted, 2008(1):28.

Shi E. A translocator protein 18 kDa agonist protects against cerebral ischemia/reperfusion injury[J]. Journal of Neuroinflammation, 2017,14(1):151.

Sunny K, Scott N. Ppcoin: Peer-to-peer cryptocurrency with proof-of-stake[N]. Self-Published Paper,2012-08-19.

Swan M. Blockchain thinking: The brain as a decentralized autonomous corporation [J]. IEEE Technology and Society Magazine, 2015, 34(4): 41-52.

Weiss MBH, Lehr WH, AckerA, et al. Socio-technical considerations for spectrum access system (SAS) design[EB/OL].

（2015-09-01）［2022-03-10］．https；//dl．acm．org/doi/10.1109/DySPAN．2015.7343848．

Zyskind G，Nathan O，Pentland A S．Decentralizing Privacy：Using Blockchain to Protect Personal Data［M］．Washington：IEEE，2015．

后　记

　　《区块链思维视域下新发展理念实践体系及路径研究》一书是在浙江省哲学社会科学规划办资助下完成的,也是浙江省哲学社会科学一般规划项目(课题名称:区块链思维视域下新发展理念实践体系及路径研究;批准号:20NDJC201YB)的研究成果。本书以马克思主义的立场、观点、方法为基本指导,结合了马克思主义哲学、科技哲学、社会学、经济学等相关理论,综合性研析了区块链、区块链思维、新发展理念实践体系及路径等,尝试将区块链思维引入到新发展理念实践中来,以充实新发展理念内涵、内容,提炼出中国新发展范式、发展体系、发展路径等,丰富新发展理念实践体系及路径,以期为今后区块链应用和新发展理念实践提供一定的理论依据和方法参考,进一步丰富关于经济社会发展的认识论和方法论,助推全面建设社会主义现代化国家。

　　该书写作是一个相对综合和漫长的过程,从选题、框架结构的拟定到调查、研讨、撰写、修改、调整直至成稿都极大地凝结了课程组成员心血。这本书得以顺利完成,非常感谢浙江大学出版社编辑等细心指正、精心完善。在此,向为本书研究、撰写、出版的所有人员表示我最真挚的感谢。